贪污贿赂犯罪司法实务系列

贪污贿赂案件办理依据与典型案例

肖中华 编著

人民法院出版社

图书在版编目（CIP）数据

贪污贿赂案件办理依据与典型案例 / 肖中华编著. -- 北京：人民法院出版社，2023.9
ISBN 978-7-5109-3870-2

Ⅰ.①贪… Ⅱ.①肖… Ⅲ.①贪污贿赂罪－基本知识－中国②贪污贿赂罪－案例－中国 Ⅳ.①D924.392

中国国家版本馆CIP数据核字(2023)第147973号

贪污贿赂案件办理依据与典型案例
肖中华　编著

责任编辑	吴朔桦
封面设计	尹苗苗
出版发行	人民法院出版社
地　　址	北京市东城区东交民巷 27 号（100745）
电　　话	（010）67550629（责任编辑）　67550558（发行部查询）
	65223677（读者服务部）
客 服 QQ	2092078039
网　　址	http：//www.courtbook.com.cn
E - mail	courtpress@sohu.com
印　　刷	三河市国英印务有限公司
经　　销	新华书店
开　　本	787 毫米×1092 毫米　1/16
字　　数	331 千字
印　　张	18.75
版　　次	2023 年 9 月第 1 版　2023 年 9 月第 1 次印刷
书　　号	ISBN 978-7-5109-3870-2
定　　价	68.00 元

版权所有　侵权必究

编写说明

本书是本人著作《贪污贿赂犯罪司法实务百问精解》的配套工具书，收录了贪污贿赂罪司法适用涉及的相关实体法和程序法以及规范性文件。

由于就同一刑法规范先后出台的立法解释、司法解释和其他规范性文件往往存在差异，其关系如何看待（是替代与被替代的关系，还是补充与被补充关系，抑或是涵摄与被涵摄的关系），理解上往往产生分歧。有鉴于此，编者在必要场合以"规范性文件适用指引"对这些规范性文件适用问题予以说明，以供司法机关参考。

本书选取 36 个贪污贿赂罪典型案例，针对其中包含的有价值的问题，编者予以法理评析，以飨读者。

肖中华

2023 年 9 月

目 录

第一部分　贪污贿赂罪办案依据

第一章　贪污贿赂罪办案实体法依据 (3)

第一节　共性、综合性依据 (3)

一、公共财产、私人所有财产的含义 (3)
　【中华人民共和国刑法】 (3)
　【其他规范性文件】 (4)

二、国家工作人员的含义 (4)
　(一)《刑法》及其他规范性文件 (4)
　　【中华人民共和国刑法】 (4)
　　【立法解释】 (5)
　　【司法解释及司法指导性文件】 (6)
　(二)规范性文件适用指引 (17)

三、其他共性、综合性依据 (18)
　【司法解释及司法指导性文件】 (18)

第二节　各罪办案实体法依据 (25)

一、贪污罪 (25)
　(一)《刑法》及其他规范性文件 (25)
　　【中华人民共和国刑法】 (25)
　　【司法解释及司法指导性文件】 (27)
　(二)规范性文件适用指引 (39)

二、挪用公款罪 (40)
　(一)《刑法》及其他规范性文件 (40)
　　【中华人民共和国刑法】 (40)

　　　　【立法解释】……………………………………………（41）
　　　　【司法解释及司法指导性文件】………………………（41）
　　（二）规范性文件适用指引……………………………………（53）
　三、受贿罪……………………………………………………………（53）
　　（一）《刑法》及其他规范性文件………………………………（53）
　　　　【中华人民共和国刑法】………………………………（53）
　　　　【司法解释及司法指导性文件】………………………（54）
　　（二）规范性文件适用指引……………………………………（67）
　四、单位受贿罪………………………………………………………（67）
　　　　【中华人民共和国刑法】………………………………（67）
　　　　【司法解释及司法指导性文件】………………………（68）
　五、利用影响力受贿罪………………………………………………（69）
　　　　【中华人民共和国刑法】………………………………（69）
　　　　【司法解释】……………………………………………（70）
　六、行贿罪……………………………………………………………（70）
　　（一）《刑法》及其他规范性文件………………………………（70）
　　　　【中华人民共和国刑法】………………………………（70）
　　　　【司法解释及司法指导性文件】………………………（71）
　　（二）规范性文件适用指引……………………………………（77）
　七、对有影响力的人行贿罪…………………………………………（78）
　　　　【中华人民共和国刑法】………………………………（78）
　　　　【司法解释】……………………………………………（78）
　八、对单位行贿罪……………………………………………………（79）
　　　　【中华人民共和国刑法】………………………………（79）
　　　　【司法解释】……………………………………………（79）
　九、介绍贿赂罪………………………………………………………（80）
　　　　【中华人民共和国刑法】………………………………（80）
　　　　【司法解释】……………………………………………（80）
　十、单位行贿罪………………………………………………………（81）
　　　　【中华人民共和国刑法】………………………………（81）
　　　　【司法解释】……………………………………………（82）
　十一、巨额财产来源不明罪、隐瞒境外存款罪……………………（84）

【中华人民共和国刑法】 ………………………………………（84）

【司法解释及司法指导性文件】 …………………………………（84）

十二、私分国有资产罪、私分罚没财物罪 ……………………（86）

【中华人民共和国刑法】 ………………………………………（86）

【司法解释及司法指导性文件】 …………………………………（87）

第二章 贪污贿赂罪程序法依据 …………………………（89）

【中华人民共和国刑事诉讼法】 …………………………………（89）

【中华人民共和国监察法相关规定】 ……………………………（90）

【司法解释及其他规范性文件】 …………………………………（97）

第二部分 贪污贿赂罪典型案例

1. 顾某忠挪用公款、贪污案
   ——国家机关、国有公司、企业、事业单位委派到非国有公司、
   企业、事业单位、社会团体从事公务的人员的认定
   以及受贿罪与贪污罪的区分 ……………………………（131）

2. 胡某邦贪污、挪用公款案
   ——国有企业改制中国家工作人员的认定 ………………（136）

3. 李某光贪污、挪用公款案
   ——国家出资企业中国家工作人员的认定 ………………（142）

4. 廖某伦贪污、受贿案
   ——村民小组长在特定情形下属于其他依照法律从事公务的人员
   ………………………………………………………………（148）

5. 樊某华等职务侵占案
   ——村基层组织人员协助人民政府从事土地征收、征用补偿费用的
   管理活动，不包括对来源于补偿款，但所有权已归属村集体
   款项的管理 ………………………………………………（152）

6. 杨某虎等贪污案
   ——如何认定贪污罪的利用职务上的便利 ………………（162）

7. 杜某重、郑某民等盗窃案
   ——内外勾结窃取单位财物情形下贪污罪与盗窃罪的区分 ………（167）

8. 朱某岩贪污案
　　——租赁国有企业期间倒卖国有企业资产的行为应当如何论处 ………………………………………………………………（171）

9. 付某某挪用公款案
　　——挪用公款罪的对象是否包括非特定公物 …………（174）

10. 顾某等挪用公款案
　　——国有证券公司的客户资产是否属于公款 …………（177）

11. 向某兰等挪用公款案
　　——将公款供亲友或者其他自然人使用与以个人名义将公款供其他单位使用的竞合 ……………………………（181）

12. 谢某挪用公款案
　　——以个人名义将公款供其他单位使用的行为成立挪用公款罪，无需谋取个人利益 ……………………………（185）

13. 张某同挪用公款案
　　——个人决定以单位名义将公款借给其他单位使用，没有谋取个人利益的，不构成挪用公款罪 ……………………（188）

14. 万某英受贿、挪用公款案
　　——挪用公款罪中利用职务上的便利的理解以及挪用人和使用人的共犯认定 ……………………………………（192）

15. 刘某林等挪用公款案
　　——挪用公款归个人用于公司、企业注册资本验资证明是否属于挪用公款进行营利活动 …………………………（196）

16. 胡某、徐某设贪污、挪用公款案
　　——挪用公款后平账的，如果不具有非法占有目的，不应认定为贪污罪 ………………………………………………（200）

17. 梁某琦受贿案
　　——财产性利益能否成为受贿罪的对象 ………………（204）

18. 王某受贿案
　　——以收受干股的形式收受贿赂的相关问题 …………（208）

19. 阎某民、钱某芳贪污、受贿案
　　——国家工作人员以单位的名义向有关下属会员单位索要赞助款入账后继而占为己有的行为是索贿还是贪污（贪污与受贿的区分） …（212）

20. 黄某受贿案
　　——受贿罪中利用职务上的便利和利用本人职权或者地位
　　形成的便利条件之区分 ································· (218)

21. 吴某某受贿案
　　——索贿行为的认定 ··································· (225)

22. 姜某受贿案
　　——逢年过节收受下级单位慰问金的行为如何定性 ········· (228)

23. 蒋某、唐某受贿案
　　——如何认定国家工作人员与特定关系人的共同受贿行为 ··· (232)

24. 丹阳市人民医院骨科、王某金单位受贿案
　　——国有单位内设机构属于单位受贿罪的主体 ············· (238)

25. 倪某民等受贿案
　　——单位受贿罪和受贿罪的区分 ························· (241)

26. 邓某良单位行贿案
　　——对不正当利益如何理解 ····························· (244)

27. 大通回族土族自治县社会主义新农村建设工作领导小组办公室等
　　单位受贿案
　　——单位受贿与单位接受捐赠的区分 ····················· (247)

28. 祝某忠受贿案
　　——与国家工作人员关系密切的人的认定 ················· (251)

29. 付某生行贿罪
　　——对于谋取利益是否属于"不正当利益"的认识错误，是否影响
　　行贿罪的认定 ······································· (255)

30. 卢某华行贿案
　　——单位负责人为单位谋取不正当利益而向国家工作人员行贿的，
　　成立单位行贿罪而非行贿罪 ··························· (261)

31. 帅某受贿、介绍贿赂案
　　——介绍贿赂罪与行贿罪的帮助行为之间的关系 ··········· (265)

32. 王某元受贿、巨额财产来源不明案
　　——巨额财产来源不明罪认定的若干问题 ················· (269)

33. 张某民贪污、受贿、隐瞒境外存款、巨额财产来源不明案
　　——境外存款来自贪污、受贿犯罪如何处理及如何理解境外 ··· (273)

· 5 ·

34. 邱某私分国有资产案
  ——私分国有资产罪的主体认定及如何认定直接负责人员 ……… (277)

35. 张某康等私分国有资产案
  ——国有事业单位违反国家财政经费必须专项使用的规定,以虚假名义套取专项经费后以单位名义变相私分,对其直接负责的主管人员应如何论处 ………………………………………………… (282)

36. 杨某芳贪污、受贿案
  ——如何区分私分国有资产罪和共同贪污罪 ……………… (286)

第一部分

贪污贿赂罪办案依据

第一章　贪污贿赂罪办案实体法依据

第一节　共性、综合性依据

一、公共财产、私人所有财产的含义

【中华人民共和国刑法】

第九十一条　本法所称公共财产，是指下列财产：
（一）国有财产；
（二）劳动群众集体所有的财产；
（三）用于扶贫和其他公益事业的社会捐助或者专项基金的财产。
在国家机关、国有公司、企业、集体企业和人民团体管理、使用或者运输中的私人财产，以公共财产论。

第九十二条　本法所称公民私人所有的财产，是指下列财产：
（一）公民的合法收入、储蓄、房屋和其他生活资料；
（二）依法归个人、家庭所有的生产资料；
（三）个体户和私营企业的合法财产；
（四）依法归个人所有的股份、股票、债券和其他财产。

【其他规范性文件】

全国人民代表大会常务委员会法制工作委员会
对关于公司人员利用职务上的便利采取欺骗等手段非法占有股东股权的行为如何定性处理的批复的意见

2005年12月1日　　　　　　　　　　法工委发函〔2005〕105号

最高人民检察院：

你院法律政策研究室2005年8月26日来函收悉。经研究，答复如下：

根据刑法第九十二条的规定，股份属于财产。采用各种非法手段侵吞、占有他人依法享有的股份，构成犯罪的，适用刑法有关非法侵犯他人财产的犯罪规定。

二、国家工作人员的含义

（一）《刑法》及其他规范性文件

【中华人民共和国刑法】

第九十三条　本法所称国家工作人员，是指国家机关中从事公务的人员。

国有公司、企业、事业单位、人民团体中从事公务的人员和国家机关、国有公司、企业、事业单位委派到非国有公司、企业、事业单位、社会团体从事公务的人员，以及其他依照法律从事公务的人员，以国家工作人员论。

【立法解释】

全国人民代表大会常务委员会
关于《中华人民共和国刑法》第九十三条第二款的解释

(2000年4月29日第九届全国人民代表大会常务委员会第十五次会议通过 根据2009年8月27日中华人民共和国主席令第十八号 第十一届全国人民代表大会常务委员会第十次会议 《关于修改部分法律的决定》修正)

全国人民代表大会常务委员会讨论了村民委员会等村基层组织人员在从事哪些工作时属于刑法第九十三条第二款规定的"其他依照法律从事公务的人员",解释如下:

村民委员会等村基层组织人员协助人民政府从事下列行政管理工作时,属于刑法第九十三条第二款规定的"其他依照法律从事公务的人员":

(一)救灾、抢险、防汛、优抚、扶贫、移民、救济款物的管理;

(二)社会捐助公益事业款物的管理;

(三)国有土地的经营和管理;

(四)土地征收、征用补偿费用的管理;

(五)代征、代缴税款;

(六)有关计划生育、户籍、征兵工作;

(七)协助人民政府从事的其他行政管理工作。

村民委员会等村基层组织人员从事前款规定的公务,利用职务上的便利,非法占有公共财物、挪用公款、索取他人财物或者非法收受他人财物,构成犯罪的,适用刑法第三百八十二条和第三百八十三条贪污罪、第三百八十四条挪用公款罪、第三百八十五条和第三百八十六条受贿罪的规定。

现予公告。

全国人民代表大会常务委员会

关于《中华人民共和国刑法》第九章渎职罪主体适用问题的解释

(2002年12月28日第九届全国人民代表大会常务委员会第三十一次会议通过)

全国人大常委会根据司法实践中遇到的情况,讨论了刑法第九章渎职罪主体的适用问题,解释如下:

在依照法律、法规规定行使国家行政管理职权的组织中从事公务的人员,或者在受国家机关委托代表国家机关行使职权的组织中从事公务的人员,或者虽未列入国家机关人员编制但在国家机关中从事公务的人员,在代表国家机关行使职权时,有渎职行为,构成犯罪的,依照刑法关于渎职罪的规定追究刑事责任。

现予公告。

【司法解释及司法指导性文件】

最高人民检察院

关于工人等非监管机关在编监管人员私放在押人员行为和失职致使在押人员脱逃行为适用法律问题的解释

2001年3月2日　　　　　　　　　　高检发释字〔2001〕2号

为依法办理私放在押人员犯罪案件和失职致使在押人员脱逃犯罪案件,对工人等非监管机关在编监管人员私放在押人员行为和失职致使在押人员脱逃行为如何适用法律问题解释如下:

工人等非监管机关在编监管人员在被监管机关聘用受委托履行监管职责的过程中私放在押人员的,应当依照刑法第四百条第一款的规定,以私放在押人员罪追究刑事责任;由于严重不负责任,致使在押人员脱逃,造成严重后果的，应当依照刑法第四百条第二款的规定，以失职致使在押人员脱逃罪追究刑事责任。

最高人民法院
关于如何认定国有控股、参股股份有限公司中的国有公司、企业人员的解释

2005年8月1日　　　　　　　　　　　　　　法释〔2005〕10号

为准确认定刑法分则第三章第三节中的国有公司、企业人员，现对国有控股、参股的股份有限公司中的国有公司、企业人员解释如下：

国有公司、企业委派到国有控股、参股公司从事公务的人员，以国有公司、企业人员论。

最高人民检察院
对《关于中国证监会主体认定的请示》的答复函

2000年4月30日　　　　　　　　　　　　高检发法字〔2000〕7号

北京市人民检察院：

你院京检字〔2000〕41号《关于中国证监会主体认定的请示》收悉，经我院发函向中央机构编制委员会办公室查询核定，中央机构编制委员会办公室已作出正式复函，答复如下：

"中国证券监督管理委员会为国务院直属事业单位，是全国证券期货市场的主管部门。其主要职责是统一管理证券期货市场，按规定对证券期货监管机构实行垂直领导，所以，它是具有行政职责的事业单位。据此，北京证券监督管理委员会干部应视同为国家机关工作人员。"请你们按中编办答复意见办。

此复

最高人民检察院

关于镇财政所所长是否适用国家机关工作人员的批复

2000年5月4日　　　　　　　　　　　高检发研字〔2000〕9号

上海市人民检察院：

你院沪检发〔2000〕30号文收悉。经研究，批复如下：

对于属行政执法事业单位的镇财政所中按国家机关在编干部管理的工作人员，在履行政府行政公务活动中，滥用职权或玩忽职守构成犯罪的，应以国家机关工作人员论。

最高人民检察院

关于贯彻执行《全国人民代表大会常务委员会关于〈中华人民共和国刑法〉第九十三条第二款的解释》的通知

2000年6月5日　　　　　　　　　　　高检发研字〔2000〕12号

各省、自治区、直辖市人民检察院，军事检察院，新疆生产建设兵团人民检察院：

第九届全国人民代表大会常务委员会第十五次会议于2000年4月25日通过了《全国人民代表大会常务委员会关于〈中华人民共和国刑法〉第九十三条第二款的解释》（以下简称《解释》）。为认真贯彻执行《解释》，现就有关工作通知如下：

一、各级检察机关要认真学习《解释》和刑法的有关规定，深刻领会《解释》的精神，充分认识检察机关依法查处村民委员会等村基层组织人员贪污、受贿、挪用公款犯罪案件对于维护农村社会稳定、惩治腐败、保障农村经济发展的重要意义。

二、根据《解释》，检察机关对村民委员会等村基层组织人员协助人民政府从事《解释》所规定的行政管理工作中发生的利用职务上的便利，非法占有公共财物，挪用公款，索取他人财物或者非法收受他人财物，构成犯罪的案件，应直接受理，分别适用刑法第三百八十二条、第三百八十三条、第三百八十四条和第三百八十五条、第三百八十六条的规定，以涉嫌贪污罪、挪用公款罪、受贿罪立案侦查。

三、各级检察机关在依法查处村民委员会等村基层组织人员贪污、受贿、挪用公款犯罪案件过程中，要根据《解释》和其他有关法律的规定，严格把握界限，准确认定村民委员会等村基层组织人员的职务活动是否属于协助人民政府从事《解释》所规定的行政管理工作，并正确把握刑法第三百八十二条、第三百八十三条贪污罪、第三百八十四条挪用公款罪和第三百八十五条、第三百八十六条受贿罪的构成要件。对村民委员会等村基层组织人员从事属于村民自治范围的经营、管理活动不能适用《解释》的规定。

四、各级检察机关在依法查处村民委员会等村基层组织人员涉嫌贪污、受贿、挪用公款犯罪案件过程中，要注意维护农村社会的稳定，注重办案的法律效果与社会效果的统一。对疑难、复杂、社会影响大的案件，下级检察机关要及时向上级检察机关请示。上级检察机关要认真及时研究，加强指导，以准确适用法律，保证办案质量。

五、各省级检察院对执行《解释》和本通知过程中遇到的新情况、新问题，要及时报告最高人民检察院。

最高人民检察院
关于《全国人民代表大会常务委员会关于〈中华人民共和国刑法〉第九十三条第二款的解释》的时间效力的批复

2000年6月29日　　　　　　　　高检发研字〔2000〕15号

天津市人民检察院：

你院"关于《全国人民代表大会常务委员会关于〈中华人民共和国刑法〉第九十三条第二款的解释》的实施时间问题的请示"收悉。经研究，批复如下：

《全国人民代表大会常务委员会关于〈中华人民共和国刑法〉第九十三条第二款的解释》是对刑法第九十三条第二款关于"其他依照法律从事公务的人员"规定的进一步明确，并不是对刑法的修改。因此，该《解释》的效力适用于修订刑法的施行日期，其溯及力适用修订刑法第十二条的规定。

此复

最高人民检察院
关于合同制民警能否成为玩忽职守罪主体问题的批复

2000年10月9日　　　　　　　　　　高检发研字〔2000〕20号

辽宁省人民检察院：

你院辽检发诉字〔1999〕76号《关于犯罪嫌疑人李海玩忽职守一案的请示》收悉。经研究，批复如下：

根据刑法第九十三条第二款的规定，合同制民警在依法执行公务期间，属其他依照法律从事公务的人员，应以国家机关工作人员论。对合同制民警在依法执行公务活动中的玩忽职守行为，符合刑法第三百九十七条规定的玩忽职守罪构成条件的，依法以玩忽职守罪追究刑事责任。

此复

最高人民检察院
关于属工人编制的乡（镇）工商所所长能否依照刑法第三百九十七条的规定追究刑事责任问题的批复

2000年10月31日　　　　　　　　　高检发研字〔2000〕23号

江西省人民检察院：

你院赣检研发〔2000〕3号《关于乡（镇）工商所所长（工人编制）是否属于国家机关工作人员的请示》收悉。经研究，批复如下：

根据刑法第九十三条第二款的规定，经人事部门任命，但为工人编制的乡（镇）工商所所长，依法履行工商行政管理职责时，属其他依照法律从事公务的人员，应以国家机关工作人员论。如果玩忽职守，致使公共财产、国家和人民利益遭受重大损失，可适用刑法第三百九十七条的规定，以玩忽职守罪追究刑事责任。

此复

最高人民检察院

关于企业事业单位的公安机构在机构改革过程中其工作人员能否构成渎职侵权犯罪主体问题的批复

2002年4月29日　　　　　　　　　　　　高检发释字〔2002〕3号

陕西省人民检察院：

你院陕检发研〔2001〕159号《关于对企业事业单位的公安机构在机构改革过程中其工作人员能否构成渎职侵权犯罪主体问题的请示》收悉。经研究，批复如下：

企业事业单位的公安机构在机构改革过程中虽尚未列入公安机关建制，其工作人员在行使侦查职责时，实施渎职侵权行为的，可以成为渎职侵权犯罪的主体。

此复

最高人民法院

全国法院审理经济犯罪案件工作座谈会纪要（节录）

2003年11月13日　　　　　　　　　　　法发〔2003〕167号

为了进一步加强人民法院审判经济犯罪案件工作，最高人民法院于2002年6月4日至6日在重庆市召开了全国法院审理经济犯罪案件工作座谈会。各省、自治区、直辖市高级人民法院和解放军军事法院主管刑事审判工作的副院长和刑庭庭长参加了座谈会，全国人大常委会法制工作委员会、最高人民检察院、公安部也应邀派员参加了座谈会。

座谈会总结了刑法和刑事诉讼法修订实施以来人民法院审理经济犯罪案件工作的情况和经验，分析了审理经济犯罪案件工作面临的形势和任务，对当前和今后一个时期进一步加强人民法院审判经济犯罪案件的工作作了部署。座谈会重点讨论了人民法院在审理贪污贿赂和渎职犯罪案件中遇到的有关适用法律

的若干问题,并就其中一些带有普遍性的问题形成了共识。经整理并征求有关部门的意见,纪要如下:

一、关于贪污贿赂犯罪和渎职犯罪的主体

(一) 国家机关工作人员的认定

刑法中所称的国家机关工作人员,是指在国家机关中从事公务的人员,包括在各级国家权力机关、行政机关、司法机关和军事机关中从事公务的人员。

根据有关立法解释的规定,在依照法律、法规规定行使国家行政管理职权的组织中从事公务的人员,或者在受国家机关委托代表国家行使职权的组织中从事公务的人员,或者虽未列入国家机关人员编制但在国家机关中从事公务的人员,视为国家机关工作人员。在乡(镇)以上中国共产党机关、人民政协机关中从事公务的人员,司法实践中也应当视为国家机关工作人员。

(二) 国家机关、国有公司、企业、事业单位委派到非国有公司、企业、事业单位、社会团体从事公务的人员的认定

所谓委派,即委任、派遣,其形式多种多样,如任命、指派、提名、批准等。不论被委派的人身份如何,只要是接受国家机关、国有公司、企业、事业单位委派,代表国家机关、国有公司、企业、事业单位在非国有公司、企业、事业单位、社会团体中从事组织、领导、监督、管理等工作,都可以认定为国家机关、国有公司、企业、事业单位委派到非国有公司、企业、事业单位、社会团体从事公务的人员。如国家机关、国有公司、企业、事业单位委派在国有控股或者参股的股份有限公司从事组织、领导、监督、管理等工作的人员,应当以国家工作人员论。国有公司、企业改制为股份有限公司后,原国有公司、企业的工作人员和股份有限公司新任命的人员中,除代表国有投资主体行使监督、管理职权的人外,不以国家工作人员论。

(三) "其他依照法律从事公务的人员"的认定

刑法第九十三条第二款规定的"其他依照法律从事公务的人员"应当具有两个特征:一是在特定条件下行使国家管理职能;二是依照法律规定从事公务。具体包括:

(1) 依法履行职责的各级人民代表大会代表;

(2) 依法履行审判职责的人民陪审员;

(3) 协助乡镇人民政府、街道办事处从事行政管理工作的村民委员会、居民委员会等农村和城市基层组织人员;

(4) 其他由法律授权从事公务的人员。

(四) 关于"从事公务"的理解

从事公务，是指代表国家机关、国有公司、企业、事业单位、人民团体等履行组织、领导、监督、管理等职责。公务主要表现为与职权相联系的公共事务以及监督、管理国有财产的职务活动。如国家机关工作人员依法履行职责，国有公司的董事、经理、监事、会计、出纳人员等管理、监督国有财产等活动，属于从事公务。那些不具备职权内容的劳务活动、技术服务工作，如售货员、售票员等所从事的工作，一般不认为是公务。

……

最高人民法院　最高人民检察院
关于办理国家出资企业中职务犯罪案件具体应用法律若干问题的意见（节录）

2010年11月26日　　　　　　　　　　　法发〔2010〕49号

随着企业改制的不断推进，人民法院、人民检察院在办理国家出资企业中的贪污、受贿等职务犯罪案件时遇到了一些新情况、新问题。这些新情况、新问题具有一定的特殊性和复杂性，需要结合企业改制的特定历史条件，依法妥善地进行处理。现根据刑法规定和相关政策精神，就办理此类刑事案件具体应用法律的若干问题，提出以下意见：

……

六、关于国家出资企业中国家工作人员的认定

经国家机关、国有公司、企业、事业单位提名、推荐、任命、批准等，在国有控股、参股公司及其分支机构中从事公务的人员，应当认定为国家工作人员。具体的任命机构和程序，不影响国家工作人员的认定。

经国家出资企业中负有管理、监督国有资产职责的组织批准或者研究决定，代表其在国有控股、参股公司及其分支机构中从事组织、领导、监督、经营、管理工作的人员，应当认定为国家工作人员。

国家出资企业中的国家工作人员，在国家出资企业中持有个人股份或者同时接受非国有股东委托的，不影响其国家工作人员身份的认定。

……

最高人民法院研究室

关于国家工作人员在农村合作基金会兼职从事管理工作如何认定身份问题的答复

2000 年 6 月 29 日　　　　　　　　法（研）明传〔2000〕12 号

四川省高级人民法院：

你院川高法〔2000〕105 号《关于具有国家工作人员身份的人员在农村基金会兼职从事管理活动应如何认定犯罪主体身份问题的请示》收悉。经研究，答复如下：

国家工作人员自行到农村合作基金会兼职从事管理工作的，因其兼职工作与国家工作人员身份无关，应认定为农村合作基金会一般从业人员；国家机关、国有公司、企业、事业单位委派到农村合作基金会兼职从事管理工作的人员，以国家工作人员论。

此复

最高人民检察院

关于佛教协会工作人员能否构成受贿罪或者公司、企业人员受贿罪主体问题的答复

2003 年 1 月 13 日　　　　　　　　〔2003〕高检研发第 2 号

浙江省人民检察院研究室：

你室《关于佛教协会工作人员能否构成受贿罪或公司、企业人员受贿罪主体的请示》（检研请〔2002〕9 号）收悉。经研究，答复如下：

佛教协会属于社会团体，其工作人员除符合刑法第九十三条第二款的规定属于受委托从事公务的人员外，既不属于国家工作人员，也不属于公司、企业人员。根据刑法的规定，对非受委托从事公务的佛教协会的工作人员利用职务之便收受他人财物，为他人谋取利益的行为，不能按受贿罪或者公司、企业人

员受贿罪追究刑事责任。

此复

最高人民检察院
关于对海事局工作人员如何使用法律问题的答复

2003年1月13日　　　　　　　　　　　〔2003〕高检研发第1号

辽宁省人民检察院研究室：

你院《关于辽宁海事局的工作人员是否为国家机关工作人员的主体认定请示》（辽检发渎检字〔2002〕1号）收悉。经研究，答复如下：

根据国办发〔1999〕90号、中编办函〔2000〕184号等文件的规定，海事局负责行使国家水上安全监督和防止船舶污染及海上设施检验、航海保障的管理职权，是国家执法监督机构。海事局及其分支机构工作人员在从事上述公务活动中，滥用职权或者玩忽职守，致使公共财产、国家和人民利益遭受重大损失的，应当依照刑法第三百九十七条的规定，以滥用职权罪或者玩忽职守罪追究刑事责任。

此复

最高人民检察院法律政策研究室
关于集体性质的乡镇卫生院院长利用职务之便收受他人财物的行为如何适用法律问题的答复

2003年4月2日　　　　　　　　　　　〔2003〕高检研发第9号

山东省人民检察院研究室：

你院《关于工人身份的乡镇卫生院院长利用职务之便收受贿赂如何适用法律问题的请示》（鲁检发研字〔2001〕第10号）收悉。经研究，答复如下：

经过乡镇政府或者主管行政机关任命的乡镇卫生院院长，在依法从事本区域卫生工作的管理与业务技术指导，承担医疗预防保健服务工作等公务活动时，属于刑法第九十三条第二款规定的其他依照法律从事公务的人员。对其利用职务上的便利，索取他人财物的，或者非法收受他人财物，为他人谋取利益的，应当依照刑法第三百八十五条、第三百八十六条的规定，以受贿罪追究刑事责任。

此复

最高人民法院研究室
关于对行为人通过伪造国家机关公文、证件担任国家工作人员职务并利用职务上的便利侵占本单位财物、收受贿赂、挪用本单位资金等行为如何适用法律问题的答复

2004年3月20日　　　　　　　　　　　　　　法研〔2004〕38号

北京市高级人民法院：

你院〔2004〕15号《关于通过伪造国家机关公文、证件担任国家工作人员职务后利用职务便利侵占本单位财物、收受贿赂、挪用本单位资金的行为如何定性的请示》收悉。经研究，答复如下：

行为人通过伪造国家机关公文、证件担任国家工作人员职务以后，又利用职务上的便利实施侵占本单位财物、收受贿赂、挪用本单位资金等行为，构成犯罪的，应当分别以伪造国家机关公文、证件罪和相应的贪污罪、受贿罪、挪用公款罪等追究刑事责任，实行数罪并罚。

此复

最高人民检察院法律政策研究室

关于国家机关、国有公司、企业委派到非国有公司、企业从事公务但尚未依照规定程序获取该单位职务的人员是否适用刑法第九十三条第二款问题的答复

2004年11月3日　　　　　　　　　　　〔2004〕高检研发第17号

重庆市人民检察院法律政策研究室：

你院《关于受委派的国家工作人员未按法定程序取得非国有公司职务是否适用刑法第九十三条第二款以国家工作人员论的请示》〔渝检（研）〔2003〕6号〕收悉。经研究，答复如下：

对于国家机关、国有公司、企业委派到非国有公司、企业从事公务但尚未依照规定程序获取该单位职务的人员，涉嫌职务犯罪的，可以依照刑法第九十三条第二款关于"国家机关、国有公司、企业委派到非国有公司、企业、事业单位、社会团体从事公务的人员"，"以国家工作人员论"的规定追究刑事责任。

此复

（二）规范性文件适用指引

1.《刑法》第九十三条规定的国家工作人员，包括第一款规定的国家机关工作人员和第二款规定的"以国家工作人员论"的人员，其中第二款的人员符合贪污罪、受贿罪、挪用公款罪等犯罪的主体要件，但无法成立玩忽职守罪、滥用职权罪等渎职罪。最高人民检察院有关渎职罪的司法解释将工人等非监管机关在编监管人员、北京证券监督管理委员会干部、属行政执法事业单位的镇财政所中按国家机关在编干部管理的工作人员、合同制民警、工人编制的乡（镇）工商所所长、企业事业单位的公安机构在机构改革过程中尚未列入公安机关建制的工作人员、海事局及其分支机构工作人员、工人身份的乡镇卫生院院长解释为国家机关工作人员，法律依据应当是《刑法》第九十三条第一款而非第二款。

2.《最高人民法院、最高人民检察院关于办理国家出资企业中职务犯罪案件具体应用法律若干问题的意见》涉及的应当认定为国家工作人员的"经国

家出资企业中负有管理、监督国有资产职责的组织批准或者研究决定,代表其在国有控股、参股公司及其分支机构中从事组织、领导、监督、经营、管理工作的人员",属于《刑法》第九十三条第二款所规定的"国有公司、企业委派到非国有公司、企业从事公务的人员"的范畴,而非同款所规定的"其他依照法律从事公务的人员"。

三、其他共性、综合性依据

【司法解释及司法指导性文件】

最高人民法院　最高人民检察院
关于办理贪污贿赂刑事案件适用法律若干问题的解释(节录)

2016 年 4 月 18 日　　　　　　　　　法释〔2016〕9 号

为依法惩治贪污贿赂犯罪活动,根据刑法有关规定,现就办理贪污贿赂刑事案件适用法律的若干问题解释如下:

……

第十八条　贪污贿赂犯罪分子违法所得的一切财物,应当依照刑法第六十四条的规定予以追缴或者责令退赔,对被害人的合法财产应当及时返还。对尚未追缴到案或者尚未足额退赔的违法所得,应当继续追缴或者责令退赔。

第十九条　对贪污罪、受贿罪判处三年以下有期徒刑或者拘役的,应当并处十万元以上五十万元以下的罚金;判处三年以上十年以下有期徒刑的,应当并处二十万元以上犯罪数额二倍以下的罚金或者没收财产;判处十年以上有期徒刑或者无期徒刑的,应当并处五十万元以上犯罪数额二倍以下的罚金或者没收财产。

对刑法规定并处罚金的其他贪污贿赂犯罪,应当在十万元以上犯罪数额二倍以下判处罚金。

……

最高人民法院 最高人民检察院
关于办理职务犯罪案件认定自首、立功等量刑情节若干问题的意见

2009 年 3 月 12 日　　　　　　　　　　法发〔2009〕13 号

为依法惩处贪污贿赂、渎职等职务犯罪，根据刑法和相关司法解释的规定，结合办案工作实际，现就办理职务犯罪案件有关自首、立功等量刑情节的认定和处理问题，提出如下意见：

一、关于自首的认定和处理

根据刑法第六十七条第一款的规定，成立自首需同时具备自动投案和如实供述自己的罪行两个要件。犯罪事实或者犯罪分子未被办案机关掌握，或者虽被掌握，但犯罪分子尚未受到调查谈话、讯问，或者未被宣布采取调查措施或者强制措施时，向办案机关投案的，是自动投案。在此期间如实交代自己的主要犯罪事实的，应当认定为自首。

犯罪分子向所在单位等办案机关以外的单位、组织或者有关负责人员投案的，应当视为自动投案。

没有自动投案，在办案机关调查谈话、讯问、采取调查措施或者强制措施期间，犯罪分子如实交代办案机关掌握的线索所针对的事实的，不能认定为自首。

没有自动投案，但具有以下情形之一的，以自首论：（1）犯罪分子如实交代办案机关未掌握的罪行，与办案机关已掌握的罪行属不同种罪行的；（2）办案机关所掌握线索针对的犯罪事实不成立，在此范围外犯罪分子交代同种罪行的。

单位犯罪案件中，单位集体决定或者单位负责人决定而自动投案，如实交代单位犯罪事实的，或者单位直接负责的主管人员自动投案，如实交代单位犯罪事实的，应当认定为单位自首。单位自首的，直接负责的主管人员和直接责任人员未自动投案，但如实交代自己知道的犯罪事实的，可以视为自首；拒不交代自己知道的犯罪事实或者逃避法律追究的，不应当认定为自首。单位没有自首，直接责任人员自动投案并如实交代自己知道的犯罪事实的，对该直接责任人员应当认定为自首。

对于具有自首情节的犯罪分子，办案机关移送案件时应当予以说明并移交相关证据材料。

对于具有自首情节的犯罪分子，应当根据犯罪的事实、性质、情节和对于社会的危害程度，结合自动投案的动机、阶段、客观环境，交代犯罪事实的完整性、稳定性以及悔罪表现等具体情节，依法决定是否从轻、减轻或者免除处罚以及从轻、减轻处罚的幅度。

二、关于立功的认定和处理

立功必须是犯罪分子本人实施的行为。为使犯罪分子得到从轻处理，犯罪分子的亲友直接向有关机关揭发他人犯罪行为，提供侦破其他案件的重要线索，或者协助司法机关抓捕其他犯罪嫌疑人的，不应当认定为犯罪分子的立功表现。

据以立功的他人罪行材料应当指明具体犯罪事实；据以立功的线索或者协助行为对于侦破案件或者抓捕犯罪嫌疑人要有实际作用。犯罪分子揭发他人犯罪行为时没有指明具体犯罪事实的；揭发的犯罪事实与查实的犯罪事实不具有关联性的；提供的线索或者协助行为对于其他案件的侦破或者其他犯罪嫌疑人的抓捕不具有实际作用的，不能认定为立功表现。

犯罪分子揭发他人犯罪行为，提供侦破其他案件重要线索的，必须经查证属实，才能认定为立功。审查是否构成立功，不仅要审查办案机关的说明材料，还要审查有关事实和证据以及与案件定性处罚相关的法律文书，如立案决定书、逮捕决定书、侦查终结报告、起诉意见书、起诉书或者判决书等。

据以立功的线索、材料来源有下列情形之一的，不能认定为立功：（1）本人通过非法手段或者非法途径获取的；（2）本人因原担任的查禁犯罪等职务获取的；（3）他人违反监管规定向犯罪分子提供的；（4）负有查禁犯罪活动职责的国家机关工作人员或者其他国家工作人员利用职务便利提供的。

犯罪分子检举、揭发的他人犯罪，提供侦破其他案件的重要线索，阻止他人的犯罪活动，或者协助司法机关抓捕的其他犯罪嫌疑人，犯罪嫌疑人、被告人依法可能被判处无期徒刑以上刑罚的，应当认定为有重大立功表现。其中，可能被判处无期徒刑以上刑罚，是指根据犯罪行为的事实、情节可能判处无期徒刑以上刑罚。案件已经判决的，以实际判处的刑罚为准。但是，根据犯罪行为的事实、情节应当判处无期徒刑以上刑罚，因被判刑人有法定情节经依法从轻、减轻处罚后判处有期徒刑的，应当认定为重大立功。

对于具有立功情节的犯罪分子，应当根据犯罪的事实、性质、情节和对于社会的危害程度，结合立功表现所起作用的大小、所破获案件的罪行轻重、所抓获犯罪嫌疑人可能判处的法定刑以及立功的时机等具体情节，依法决定是否从轻、减轻或者免除处罚以及从轻、减轻处罚的幅度。

三、关于如实交代犯罪事实的认定和处理

犯罪分子依法不成立自首，但如实交代犯罪事实，有下列情形之一的，可以酌情从轻处罚：（1）办案机关掌握部分犯罪事实，犯罪分子交代了同种其他犯罪事实的；（2）办案机关掌握的证据不充分，犯罪分子如实交代有助于收集定案证据的。

犯罪分子如实交代犯罪事实，有下列情形之一的，一般应当从轻处罚：（1）办案机关仅掌握小部分犯罪事实，犯罪分子交代了大部分未被掌握的同种犯罪事实的；（2）如实交代对于定案证据的收集有重要作用的。

四、关于赃款赃物追缴等情形的处理

贪污案件中赃款赃物全部或者大部分追缴的，一般应当考虑从轻处罚。

受贿案件中赃款赃物全部或者大部分追缴的，视具体情况可以酌定从轻处罚。

犯罪分子及其亲友主动退赃或者在办案机关追缴赃款赃物过程中积极配合的，在量刑时应当与办案机关查办案件过程中依职权追缴赃款赃物的有所区别。

职务犯罪案件立案后，犯罪分子及其亲友自行挽回的经济损失，司法机关或者犯罪分子所在单位及其上级主管部门挽回的经济损失，或者因客观原因减少的经济损失，不予扣减，但可以作为酌情从轻处罚的情节。

最高人民法院　最高人民检察院

关于办理职务犯罪案件严格适用缓刑、免予刑事处罚若干问题的意见

2012 年 8 月 8 日　　　　　　　　　　　　法发〔2012〕17 号

为进一步规范贪污贿赂、渎职等职务犯罪案件缓刑、免予刑事处罚的适用，确保办理职务犯罪案件的法律效果和社会效果，根据刑法有关规定并结合司法工作实际，就职务犯罪案件缓刑、免予刑事处罚的具体适用问题，提出以下意见：

一、严格掌握职务犯罪案件缓刑、免予刑事处罚的适用。职务犯罪案件的刑罚适用直接关系反腐败工作的实际效果。人民法院、人民检察院要深刻认识职务犯罪的严重社会危害性，正确贯彻宽严相济刑事政策，充分发挥刑罚的惩治和预防功能。要在全面把握犯罪事实和量刑情节的基础上严格依照刑法规定的条件适用缓刑、免予刑事处罚，既要考虑从宽情节，又要考虑从严情节；既要做到刑罚与犯罪相当，又要做到刑罚执行方式与犯罪相当，切实避免缓刑、免予刑事处罚不当适用造成的消极影响。

二、具有下列情形之一的职务犯罪分子，一般不适用缓刑或者免予刑事处罚：

（一）不如实供述罪行的；

（二）不予退缴赃款赃物或者将赃款赃物用于非法活动的；

（三）属于共同犯罪中情节严重的主犯的；

（四）犯有数个职务犯罪依法实行并罚或者以一罪处理的；

（五）曾因职务违纪违法行为受过行政处分的；

（六）犯罪涉及的财物属于救灾、抢险、防汛、优抚、扶贫、移民、救济、防疫等特定款物的；

（七）受贿犯罪中具有索贿情节的；

（八）渎职犯罪中徇私舞弊情节或者滥用职权情节恶劣的；

（九）其他不应适用缓刑、免予刑事处罚的情形。

三、不具有本意见第二条规定的情形，全部退缴赃款赃物，依法判处三年有期徒刑以下刑罚，符合刑法规定的缓刑适用条件的贪污、受贿犯罪分子，可以适用缓刑；符合刑法第三百八十三条第一款第三项的规定，依法不需要判处刑罚的，可以免予刑事处罚。

不具有本意见第二条所列情形，挪用公款进行营利活动或者超过三个月未还构成犯罪，一审宣判前已将公款归还，依法判处三年有期徒刑以下刑罚，符合刑法规定的缓刑适用条件的，可以适用缓刑；在案发前已归还，情节轻微，不需要判处刑罚的，可以免予刑事处罚。

四、人民法院审理职务犯罪案件时应当注意听取检察机关、被告人、辩护人提出的量刑意见，分析影响性案件案发前后的社会反映，必要时可以征求案件查办等机关的意见。对于情节恶劣、社会反映强烈的职务犯罪案件，不得适用缓刑、免予刑事处罚。

五、对于具有本意见第二条规定的情形之一，但根据全案事实和量刑情节，检察机关认为确有必要适用缓刑或者免予刑事处罚并据此提出量刑建议的，应经检察委员会讨论决定；审理法院认为确有必要适用缓刑或者免予刑事处罚的，应经审判委员会讨论决定。

最高人民检察院
关于充分发挥检察职能依法保障和促进科技创新的意见（节录）

2016年7月7日　　　　　　　　　　　　高检发〔2016〕9号

党的十八大以来，党中央深入实施创新驱动发展战略，高度重视和加快推进科技创新。习近平总书记在全国科技创新大会、两院院士大会、中国科协第九次全国代表大会上发表重要讲话，对加快建设创新型国家和世界科技强国进行了总动员，对全面贯彻创新发展理念和实施创新驱动发展战略作出了总部署。全国各级检察机关要认真学习贯彻习近平总书记重要讲话精神，充分认识科技创新在国家发展全局中的核心位置，明确建成创新型国家和世界科技强国的奋斗目标，找准检察机关保障、促进和服务科技创新的定位和切入点，善于运用法治思维和法治方式，支持创新探索，宽容创新失误，保护创新成果，为科研机构、研究型大学、创新型企业（以下统称"科研单位"）和科技工作者（以下简称"科研人员"）营造良好创新环境，提供有力司法保障。为此，提出以下意见：

……

二、积极发挥查办和预防职务犯罪职能，为科技创新营造良好法治环境

4. 依法惩治国家工作人员利用审批、监管、执法司法等职权妨害科技创新发展的职务犯罪。依法惩治产业技术体系创新中的职务犯罪，培育、建设一流科研单位、国家重点研发平台过程中的职务犯罪，侵权假冒行为背后的滥用职权、玩忽职守、徇私舞弊不移交刑事案件、放纵制售伪劣商品犯罪行为等职务犯罪。依法惩治知识产权申报和重大科研项目申报、实施中，利用审批、验收等职权索贿、受贿的犯罪，以及行政管理人员贪污、挪用、私分国家科研项目投资基金、科研经费的犯罪。依法惩治知识产权诉讼中司法人员枉法裁判、执行判决裁定失职渎职等犯罪。重点查办创新驱动、转型发展中不作为、乱作为，特别是国家工作人员违反科研规律干预科研活动，导致重大科研项目流产，造成重大损失的失职渎职犯罪，以及泄露国家重大科技秘密的犯罪。对于涉及国家经济命脉、国家安全的重大科研项目的职务犯罪涉案人员，要采取有效措施，防止其潜逃境外；已经潜逃境外的，要充分运用引渡、劝返、遣返和异地起诉等方式依法将其缉捕归案。

5. 依法查办危害科技创新发展公平竞争环境的行贿犯罪。重点查办为谋取科研项目、资金进行行贿的犯罪，科技创新成果验收、转化、应用、推广过程中的行贿犯罪，知识产权申报、审查和诉讼等过程中的行贿犯罪，以及技术职称评定、科技带头人评选中谋取竞争优势的行贿犯罪。要加大对行贿数额巨大或者向多人、多次行贿犯罪的打击力度，促进形成有利于激发科技创新活力的公平竞争环境。

......

三、准确把握法律政策界限，改进司法办案方式方法

7. 准确把握法律政策界限。充分考虑科技创新工作的体制机制和行业特点，认真研究科技创新融资、科研成果资本化产业化、科研成果转化收益中的新情况、新问题，保护科研人员凭自己的聪明才智和创新成果获取的合法收益。办案中要正确区分罪与非罪界限：对于身兼行政职务的科研人员特别是学术带头人，要区分其科研人员与公务人员的身份，特别是要区分科技创新活动与公务管理，正确把握科研人员以自身专业知识提供咨询等合法兼职获利的行为，与利用审批、管理等行政权力索贿受贿的界限；要区分科研人员合法的股权分红、知识产权收益、科技成果转化收益分配与贪污、受贿之间的界限；要区分科技创新探索失败、合理损耗与骗取科研立项、虚增科研经费投入的界限；要区分突破现有规章制度，按照科技创新需求使用科研经费与贪污、挪用、私分科研经费的界限；要区分风险投资、创业等造成的正常亏损与失职渎职的界限。坚持罪刑法定原则和刑法谦抑性原则，禁止以刑事手段插手民事经济纠纷。对于法律和司法解释规定不明确、法律政策界限不明、罪与非罪界限不清的，不作为犯罪处理；对于认定罪与非罪争议较大的案件，及时向上级检察机关请示报告。

8. 切实贯彻宽严相济刑事政策。对于锐意创新探索，但出现决策失误、偏差，造成一定损失的行为，要区分情况慎重对待。没有徇私舞弊、中饱私囊，或者没有造成严重后果的，不作为犯罪处理。在科研项目实施中突破现有制度，但有利于实现创新预期成果的，应当予以宽容。在创新过程中发生轻微犯罪、过失犯罪但完成重大科研创新任务的，应当依法从宽处理。对于科技创新中发生的共同犯罪案件，重点追究主犯的刑事责任，对于从犯和犯罪情节较轻的，依法从宽处理。对于以科技创新为名骗取、套取、挥霍国家科研项目投资，严重危害创新发展的犯罪，应当依法打击。

9. 注重改进司法办案方式方法。要尊重科技创新规律，保护科技创新主体积极性、创造性，努力实现办案的最佳效果。查办涉及科技创新的犯罪，要慎重选择办案时机和方式，注意听取行业主管、监管部门以及科技专家、法律专家等意见，防止因办案时机和方式不当影响正常的科技创新工作。对于正在承担重大科研项目攻关、重大科技发展规划制定、重大涉外项目实施等职责的涉案科研人员，检察机关在做好相关保密和防逃工作的同时，可以根据具体情况确定办案时机。对于重点科研单位、重大科研项目关键岗位的涉案科研人员，尽量不使用拘留、逮捕等强制措施；必须采取拘留、逮捕等措施的，应当及时通报有关部门做好科研攻关的衔接工作，确有必要的，可以在不影响诉讼正常进行的前提下，为其指导科研攻关提供一定条件。对于被采取逮捕措施的涉案科研人员，检察机关应当依照有关规定对羁押必要性开展审查。对于科研单位用于科技创新、产品研发的设备、资金和技术资料，一般不予以查封、扣押、冻结；确实需要查封、扣押、冻结的，应当为其预留必要的流动资金、往来账户和关键设备资料，防止因办案造成科研项目中断、停滞，或者因处置不当造成科研成果流失。

……

第二节　各罪办案实体法依据

一、贪污罪

（一）《刑法》及其他规范性文件

【中华人民共和国刑法】

第一百八十三条　保险公司的工作人员利用职务上的便利，故意编造未曾发生的保险事故进行虚假理赔，骗取保险金归自己所有的，依照本法第二百七十一条的规定定罪处罚。

国有保险公司工作人员和国有保险公司委派到非国有保险公司从事公务的人员有前款行为的,依照本法第三百八十二条、第三百八十三条的规定定罪处罚。

第二百七十一条 公司、企业或者其他单位的工作人员,利用职务上的便利,将本单位财物非法占为己有,数额较大的,处三年以下有期徒刑或者拘役,并处罚金;数额巨大的,处三年以上十年以下有期徒刑,并处罚金;数额特别巨大的,处十年以上有期徒刑或者无期徒刑,并处罚金。

国有公司、企业或者其他国有单位中从事公务的人员和国有公司、企业或者其他国有单位委派到非国有公司、企业以及其他单位从事公务的人员有前款行为的,依照本法第三百八十二条、第三百八十三条的规定定罪处罚。

第三百八十二条 国家工作人员利用职务上的便利,侵吞、窃取、骗取或者以其他手段非法占有公共财物的,是贪污罪。

受国家机关、国有公司、企业、事业单位、人民团体委托管理、经营国有财产的人员,利用职务上的便利,侵吞、窃取、骗取或者以其他手段非法占有国有财物的,以贪污论。

与前两款所列人员勾结,伙同贪污的,以共犯论处。

第三百八十三条 对犯贪污罪的,根据情节轻重,分别依照下列规定处罚:

(一) 贪污数额较大或者有其他较重情节的,处三年以下有期徒刑或者拘役,并处罚金。

(二) 贪污数额巨大或者有其他严重情节的,处三年以上十年以下有期徒刑,并处罚金或者没收财产。

(三) 贪污数额特别巨大或者有其他特别严重情节的,处十年以上有期徒刑或者无期徒刑,并处罚金或者没收财产;数额特别巨大,并使国家和人民利益遭受特别重大损失的,处无期徒刑或者死刑,并处没收财产。

对多次贪污未经处理的,按照累计贪污数额处罚。

犯第一款罪,在提起公诉前如实供述自己罪行、真诚悔罪、积极退赃,避免、减少损害结果的发生,有第一项规定情形的,可以从轻、减轻或者免除处罚;有第二项、第三项规定情形的,可以从轻处罚。

犯第一款罪,有第三项规定情形被判处死刑缓期执行的,人民法院根据犯罪情节等情况可以同时决定在其死刑缓期执行二年期满依法减为无期徒刑后,终身监禁,不得减刑、假释。

第三百九十四条 国家工作人员在国内公务活动或者对外交往中接受礼

物,依照国家规定应当交公而不交公,数额较大的,依照本法第三百八十二条、第三百八十三条的规定定罪处罚。

【司法解释及司法指导性文件】

最高人民检察院

关于人民检察院直接受理立案侦查案件立案标准的规定(试行)(节录)

1999年9月16日　　　　　　　　　　高检发释字〔1999〕2号

根据《中华人民共和国刑法》《中华人民共和国刑事诉讼法》和其他法律的有关规定,对人民检察院直接受理立案侦查案件的立案标准规定如下:

一、贪污贿赂犯罪案件

(一)贪污案(第382条、第383条,第183条第2款,第271条第2款,第394条)

贪污罪是指国家工作人员利用职务上的便利,侵吞、窍取、骗取或者以其他手段非法占有公共财物的行为。

"利用职务上的便利"是指利用职务上主管、管理、经手公共财物的权力及方便条件。

受国家机关、国有公司、企业、事业单位、人民团体委托管理、经营国有财产的人员,利用职务上的便利,侵吞、窍取、骗取或者以其他手段非法占有国有财物的,以贪污罪追究其刑事责任。

"受委托管理、经营国有财产"是指因承包、租赁、聘用等而管理、经营国有财产。

国有保险公司的工作人员和国有保险公司委派到非国有保险公司从事公务的人员利用职务上的便利,故意编造未曾发生的保险事故进行虚假理赔,骗取保险金归自己所有的,以贪污罪追究刑事责任。

国有公司、企业或者其他国有单位中从事公务的人员和国有公司、企业或者其他国有单位委派到非国有公司、企业以及其他非国有单位从事公务的人员,利用职务上的便利,将本单位财物非法占为己有的,以贪污罪追究刑事责任。

国家工作人员在国内公务活动或者对外交往中接受礼物,依照国家规定应当交公而不交公,数额较大的,以贪污罪追究刑事责任。

……

最高人民法院

关于审理贪污、职务侵占案件如何认定共同犯罪几个问题的解释

2000年6月30日　　　　　　　　　　　　　　　法释〔2000〕15号

为依法审理贪污或者职务侵占犯罪案件,现就这类案件如何认定共同犯罪问题解释如下:

第一条 行为人与国家工作人员勾结,利用国家工作人员的职务便利,共同侵吞、窃取、骗取或者以其他手段非法占有公共财物的,以贪污罪共犯论处。

第二条 行为人与公司、企业或者其他单位的人员勾结,利用公司、企业或者其他单位人员的职务便利,共同将该单位财物非法占为己有,数额较大的,以职务侵占罪共犯论处。

第三条 公司、企业或者其他单位中,不具有国家工作人员身份的人与国家工作人员勾结,分别利用各自的职务便利,共同将本单位财物非法占为己有的,按照主犯的犯罪性质定罪。

最高人民法院　最高人民检察院

关于办理妨害预防、控制突发传染病疫情等灾害的刑事案件具体应用法律若干问题的解释（节录）

2003年5月14日　　　　　　　　　　　　　　法释〔2003〕8号

为依法惩治妨害预防、控制突发传染病疫情等灾害的犯罪活动，保障预防、控制突发传染病疫情等灾害工作的顺利进行，切实维护人民群众的身体健康和生命安全，根据《中华人民共和国刑法》等有关法律规定，现就办理相关刑事案件具体应用法律的若干问题解释如下：

……

第十四条第一款　贪污、侵占用于预防、控制突发传染病疫情等灾害的款物或者挪用归个人使用，构成犯罪的，分别依照刑法第三百八十二条、第三百八十三条、第二百七十一条、第三百八十四条、第二百七十二条的规定，以贪污罪、职务侵占罪、挪用公款罪、挪用资金罪定罪，依法从重处罚。

……

最高人民法院

关于《中华人民共和国刑法修正案（九）》时间效力问题的解释（节录）

2015年10月29日　　　　　　　　　　　　　法释〔2015〕19号

……

第七条　对于2015年10月31日以前以捏造的事实提起民事诉讼，妨害司法秩序或者严重侵害他人合法权益，根据修正前刑法应当以伪造公司、企业、事业单位、人民团体印章罪或者妨害作证罪等追究刑事责任的，适用修正前刑法的有关规定。但是，根据修正后刑法第三百零七条之一的规定处刑较轻的，适用修正后刑法的有关规定。

实施第一款行为，非法占有他人财产或者逃避合法债务，根据修正前刑法应当以诈骗罪、职务侵占罪或者贪污罪等追究刑事责任的，适用修正前刑法的有关规定。

第八条 对于2015年10月31日以前实施贪污、受贿行为，罪行极其严重，根据修正前刑法判处死刑缓期执行不能体现罪刑相适应原则，而根据修正后刑法判处死刑缓期执行同时决定在其死刑缓期执行二年期满依法减为无期徒刑后，终身监禁，不得减刑、假释可以罚当其罪的，适用修正后刑法第三百八十三条第四款的规定。根据修正前刑法判处死刑缓期执行足以罚当其罪的，不适用修正后刑法第三百八十三条第四款的规定。

……

最高人民法院 最高人民检察院
关于办理危害生产安全刑事案件适用法律若干问题的解释（节录）

2015年12月14日　　　　　　　　　　　法释〔2015〕22号

……

第十四条 国家工作人员违反规定投资入股生产经营，构成本解释规定的有关犯罪的，或者国家工作人员的贪污、受贿犯罪行为与安全事故发生存在关联性的，从重处罚；同时构成贪污、受贿犯罪和危害生产安全犯罪的，依照数罪并罚的规定处罚。

……

第十六条 对于实施危害生产安全犯罪适用缓刑的犯罪分子，可以根据犯罪情况，禁止其在缓刑考验期限内从事与安全生产相关联的特定活动；对于被判处刑罚的犯罪分子，可以根据犯罪情况和预防再犯罪的需要，禁止其自刑罚执行完毕之日或者假释之日起三年至五年内从事与安全生产相关的职业。

第十七条 本解释自2015年12月16日起施行。本解释施行后，《最高人民法院、最高人民检察院关于办理危害矿山生产安全刑事案件具体应用法律若干问题的解释》（法释〔2007〕5号）同时废止。最高人民法院、最高人民检察院此前发布的司法解释和规范性文件与本解释不一致的,以本解释为准。

最高人民法院 最高人民检察院
关于办理危害生产安全刑事案件适用法律若干问题的解释(二)(节录)

2022年12月15日　　　　　　　　　　　　法释〔2022〕19号

……

第三条 因存在重大事故隐患被依法责令停产停业、停止施工、停止使用有关设备、设施、场所或者立即采取排除危险的整改措施,有下列情形之一的,属于刑法第一百三十四条之一第二项规定的"拒不执行":

(一)无正当理由故意不执行各级人民政府或者负有安全生产监督管理职责的部门依法作出的上述行政决定、命令的;

(二)虚构重大事故隐患已经排除的事实,规避、干扰执行各级人民政府或者负有安全生产监督管理职责的部门依法作出的上述行政决定、命令的;

(三)以行贿等不正当手段,规避、干扰执行各级人民政府或者负有安全生产监督管理职责的部门依法作出的上述行政决定、命令的。

有前款第三项行为,同时构成刑法第三百八十九条行贿罪、第三百九十三条单位行贿罪等犯罪的,依照数罪并罚的规定处罚。

认定是否属于"拒不执行",应当综合考虑行政决定、命令是否具有法律、行政法规等依据,行政决定、命令的内容和期限要求是否明确、合理,行为人是否具有按照要求执行的能力等因素进行判断。

……

最高人民法院　最高人民检察院
关于办理贪污贿赂刑事案件适用法律若干问题的解释（节录）

2016 年 4 月 18 日　　　　　　　　　　　　法释〔2016〕9 号

为依法惩治贪污贿赂犯罪活动，根据刑法有关规定，现就办理贪污贿赂刑事案件适用法律的若干问题解释如下：

第一条　贪污或者受贿数额在三万元以上不满二十万元的，应当认定为刑法第三百八十三条第一款规定的"数额较大"，依法判处三年以下有期徒刑或者拘役，并处罚金。

贪污数额在一万元以上不满三万元，具有下列情形之一的，应当认定为刑法第三百八十三条第一款规定的"其他较重情节"，依法判处三年以下有期徒刑或者拘役，并处罚金：

（一）贪污救灾、抢险、防汛、优抚、扶贫、移民、救济、防疫、社会捐助等特定款物的；

（二）曾因贪污、受贿、挪用公款受过党纪、行政处分的；

（三）曾因故意犯罪受过刑事追究的；

（四）赃款赃物用于非法活动的；

（五）拒不交待赃款赃物去向或者拒不配合追缴工作，致使无法追缴的；

（六）造成恶劣影响或者其他严重后果的。

……

第二条　贪污或者受贿数额在二十万元以上不满三百万元的，应当认定为刑法第三百八十三条第一款规定的"数额巨大"，依法判处三年以上十年以下有期徒刑，并处罚金或者没收财产。

贪污数额在十万元以上不满二十万元，具有本解释第一条第二款规定的情形之一的，应当认定为刑法第三百八十三条第一款规定的"其他严重情节"，依法判处三年以上十年以下有期徒刑，并处罚金或者没收财产。

……

第三条　贪污或者受贿数额在三百万元以上的，应当认定为刑法第三百八十三条第一款规定的"数额特别巨大"，依法判处十年以上有期徒刑、无期徒刑或者死刑，并处罚金或者没收财产。

贪污数额在一百五十万元以上不满三百万元，具有本解释第一条第二款规定的情形之一的，应当认定为刑法第三百八十三条第一款规定的"其他特别严重情节"，依法判处十年以上有期徒刑、无期徒刑或者死刑，并处罚金或者没收财产。

……

第四条 贪污、受贿数额特别巨大，犯罪情节特别严重、社会影响特别恶劣、给国家和人民利益造成特别重大损失的，可以判处死刑。

符合前款规定的情形，但具有自首、立功，如实供述自己罪行、真诚悔罪、积极退赃，或者避免、减少损害结果的发生等情节，不是必须立即执行的，可以判处死刑缓期二年执行。

符合第一款规定情形的，根据犯罪情节等情况可以判处死刑缓期二年执行，同时裁判决定在其死刑缓期执行二年期满依法减为无期徒刑后，终身监禁，不得减刑、假释。

……

第十六条 国家工作人员出于贪污、受贿的故意，非法占有公共财物、收受他人财物之后，将赃款赃物用于单位公务支出或者社会捐赠的，不影响贪污罪、受贿罪的认定，但量刑时可以酌情考虑。

……

第十八条 贪污贿赂犯罪分子违法所得的一切财物，应当依照刑法第六十四条的规定予以追缴或者责令退赔，对被害人的合法财产应当及时返还。对尚未追缴到案或者尚未足额退赔的违法所得，应当继续追缴或者责令退赔。

第十九条 对贪污罪、受贿罪判处三年以下有期徒刑或者拘役的，应当并处十万元以上五十万元以下的罚金；判处三年以上十年以下有期徒刑的，应当并处二十万元以上犯罪数额二倍以下的罚金或者没收财产；判处十年以上有期徒刑或者无期徒刑的，应当并处五十万元以上犯罪数额二倍以下的罚金或者没收财产。

对刑法规定并处罚金的其他贪污贿赂犯罪，应当在十万元以上犯罪数额二倍以下判处罚金。

第二十条 本解释自 2016 年 4 月 18 日起施行。最高人民法院、最高人民检察院此前发布的司法解释与本解释不一致的，以本解释为准。

最高人民法院
全国法院审理经济犯罪案件工作座谈会纪要（节录）

2003 年 11 月 13 日　　　　　　　　　　　　　法发〔2003〕167 号

　　为了进一步加强人民法院审判经济犯罪案件工作，最高人民法院于 2002 年 6 月 4 日至 6 日在重庆市召开了全国法院审理经济犯罪案件工作座谈会。各省、自治区、直辖市高级人民法院和解放军军事法院主管刑事审判工作的副院长和刑庭庭长参加了座谈会，全国人大常委会法制工作委员会、最高人民检察院、公安部也应邀派员参加了座谈会。

　　座谈会总结了刑法和刑事诉讼法修订实施以来人民法院审理经济犯罪案件工作的情况和经验，分析了审理经济犯罪案件工作面临的形势和任务，对当前和今后一个时期进一步加强人民法院审判经济犯罪案件的工作作了部署。座谈会重点讨论了人民法院在审理贪污贿赂和渎职犯罪案件中遇到的有关适用法律的若干问题，并就其中一些带有普遍性的问题形成了共识。经整理并征求有关部门的意见，纪要如下：

　　……

二、关于贪污罪

（一）贪污罪既遂与未遂的认定

　　贪污罪是一种以非法占有为目的的财产性职务犯罪，与盗窃、诈骗、抢夺等侵犯财产罪一样，应当以行为人是否实际控制财物作为区分贪污罪既遂与未遂的标准。对于行为人利用职务上的便利，实施了虚假平账等贪污行为，但公共财物尚未实际转移，或者尚未被行为人控制就被查获的，应当认定为贪污未遂。行为人控制公共财物后，是否将财物据为己有，不影响贪污既遂的认定。

（二）"受委托管理、经营国有财产"的认定

　　刑法第三百八十二条第二款规定的"受委托管理、经营国有财产"，是指因承包、租赁、临时聘用等管理、经营国有财产。

（三）国家工作人员与非国家工作人员勾结共同非法占有单位财物行为的认定

　　对于国家工作人员与他人勾结，共同非法占有单位财物的行为，应当按照《最高人民法院关于审理贪污、职务侵占案件如何认定共同犯罪几个问题的解

释》的规定定罪处罚。对于在公司、企业或者其他单位中，非国家工作人员与国家工作人员勾结，分别利用各自的职务便利，共同将本单位财物非法占有的，应当尽量区分主从犯，按照主犯的犯罪性质定罪。司法实践中，如果根据案件的实际情况，各共同犯罪人在共同犯罪中的地位、作用相当，难以区分主从犯的，可以贪污罪定罪处罚。

（四）共同贪污犯罪中"个人贪污数额"的认定

刑法第三百八十三条第一款规定的"个人贪污数额"，在共同贪污犯罪案件中应理解为个人所参与或者组织、指挥共同贪污的数额，不能只按个人实际分得的赃款数额来认定。对共同贪污犯罪中的从犯，应当按照其所参与的共同贪污的数额确定量刑幅度，并依照刑法第二十七条第二款的规定，从轻、减轻处罚或者免除处罚。

……

最高人民法院　最高人民检察院
关于办理国家出资企业中职务犯罪案件具体应用法律若干问题的意见（节录）

2010年11月26日　　　　　　　　　　　法发〔2010〕49号

随着企业改制的不断推进，人民法院、人民检察院在办理国家出资企业中的贪污、受贿等职务犯罪案件时遇到了一些新情况、新问题。这些新情况、新问题具有一定的特殊性和复杂性，需要结合企业改制的特定历史条件，依法妥善地进行处理。现根据刑法规定和相关政策精神，就办理此类刑事案件具体应用法律的若干问题，提出以下意见：

一、关于国家出资企业工作人员在改制过程中隐匿公司、企业财产归个人持股的改制后公司、企业所有的行为的处理

国家工作人员或者受国家机关、国有公司、企业、事业单位、人民团体委托管理、经营国有财产的人员利用职务上的便利，在国家出资企业改制过程中故意通过低估资产、隐瞒债权、虚设债务、虚构产权交易等方式隐匿公司、企业财产，转为本人持有股份的改制后公司、企业所有，应当依法追究刑事责任的，依照刑法第三百八十二条、第三百八十三条的规定，以贪污罪定罪处罚。

贪污数额一般应当以所隐匿财产全额计算；改制后公司、企业仍有国有股份的，按股份比例扣除归于国有的部分。

所隐匿财产在改制过程中已为行为人实际控制，或者国家出资企业改制已经完成的，以犯罪既遂处理。

第一款规定以外的人员实施该款行为的，依照刑法第二百七十一条的规定，以职务侵占罪定罪处罚；第一款规定以外的人员与第一款规定的人员共同实施该款行为的，以贪污罪的共犯论处。

在企业改制过程中未采取低估资产、隐瞒债权、虚设债务、虚构产权交易等方式故意隐匿公司、企业财产的，一般不应当认定为贪污；造成国有资产重大损失，依法构成刑法第一百六十八条或者第一百六十九条规定的犯罪的，依照该规定定罪处罚。

二、关于国有公司、企业在改制过程中隐匿公司、企业财产归职工集体持股的改制后公司、企业所有的行为的处理

国有公司、企业违反国家规定，在改制过程中隐匿公司、企业财产，转为职工集体持股的改制后公司、企业所有的，对其直接负责的主管人员和其他直接责任人员，依照刑法第三百九十六条第一款的规定，以私分国有资产罪定罪处罚。

改制后的公司、企业中只有改制前公司、企业的管理人员或者少数职工持股，改制前公司、企业的多数职工未持股的，依照本意见第一条的规定，以贪污罪定罪处罚。

三、关于国家出资企业工作人员使用改制公司、企业的资金担保个人贷款，用于购买改制公司、企业股份的行为的处理

国家出资企业的工作人员在公司、企业改制过程中为购买公司、企业股份，利用职务上的便利，将公司、企业的资金或者金融凭证、有价证券等用于个人贷款担保的，依照刑法第二百七十二条或者第三百八十四条的规定，以挪用资金罪或者挪用公款罪定罪处罚。

行为人在改制前的国家出资企业持有股份的，不影响挪用数额的认定，但量刑时应当酌情考虑。

经有关主管部门批准或者按照有关政策规定，国家出资企业的工作人员为购买改制公司、企业股份实施前款行为的，可以视具体情况不作为犯罪处理。

四、关于国家工作人员在企业改制过程中的渎职行为的处理

国家出资企业中的国家工作人员在公司、企业改制或者国有资产处置过程中严重不负责任或者滥用职权，致使国家利益遭受重大损失的，依照刑法第一百六十八条的规定，以国有公司、企业人员失职罪或者国有公司、企业人员滥用职权罪定罪处罚。

国家出资企业中的国家工作人员在公司、企业改制或者国有资产处置过程中徇私舞弊，将国有资产低价折股或者低价出售给其本人未持有股份的公司、企业或者其他个人，致使国家利益遭受重大损失的，依照刑法第一百六十九条的规定，以徇私舞弊低价折股、出售国有资产罪定罪处罚。

国家出资企业中的国家工作人员在公司、企业改制或者国有资产处置过程中徇私舞弊，将国有资产低价折股或者低价出售给特定关系人持有股份或者本人实际控制的公司、企业，致使国家利益遭受重大损失的，依照刑法第三百八十二条、第三百八十三条的规定，以贪污罪定罪处罚。贪污数额以国有资产的损失数额计算。

国家出资企业中的国家工作人员因实施第一款、第二款行为收受贿赂，同时又构成刑法第三百八十五条规定之罪的，依照处罚较重的规定定罪处罚。

五、关于改制前后主体身份发生变化的犯罪的处理

国家工作人员在国家出资企业改制前利用职务上的便利实施犯罪，在其不再具有国家工作人员身份后又实施同种行为，依法构成不同犯罪的，应当分别定罪，实行数罪并罚。

国家工作人员利用职务上的便利，在国家出资企业改制过程中隐匿公司、企业财产，在其不再具有国家工作人员身份后将所隐匿财产据为己有的，依照刑法第三百八十二条、第三百八十三条的规定，以贪污罪定罪处罚。

国家工作人员在国家出资企业改制过程中利用职务上的便利为请托人谋取利益，事先约定在其不再具有国家工作人员身份后收受请托人财物，或者在身份变化前后连续收受请托人财物的，依照刑法第三百八十五条、第三百八十六条的规定，以受贿罪定罪处罚。

……

七、关于国家出资企业的界定

本意见所称"国家出资企业"，包括国家出资的国有独资公司、国有独资企业，以及国有资本控股公司、国有资本参股公司。

是否属于国家出资企业不清楚的，应遵循"谁投资、谁拥有产权"的原则进行界定。企业注册登记中的资金来源与实际出资不符的，应根据实际出资情况确定企业的性质。企业实际出资情况不清楚的，可以综合工商注册、分配形式、经营管理等因素确定企业的性质。

八、关于宽严相济刑事政策的具体贯彻

办理国家出资企业中的职务犯罪案件时,要综合考虑历史条件、企业发展、职工就业、社会稳定等因素,注意具体情况具体分析,严格把握犯罪与一般违规行为的区分界限。对于主观恶意明显、社会危害严重、群众反映强烈的严重犯罪,要坚决依法从严惩处;对于特定历史条件下、为了顺利完成企业改制而实施的违反国家政策法律规定的行为,行为人无主观恶意或者主观恶意不明显,情节较轻,危害不大的,可以不作为犯罪处理。

对于国家出资企业中的职务犯罪,要加大经济上的惩罚力度,充分重视财产刑的适用和执行,最大限度地挽回国家和人民利益遭受的损失。不能退赃的,在决定刑罚时,应当作为重要情节予以考虑。

最高人民检察院

关于贪污养老、医疗等社会保险基金能否适用《最高人民法院、最高人民检察院关于办理贪污贿赂刑事案件适用法律若干问题的解释》第一条第二款第一项规定的批复

2017年7月26日　　　　　　　　　高检发释字〔2017〕1号

各省、自治区、直辖市人民检察院,解放军军事检察院,新疆生产建设兵团人民检察院:

近来,一些地方人民检察院就贪污养老、医疗等社会保险基金能否适用《最高人民法院、最高人民检察院关于办理贪污贿赂刑事案件适用法律若干问题的解释》第一条第二款第一项规定请示我院。经研究,批复如下:

养老、医疗、工伤、失业、生育等社会保险基金可以认定为《最高人民法院、最高人民检察院关于办理贪污贿赂刑事案件适用法律若干问题的解释》第一条第二款第一项规定的"特定款物"。

根据刑法和有关司法解释规定,贪污罪和挪用公款罪中的"特定款物"的范围有所不同,实践中应注意区分,依法适用。

此复

最高人民法院　最高人民检察院　公安部　司法部
关于依法惩治妨害新型冠状病毒感染肺炎[①]疫情防控违法犯罪的意见（节录）

2020年2月6日　　　　　　　　　　　　　　　法发〔2020〕7号

为依法惩治妨害新型冠状病毒感染肺炎疫情防控违法犯罪行为，保障人民群众生命安全和身体健康，保障社会安定有序，保障疫情防控工作顺利开展，根据有关法律、司法解释的规定，制定本意见。

……

（二）规范性文件适用指引

1. 2003年11月13日最高人民法院《全国法院审理经济犯罪案件工作座谈会纪要》有关共同贪污罪中"个人贪污数额"认定的内容，是以《刑法修正案（九）》修正前的《刑法》第三百八十三条的规定为前提的。修正前的《刑法》第三百八十三条以"个人贪污数额"作为贪污罪定罪处罚的主要依据，修正后的《刑法》第三百八十三条采取"贪污数额+情节"的定罪量刑标准。在共同贪污犯罪中，各共同犯罪人的贪污数额的认定，仍应参照上述《纪要》的规定，即各共同犯罪人的"贪污数额"，应理解为其参与或组织、指挥共同贪污的数额。

2. 修正后的《刑法》第三百八十三条第四款对贪污罪增加了法院判处犯罪分子死刑缓期执行，同时可以决定在其死刑缓期执行二年期满依法减为无期徒刑后终身监禁，不得减刑、假释的规定。自2016年4月18日起施行的《最高人民法院、最高人民检察院关于办理贪污贿赂刑事案件适用法律若干问题的解释》第四条对此进行了解释。司法实践中应当注意，对于《刑法修正案（九）》施行之日，即2015年11月1日前实施的数额特别巨大，并使国家和人民利益遭受特别重大损失的贪污（受贿）犯罪分子，为限制死刑（立即执行）的适用，亦可以适用终身监禁制度。

[①] 国家卫生健康委于2023年1月26日发布公告，将新型冠状病毒肺炎更名为新型冠状病毒感染。

二、挪用公款罪

(一)《刑法》及其他规范性文件

【中华人民共和国刑法】

第一百八十五条 商业银行、证券交易所、期货交易所、证券公司、期货经纪公司、保险公司或者其他金融机构的工作人员利用职务上的便利,挪用本单位或者客户资金的,依照本法第二百七十二条的规定定罪处罚。

国有商业银行、证券交易所、期货交易所、证券公司、期货经纪公司、保险公司或者其他国有金融机构的工作人员和国有商业银行、证券交易所、期货交易所、证券公司、期货经纪公司、保险公司或者其他国有金融机构委派到前款规定中的非国有机构从事公务的人员有前款行为的,依照本法第三百八十四条的规定定罪处罚。

第二百七十二条 公司、企业或者其他单位的工作人员,利用职务上的便利,挪用本单位资金归个人使用或者借贷给他人,数额较大、超过三个月未还的,或者虽未超过三个月,但数额较大、进行营利活动的,或者进行非法活动的,处三年以下有期徒刑或者拘役;挪用本单位资金数额巨大的,处三年以上七年以下有期徒刑;数额特别巨大的,处七年以上有期徒刑。

国有公司、企业或者其他国有单位中从事公务的人员和国有公司、企业或者其他国有单位委派到非国有公司、企业以及其他单位从事公务的人员有前款行为的,依照本法第三百八十四条的规定定罪处罚。

有第一款行为,在提起公诉前将挪用的资金退还的,可以从轻或者减轻处罚。其中,犯罪较轻的,可以减轻或者免除处罚。

第二百七十三条 挪用用于救灾、抢险、防汛、优抚、扶贫、移民、救济款物,情节严重,致使国家和人民群众利益遭受重大损害的,对直接责任人员,处三年以下有期徒刑或者拘役;情节特别严重的,处三年以上七年以下有期徒刑。

第三百八十四条 国家工作人员利用职务上的便利,挪用公款归个人使用,进行非法活动的,或者挪用公款数额较大、进行营利活动的,或者挪用公款数额较大、超过三个月未还的,是挪用公款罪,处五年以下有期徒刑或者拘役;情节严重的,处五年以上有期徒刑。挪用公款数额巨大不退还的,处十年以上有期徒刑或者无期徒刑。

挪用用于救灾、抢险、防汛、优抚、扶贫、移民、救济款物归个人使用的，从重处罚。

【立法解释】

全国人民代表大会常务委员会
关于《中华人民共和国刑法》第三百八十四条第一款的解释

(2002年4月28日第九届全国人民代表大会常务委员会第二十七次会议通过)

全国人民代表大会常务委员会讨论了刑法第三百八十四条第一款规定的国家工作人员利用职务上的便利，挪用公款"归个人使用"的含义问题，解释如下：

有下列情形之一的，属于挪用公款"归个人使用"：

（一）将公款供本人、亲友或者其他自然人使用的；

（二）以个人名义将公款供其他单位使用的；

（三）个人决定以单位名义将公款供其他单位使用，谋取个人利益的。

现予公告。

【司法解释及司法指导性文件】

最高人民法院
关于审理挪用公款案件具体应用法律若干问题的解释

1998年4月29日   法释〔1998〕9号

为依法惩处挪用公款犯罪，根据刑法的有关规定，现对办理挪用公款案件具体应用法律的若干问题解释如下：

第一条　刑法第三百八十四条规定的"挪用公款归个人使用"，包括挪用者本人使用或者给他人使用。

挪用公款给私有公司、私有企业使用的，属于挪用公款归个人使用。

第二条　对挪用公款罪，应区分三种不同情况予以认定：

（一）挪用公款归个人使用，数额较大、超过三个月未还的，构成挪用公款罪。

挪用正在生息或者需要支付利息的公款归个人使用，数额较大，超过三个月但在案发前全部归还本金的，可以从轻处罚或者免除处罚。给国家、集体造成的利息损失应予追缴。挪用公款数额巨大，超过三个月，案发前全部归还的，可以酌情从轻处罚。

（二）挪用公款数额较大，归个人进行营利活动的，构成挪用公款罪，不受挪用时间和是否归还的限制。在案发前部分或者全部归还本息的，可以从轻处罚；情节轻微的，可以免除处罚。

挪用公款存入银行、用于集资、购买股票、国债等，属于挪用公款进行营利活动。所获取的利息、收益等违法所得，应当追缴，但不计入挪用公款的数额。

（三）挪用公款归个人使用，进行赌博、走私等非法活动的，构成挪用公款罪，不受"数额较大"和挪用时间的限制。

挪用公款给他人使用，不知道使用人用公款进行营利活动或者用于非法活动，数额较大、超过三个月未还的，构成挪用公款罪；明知使用人用于营利活动或者非法活动的，应当认定为挪用人挪用公款进行营利活动或者非法活动。

第三条　挪用公款归个人使用，"数额较大、进行营利活动的"，或者"数额较大、超过三个月未还的"，以挪用公款一万元至三万元为"数额较大"的起点，以挪用公款十五万元至二十万元为"数额巨大"的起点。挪用公款"情节严重"，是指挪用公款数额巨大，或者数额虽未达到巨大，但挪用公款手段恶劣；多次挪用公款；因挪用公款严重影响生产、经营，造成严重损失等情形。

"挪用公款归个人使用，进行非法活动的"，以挪用公款五千元至一万元为追究刑事责任的数额起点。挪用公款五万元至十万元以上的，属于挪用公款归个人使用，进行非法活动"情节严重"的情形之一。挪用公款归个人使用，进行非法活动，情节严重的其他情形，按照本条第一款的规定执行。

各高级人民法院可以根据本地实际情况，按照本解释规定的数额幅度，确定本地区执行的具体数额标准,并报最高人民法院备案。

挪用救灾、抢险、防汛、优抚、扶贫、移民、救济款物归个人使用的数额标准,参照挪用公款归个人使用进行非法活动的数额标准。

第四条 多次挪用公款不还,挪用公款数额累计计算;多次挪用公款,并以后次挪用的公款归还前次挪用的公款,挪用公款数额以案发时未还的实际数额认定。

第五条 "挪用公款数额巨大不退还的",是指挪用公款数额巨大,因客观原因在一审宣判前不能退还的。

第六条 携带挪用的公款潜逃的,依照刑法第三百八十二条、第三百八十三条的规定定罪处罚。

第七条 因挪用公款索取、收受贿赂构成犯罪的,依照数罪并罚的规定处罚。挪用公款进行非法活动构成其他犯罪的,依照数罪并罚的规定处罚。

第八条 挪用公款给他人使用,使用人与挪用人共谋,指使或者参与策划取得挪用款的,以挪用公款罪的共犯定罪处罚。

最高人民法院 最高人民检察院
关于办理贪污贿赂刑事案件适用法律若干问题的解释(节录)

2016年4月18日　　　　　　　　　　　　法释〔2016〕9号

为依法惩治贪污贿赂犯罪活动,根据刑法有关规定,现就办理贪污贿赂刑事案件适用法律的若干问题解释如下:

……

第五条 挪用公款归个人使用,进行非法活动,数额在三万元以上的,应当依照刑法第三百八十四条的规定以挪用公款罪追究刑事责任;数额在三百万元以上的,应当认定为刑法第三百八十四条第一款规定的"数额巨大"。具有下列情形之一的,应当认定为刑法第三百八十四条第一款规定的"情节严重":

(一)挪用公款数额在一百万元以上的;

(二)挪用救灾、抢险、防汛、优抚、扶贫、移民、救济特定款物,数额在五十万元以上不满一百万元的;

（三）挪用公款不退还，数额在五十万元以上不满一百万元的；

（四）其他严重的情节。

第六条 挪用公款归个人使用，进行营利活动或者超过三个月未还，数额在五万元以上的，应当认定为刑法第三百八十四条第一款规定的"数额较大"；数额在五百万元以上的，应当认定为刑法第三百八十四条第一款规定的"数额巨大"。具有下列情形之一的，应当认定为刑法第三百八十四条第一款规定的"情节严重"：

（一）挪用公款数额在二百万元以上的；

（二）挪用救灾、抢险、防汛、优抚、扶贫、移民、救济特定款物，数额在一百万元以上不满二百万元的；

（三）挪用公款不退还，数额在一百万元以上不满二百万元的；

（四）其他严重的情节。

……

第二十条 本解释自 2016 年 4 月 18 日起施行。最高人民法院、最高人民检察院此前发布的司法解释与本解释不一致的，以本解释为准。

最高人民检察院

关于挪用国库券如何定性问题的批复

1997 年 10 月 13 日　　　　　　　　　高检发释字〔1997〕5 号

宁夏回族自治区人民检察院：

你院宁检发字〔1997〕43 号《关于国库券等有价证券是否可以成为挪用公款罪所侵犯的对象以及以国库券抵押贷款的行为如何定性等问题的请示》收悉。关于挪用国库券如何定性的问题，经研究，批复如下：

国家工作人员利用职务上的便利，挪用公有或本单位的国库券的行为以挪用公款论；符合刑法第三百八十四条、第二百七十二条第二款规定的情形构成犯罪的，按挪用公款罪追究刑事责任。

此复

最高人民检察院
关于人民检察院直接受理立案侦查案件立案标准的规定（试行）（节录）

1999年9月16日　　　　　　　　　　高检发释字〔1999〕2号

根据《中华人民共和国刑法》《中华人民共和国刑事诉讼法》和其他法律的有关规定，对人民检察院直接受理立案侦查案件的立案标准规定如下：

一、贪污贿赂犯罪案件

......

（二）挪用公款案（第384条，第185条第2款，第272条第2款）

挪用公款罪是指国家工作人员利用职务上的便利，挪用公款归个人使用，进行非法活动的，或者挪用公款数额较大、进行营利活动的，或者挪用公款数额较大、超过三个月未还的行为。

国有金融机构工作人员和国有金融机构委派到非国有金融机构从事公务的人员，利用职务上的便利，挪用本单位或者客户资金的，以挪用公款罪追究刑事责任。

国有公司、企业或者其他国有单位中从事公务的人员和国有公司、企业或者其他国有单位委派到非国有公司、企业以及其他单位从事公务的人员，利用职务上的便利，挪用本单位资金归个人使用或者借贷给他人，数额较大、超过三个月未还的，或者虽未超过三个月，但数额较大，进行营利活动的，或者进行非法活动的，以挪用公款罪追究刑事责任。

......

"挪用公款归个人使用"，既包括挪用者本人使用，也包括给他人使用。

多次挪用公款不还的，挪用公款数额累计计算；多次挪用公款并以后次挪用的公款归还前次挪用的公款，挪用公款数额以案发时未还的数额认定。

挪用公款给其他个人使用的案件，使用人与挪用人共谋，使或者参与策划取得挪用款的，对使用人以挪用公款罪的共犯追究刑事责任。

......

最高人民检察院

关于国家工作人员挪用非特定公物能否定罪的请示的批复

2000年3月15日　　　　　　　　　　　高检发释字〔2000〕1号

山东省人民检察院：

你院鲁检发研字〔1999〕第3号《关于国家工作人员挪用非特定公物能否定罪的请示》收悉。经研究认为，刑法第三百八十四条规定的挪用公款罪中未包括挪用非特定公物归个人使用的行为，对该行为不以挪用公款罪论处。如构成其他犯罪的，依照刑法的相关规定定罪处罚。

此复

最高人民法院

全国法院审理金融犯罪案件工作座谈会纪要（节录）

2001年1月21日　　　　　　　　　　　法〔2001〕8号

……

（二）关于破坏金融管理秩序罪

……

3. 用账外客户资金非法拆借、发放贷款行为的认定和处罚

……

审理银行或者其他金融机构及其工作人员用账外客户资金非法拆借、发放贷款案件，要注意将用账外客户资金非法拆借、发放贷款的行为与挪用公款罪和挪用资金罪区别开来。对于利用职务上的便利，挪用已经记入金融机构法定存款账户的客户资金归个人使用的，或者吸收客户资金不入账，却给客户开具银行存单，客户也认为将款已存入银行，该款却被行为人以个人名义借贷给他人的，均应认定为挪用公款罪或者挪用资金罪。

最高人民检察院

关于认真贯彻执行全国人大常委会《关于刑法第二百九十四条第一款的解释》和《关于刑法第三百八十四条第一款的解释》的通知

2002 年 5 月 13 日　　　　　　　　　　高检发研字〔2002〕11 号

各省、自治区、直辖市人民检察院,军事检察院,新疆生产建设兵团人民检察院:

　　第九届全国人民代表大会常务委员会第二十七次会议于 2002 年 4 月 28 日通过了《全国人民代表大会常务委员会关于〈中华人民共和国刑法〉第二百九十四条第一款的解释》和《全国人民代表大会常务委员会关于〈中华人民共和国刑法〉第三百八十四条第一款的解释》(以下统称《解释》)。为保证《解释》的正确贯彻执行,特通知如下:

　　一、本次全国人大常委会审议通过的有关刑法的两个法律解释,是立法的重要补充形式,与法律具有同等效力,对于健全社会主义法制,保证国家法律的统一正确实施具有重要意义,尤其对于当前开展"严打"整治斗争,进一步加大反腐败工作力度,将会发挥积极的作用。各级人民检察院要提高对《解释》重要性的认识,组织检察人员认真学习《解释》,全面、深刻领会立法解释的精神,充分发挥法律监督作用,严厉打击黑社会性质组织犯罪和挪用公款犯罪。

　　二、要正确适用法律,积极发挥检察职能作用。各级人民检察院在办理相关案件的过程中,要充分运用刑法和立法解释的有关规定,依法开展立案侦查和批捕、起诉工作,严格按照《解释》加强对黑社会性质组织和挪用公款犯罪的打击力度,积极发挥检察机关的职能作用。根据《解释》的规定,黑社会性质组织是否有国家工作人员充当"保护伞",即是否要有国家工作人员参与犯罪或者为犯罪活动提供非法保护,不影响黑社会性质组织的认定,对于同时具备《解释》规定的黑社会性质组织四个特征的案件,应依法予以严惩,以体现"打早打小"的立法精神。同时,对于确有"保护伞"的案件,也要坚决一查到底,绝不姑息。对于国家工作人员利用职务上的便利,实施《解释》规定的挪用公款"归个人使用"的三种情形之一的,无论使用公款的是个人还是单位以及单位的性质如何,均应认定为挪用公款归个人使用,构成犯罪的,应依法严肃查处。

三、要注意区分罪与非罪界限,切实提高办案质量。各级人民检察院在办理相关案件时,要严格依法进行,严格区分罪与非罪、此罪与彼罪的界限,切实保证办案质量。要特别注意区分黑社会性质组织犯罪与一般犯罪集团、流氓恶势力团伙违法犯罪的界限、挪用公款犯罪与单位之间违反财经纪律拆借资金行为的界限,做到办案的法律效果和社会效果的有机统一。

四、要坚持打防并举,综合治理。黑社会性质组织严重破坏经济、社会生活秩序,直接影响到人民群众的安居乐业;挪用公款犯罪严重侵犯公共财产,危害国家正常的财经管理制度,是腐败的重要表现。对上述犯罪,要坚持贯彻打防并举、综合治理的方针。各级人民检察院要充分利用各种途径和方式,广泛宣传《解释》,进一步加大举报和预防工作的力度,加强与有关部门的联系和配合。

五、要加强领导,进一步加大工作指导的力度。黑社会性质组织犯罪案件和挪用公款犯罪案件的认定和处理,是一项政策法律性很强的工作。上级人民检察院要加强对下级人民检察院工作指导的力度,下级人民检察院对于重大、疑难、复杂案件的办理,要及时向上级人民检察院请示汇报。各地在贯彻执行《解释》过程中遇到的新情况、新问题,请及时层报最高人民检察院。

最高人民检察院

关于挪用失业保险基金和下岗职工基本生活保障资金的行为适用法律问题的批复

2003年1月28日　　　　　　　　　　高检发释字〔2003〕1号

辽宁省人民检察院:

你院辽检发研字〔2002〕9号《关于挪用职工失业保险金和下岗职工生活保障金是否属于挪用特定款物的请示》收悉。经研究,批复如下:

挪用失业保险基金和下岗职工基本生活保障资金属于挪用救济款物。挪用失业保险基金和下岗职工基本生活保障资金,情节严重,致使国家和人民群众利益遭受重大损害的,对直接责任人员,应当依照刑法第二百七十三条的规定，以挪用特定款物罪追究刑事责任；国家工作人员利用职务上的便利，挪用失业保险基金和下岗职工基本生活保障资金归个人使用，构成犯罪的，应当依照刑法第三百八十四条的规定，以挪用公款罪追究刑事责任。

此复

最高人民法院

关于挪用公款犯罪如何计算追诉期限问题的批复

2003年9月22日　　　　　　　　　　　　　　法释〔2003〕16号

天津市高级人民法院：

你院津高法〔2002〕4号《关于挪用公款犯罪如何计算追诉期限问题的请示》收悉。经研究，答复如下：

根据刑法第八十九条、第三百八十四条的规定，挪用公款归个人使用，进行非法活动的，或者挪用公款数额较大、进行营利活动的，犯罪的追诉期限从挪用行为实施完毕之日起计算；挪用公款数额较大、超过三个月未还的，犯罪的追诉期限从挪用公款罪成立之日起计算。挪用公款行为有连续状态的，犯罪的追诉期限应当从最后一次挪用行为实施完毕之日或者犯罪成立之日起计算。

此复

最高人民法院

全国法院审理经济犯罪案件工作座谈会纪要（节录）

2003年11月13日　　　　　　　　　　　　　法发〔2003〕167号

……

四、关于挪用公款罪

（一）单位决定将公款给个人使用行为的认定

经单位领导集体研究决定将公款给个人使用，或者单位负责人为了单位的利益，决定将公款给个人使用的，不以挪用公款罪定罪处罚。上述行为致使单位遭受重大损失,构成其他犯罪的,依照刑法的有关规定对责任人员定罪处罚。

(二) 挪用公款供其他单位使用行为的认定

根据全国人大常委会《关于〈中华人民共和国刑法〉第三百八十四条第一款的解释》的规定,"以个人名义将公款供其他单位使用的""个人决定以单位名义将公款供其他单位使用,谋取个人利益的",属于挪用公款"归个人使用"。在司法实践中,对于将公款供其他单位使用的,认定是否属于"以个人名义",不能只看形式,要从实质上把握。对于行为人逃避财务监管,或者与使用人约定以个人名义进行,或者借款、还款都以个人名义进行,将公款给其他单位使用的,应认定为"以个人名义"。"个人决定"既包括行为人在职权范围内决定,也包括超越职权范围决定。"谋取个人利益",既包括行为人与使用人事先约定谋取个人利益实际尚未获取的情况,也包括虽未事先约定但实际已获取了个人利益的情况。其中的"个人利益",既包括不正当利益,也包括正当利益;既包括财产性利益,也包括非财产性利益,但这种非财产性利益应当是具体的实际利益,如升学、就业等。

(三) 国有单位领导向其主管的具有法人资格的下级单位借公款归个人使用的认定

国有单位领导利用职务上的便利指令具有法人资格的下级单位将公款供个人使用的,属于挪用公款行为,构成犯罪的,应以挪用公款罪定罪处罚。

(四) 挪用有价证券、金融凭证用于质押行为性质的认定

挪用金融凭证、有价证券用于质押,使公款处于风险之中,与挪用公款为他人提供担保没有实质的区别,符合刑法关于挪用公款罪规定的,以挪用公款罪定罪处罚,挪用公款数额以实际或者可能承担的风险数额认定。

(五) 挪用公款归还个人欠款行为性质的认定

挪用公款归还个人欠款的,应当根据产生欠款的原因,分别认定属于挪用公款的何种情形。归还个人进行非法活动或者进行营利活动产生的欠款,应当认定为挪用公款进行非法活动或者进行营利活动。

(六) 挪用公款用于注册公司、企业行为性质的认定

申报注册资本是为进行生产经营活动作准备,属于成立公司、企业进行营利活动的组成部分。因此。挪用公款归个人用于公司、企业注册资本验资证明的,应当认定为挪用公款进行营利活动。

(七) 挪用公款后尚未投入实际使用的行为性质的认定

挪用公款后尚未投入实际使用的,只要同时具备"数额较大"和"超过

三个月未还"的构成要件,应当认定为挪用公款罪,但可以酌情从轻处罚。

(八) 挪用公款转化为贪污的认定

挪用公款罪与贪污罪的主要区别在于行为人主观上是否具有非法占有公款的目的。挪用公款是否转化为贪污,应当按照主客观相一致的原则,具体判断和认定行为人主观上是否具有非法占有公款的目的。在司法实践中,具有以下情形之一的,可以认定行为人具有非法占有公款的目的:

1. 根据《最高人民法院关于审理挪用公款案件具体应用法律若干问题的解释》第六条的规定,行为人"携带挪用的公款潜逃的",对其携带挪用的公款部分,以贪污罪定罪处罚。

2. 行为人挪用公款后采取虚假发票平账、销毁有关账目等手段,使所挪用的公款已难以在单位财务账目上反映出来,且没有归还行为的,应当以贪污罪定罪处罚。

3. 行为人截取单位收入不入账,非法占有,使所占有的公款难以在单位财务账目上反映出来,且没有归还行为的,应当以贪污罪定罪处罚。

4. 有证据证明行为人有能力归还所挪用的公款而拒不归还,并隐瞒挪用的公款去向的,应当以贪污罪定罪处罚。

……

最高人民法院　最高人民检察院
关于办理国家出资企业中职务犯罪案件具体应用法律若干问题的意见(节录)

2010年11月26日　　　　　　　　　　　　法发〔2010〕49号

随着企业改制的不断推进,人民法院、人民检察院在办理国家出资企业中的贪污、受贿等职务犯罪案件时遇到了一些新情况、新问题。这些新情况、新问题具有一定的特殊性和复杂性,需要结合企业改制的特定历史条件,依法妥善地进行处理。现根据刑法规定和相关政策精神,就办理此类刑事案件具体应用法律的若干问题,提出以下意见:

……

三、关于国家出资企业工作人员使用改制公司、企业的资金担保个人贷款,用于购买改制公司、企业股份的行为的处理

国家出资企业的工作人员在公司、企业改制过程中为购买公司、企业股份,利用职务上的便利,将公司、企业的资金或者金融凭证、有价证券等用于个人贷款担保的,依照刑法第二百七十二条或者第三百八十四条的规定,以挪用资金罪或者挪用公款罪定罪处罚。

行为人在改制前的国家出资企业持有股份的,不影响挪用数额的认定,但量刑时应当酌情考虑。

经有关主管部门批准或者按照有关政策规定,国家出资企业的工作人员为购买改制公司、企业股份实施前款行为的,可以视具体情况不作为犯罪处理。

……

八、关于宽严相济刑事政策的具体贯彻

办理国家出资企业中的职务犯罪案件时,要综合考虑历史条件、企业发展、职工就业、社会稳定等因素,注意具体情况具体分析,严格把握犯罪与一般违规行为的区分界限。对于主观恶意明显、社会危害严重、群众反映强烈的严重犯罪,要坚决依法从严惩处;对于特定历史条件下、为了顺利完成企业改制而实施的违反国家政策法律规定的行为,行为人无主观恶意或者主观恶意不明显,情节较轻,危害不大的,可以不作为犯罪处理。

对于国家出资企业中的职务犯罪,要加大经济上的惩罚力度,充分重视财产刑的适用和执行,最大限度地挽回国家和人民利益遭受的损失。不能退赃的,在决定刑罚时,应当作为重要情节予以考虑。

最高人民法院 最高人民检察院 公安部 司法部
关于依法惩治妨害新型冠状病毒感染肺炎[①]疫情防控违法犯罪的意见(节录)

2020年2月6日　　　　　　　　　　　法发〔2020〕7号

为依法惩治妨害新型冠状病毒感染肺炎疫情防控违法犯罪行为,保障人民

[①] 国家卫生健康委于2023年1月26日发布公告,将新型冠状病毒肺炎更名为新型冠状病毒感染。

群众生命安全和身体健康,保障社会安定有序,保障疫情防控工作顺利开展,根据有关法律、司法解释的规定,制定本意见。

……

(二) 规范性文件适用指引

1998年《最高人民法院关于审理挪用公款案件具体应用法律若干问题的解释》第一条关于"挪用公款归个人使用"的解释内容,实质上已被后来的立法解释即《全国人民代表大会常务委员会关于〈中华人民共和国刑法〉第三百八十四条第一款的解释》所取代,司法实践中不应再援引司法解释的规定;对于挪用公款给私有公司、私有企业使用的行为是否属于"挪用公款归个人使用",应当依照立法解释的规定进行判断。

三、受贿罪

(一)《刑法》及其他规范性文件

【中华人民共和国刑法】

第一百六十三条 公司、企业或者其他单位的工作人员,利用职务上的便利,索取他人财物或者非法收受他人财物,为他人谋取利益,数额较大的,处三年以下有期徒刑或者拘役,并处罚金;数额巨大或者有其他严重情节的,处三年以上十年以下有期徒刑,并处罚金;数额特别巨大或者有其他特别严重情节的,处十年以上有期徒刑或者无期徒刑,并处罚金。

公司、企业或者其他单位的工作人员在经济往来中,利用职务上的便利,违反国家规定,收受各种名义的回扣、手续费,归个人所有的,依照前款的规定处罚。

国有公司、企业或者其他国有单位中从事公务的人员和国有公司、企业或者其他国有单位委派到非国有公司、企业以及其他单位从事公务的人员有前两款行为的,依照本法第三百八十五条、第三百八十六条的规定定罪处罚。

第一百八十四条 银行或者其他金融机构的工作人员在金融业务活动中索取他人财物或者非法收受他人财物,为他人谋取利益的,或者违反国家规定,收受各种名义的回扣、手续费,归个人所有的,依照本法第一百六十三条的规定定罪处罚。

国有金融机构工作人员和国有金融机构委派到非国有金融机构从事公务的人员有前款行为的，依照本法第三百八十五条、第三百八十六条的规定定罪处罚。

第三百八十五条 国家工作人员利用职务上的便利，索取他人财物的，或者非法收受他人财物，为他人谋取利益的，是受贿罪。

国家工作人员在经济往来中，违反国家规定，收受各种名义的回扣、手续费，归个人所有的，以受贿论处。

第三百八十六条 对犯受贿罪的，根据受贿所得数额及情节，依照本法第三百八十三条的规定处罚。索贿的从重处罚。

第三百八十八条 国家工作人员利用本人职权或者地位形成的便利条件，通过其他国家工作人员职务上的行为，为请托人谋取不正当利益，索取请托人财物或者收受请托人财物的，以受贿论处。

【司法解释及司法指导性文件】

最高人民法院　最高人民检察院
关于办理赌博刑事案件具体应用法律若干问题的解释（节录）

2005年5月11日　　　　　　　　　　　法释〔2005〕3号

……

第七条 通过赌博或者为国家工作人员赌博提供资金的形式实施行贿、受贿行为，构成犯罪的，依照刑法关于贿赂犯罪的规定定罪处罚。

……

最高人民法院　最高人民检察院
关于办理贪污贿赂刑事案件适用法律若干问题的解释（节录）

2016年4月18日　　　　　　　　　　　　法释〔2016〕9号

为依法惩治贪污贿赂犯罪活动，根据刑法有关规定，现就办理贪污贿赂刑事案件适用法律的若干问题解释如下：

第一条　贪污或者受贿数额在三万元以上不满二十万元的，应当认定为刑法第三百八十三条第一款规定的"数额较大"，依法判处三年以下有期徒刑或者拘役，并处罚金。

贪污数额在一万元以上不满三万元，具有下列情形之一的，应当认定为刑法第三百八十三条第一款规定的"其他较重情节"，依法判处三年以下有期徒刑或者拘役，并处罚金：

（一）贪污救灾、抢险、防汛、优抚、扶贫、移民、救济、防疫、社会捐助等特定款物的；

（二）曾因贪污、受贿、挪用公款受过党纪、行政处分的；

（三）曾因故意犯罪受过刑事追究的；

（四）赃款赃物用于非法活动的；

（五）拒不交待赃款赃物去向或者拒不配合追缴工作，致使无法追缴的；

（六）造成恶劣影响或者其他严重后果的。

受贿数额在一万元以上不满三万元，具有前款第二项至第六项规定的情形之一，或者具有下列情形之一的，应当认定为刑法第三百八十三条第一款规定的"其他较重情节"，依法判处三年以下有期徒刑或者拘役，并处罚金：

（一）多次索贿的；

（二）为他人谋取不正当利益，致使公共财产、国家和人民利益遭受损失的；

（三）为他人谋取职务提拔、调整的。

第二条　贪污或者受贿数额在二十万元以上不满三百万元的，应当认定为刑法第三百八十三条第一款规定的"数额巨大"，依法判处三年以上十年以下有期徒刑，并处罚金或者没收财产。

贪污数额在十万元以上不满二十万元，具有本解释第一条第二款规定的情形之一的，应当认定为刑法第三百八十三条第一款规定的"其他严重情节"，依法判处三年以上十年以下有期徒刑，并处罚金或者没收财产。

受贿数额在十万元以上不满二十万元，具有本解释第一条第三款规定的情形之一的，应当认定为刑法第三百八十三条第一款规定的"其他严重情节"，依法判处三年以上十年以下有期徒刑，并处罚金或者没收财产。

第三条 贪污或者受贿数额在三百万元以上的，应当认定为刑法第三百八十三条第一款规定的"数额特别巨大"，依法判处十年以上有期徒刑、无期徒刑或者死刑，并处罚金或者没收财产。

贪污数额在一百五十万元以上不满三百万元，具有本解释第一条第二款规定的情形之一的，应当认定为刑法第三百八十三条第一款规定的"其他特别严重情节"，依法判处十年以上有期徒刑、无期徒刑或者死刑，并处罚金或者没收财产。

受贿数额在一百五十万元以上不满三百万元，具有本解释第一条第三款规定的情形之一的，应当认定为刑法第三百八十三条第一款规定的"其他特别严重情节"，依法判处十年以上有期徒刑、无期徒刑或者死刑，并处罚金或者没收财产。

第四条 贪污、受贿数额特别巨大，犯罪情节特别严重、社会影响特别恶劣、给国家和人民利益造成特别重大损失的，可以判处死刑。

符合前款规定的情形，但具有自首，立功，如实供述自己罪行、真诚悔罪、积极退赃，或者避免、减少损害结果的发生等情节，不是必须立即执行的，可以判处死刑缓期二年执行。

符合第一款规定情形的，根据犯罪情节等情况可以判处死刑缓期二年执行，同时裁判决定在其死刑缓期执行二年期满依法减为无期徒刑后，终身监禁，不得减刑、假释。

……

第十二条 贿赂犯罪中的"财物"，包括货币、物品和财产性利益。财产性利益包括可以折算为货币的物质利益如房屋装修、债务免除等，以及需要支付货币的其他利益如会员服务、旅游等。后者的犯罪数额，以实际支付或者应当支付的数额计算。

第十三条 具有下列情形之一的，应当认定为"为他人谋取利益"，构成

犯罪的,应当依照刑法关于受贿犯罪的规定定罪处罚:

(一)实际或者承诺为他人谋取利益的;

(二)明知他人有具体请托事项的;

(三)履职时未被请托,但事后基于该履职事由收受他人财物的。

国家工作人员索取、收受具有上下级关系的下属或者具有行政管理关系的被管理人员的财物价值三万元以上,可能影响职权行使的,视为承诺为他人谋取利益。

……

第十五条 对多次受贿未经处理的,累计计算受贿数额。

国家工作人员利用职务上的便利为请托人谋取利益前后多次收受请托人财物,受请托之前收受的财物数额在一万元以上的,应当一并计入受贿数额。

……

最高人民法院 最高人民检察院 公安部 国家工商行政管理局

关于依法查处盗窃、抢劫机动车案件的规定(节录)

1998年5月8日　　　　　　　　　　公通字〔1998〕31号

……

八、公安、工商行政管理人员利用职务上的便利,索取或者非法收受他人财物,为赃车入户、过户、验证构成犯罪的,依照《刑法》第三百八十五条、第三百八十六条的规定处罚。

……

最高人民检察院

关于人民检察院直接受理立案侦查案件立案标准的规定（试行）（节录）

1999年9月16日　　　　　　　　　　高检发释字〔1999〕2号

根据《中华人民共和国刑法》《中华人民共和国刑事诉讼法》和其他法律的有关规定，对人民检察院直接受理立案侦查案件的立案标准规定如下：

一、贪污贿赂犯罪案件

……

（三）受贿案（第385条、第386条，第388条，第163条第3款，第184条第2款）

受贿罪是指国家工作人员利用职务上的便利，索取他人财物的，或者非法收受他人财物，为他人谋取利益的行为。

"利用职务上的便利"，是指利用本人职务范围内的权力，即自己职务上主管、负责或者承办某项公共事务的职权及其所形成的便利条件。

索取他人财物的，不论是否"为他人谋取利益"，均可构成受贿罪。非法收受他人财物的，必须同时具备"为他人谋取利益"的条件，才能构成受贿罪。但是为他人谋取的利益是否正当，为他人谋取的利益是否实现，不影响受贿罪的认定。

国家工作人员在经济往来中，违反国家规定，收受各种名义的回扣、手续费，归个人所有的，以受贿罪追究刑事责任。

国有公司、企业中从事公务的人员和国有公司、企业委派到非国有公司、企业从事公务的人员利用职务上的便利，索取他人财物或者非法收受他人财物，为他人谋取利益，或者在经济往来中，违反国家规定，收受各种名义的回扣、手续费，归个人所有的，以受贿罪追究刑事责任。

国有金融机构工作人员和国有金融机构委派到非国有金融机构从事公务的人员在金融业务活动中索取他人财物或者非法收受他人财物，为他人谋取利益的，或者违反国家规定，收受各种名义的回扣、手续费归个人所有的，以受贿罪追究刑事责任。

国家工作人员利用本人职权或者地位形成的便利条件，通过其他国家工作人员职务上的行为，为请托人谋取不正当利益，索取请托人财物或者收受请托人财物的，以受贿罪追究刑事责任。

……

四、附则

（一）本规定中每个罪案名称后所注明的法律条款系《中华人民共和国刑法》的有关条款。

（二）本规定中有关犯罪数额"不满"，是指接近该数额且已达到该数额的百分之八十以上。

（三）本规定中的"直接经济损失"，是指与行为有直接因果关系而造成的财产损毁、减少的实际价值。"间接经济损失"，是指由直接经济损失引起和牵连的其他损失，包括失去的在正常情况下可能获得的利益和为恢复正常的管理活动或者挽回所造成的损失所支付的各种开支、费用等。

（四）本规定中有关挪用公款罪案中的"非法活动"，既包括犯罪活动，也包括其他违法活动。

（五）本规定中有关贿赂罪案中的"谋取不正当利益"，是指谋取违反法律、法规、国家政策和国务院各部门规章规定的利益，以及谋取违反法律、法规、国家政策和国务院各部门规章规定的帮助或者方便条件。

……

（七）本规定自公布之日起施行。本规定发布前有关人民检察院直接受理立案侦查案件的立案标准，与本规定有重复或者不一致的，适用本规定。

最高人民法院

关于国家工作人员利用职务上的便利为他人谋取利益离退休后收受财物行为如何处理问题的批复

2000 年 7 月 13 日 　　　　　　　　　　　　法释〔2000〕21 号

江苏省高级人民法院：

你院苏高法〔1999〕65 号《关于国家工作人员在职时为他人谋利，离退休后收受财物是否构成受贿罪的请示》收悉。经研究，答复如下：

国家工作人员利用职务上的便利为请托人谋取利益，并与请托人事先约定，在其离退休后收受请托人财物，构成犯罪的，以受贿罪定罪处罚。

此复

最高人民法院
全国法院审理经济犯罪案件工作座谈会纪要（节录）

2003年11月13日　　　　　　　　　　　法发〔2003〕167号

为了进一步加强人民法院审判经济犯罪案件工作，最高人民法院于2002年6月4日至6日在重庆市召开了全国法院审理经济犯罪案件工作座谈会。各省、自治区、直辖市高级人民法院和解放军军事法院主管刑事审判工作的副院长和刑庭庭长参加了座谈会，全国人大常委会法制工作委员会、最高人民检察院、公安部也应邀派员参加了座谈会。

座谈会总结了刑法和刑事诉讼法修订实施以来人民法院审理经济犯罪案件工作的情况和经验，分析了审理经济犯罪案件工作面临的形势和任务，对当前和今后一个时期进一步加强人民法院审判经济犯罪案件的工作作了部署。座谈会重点讨论了人民法院在审理贪污贿赂和渎职犯罪案件中遇到的有关适用法律的若干问题，并就其中一些带有普遍性的问题形成了共识。经整理并征求有关部门的意见，纪要如下：

……

三、关于受贿罪

（一）关于"利用职务上的便利"的认定

刑法第三百八十五条第一款规定的"利用职务上的便利"，既包括利用本人职务上主管、负责、承办某项公共事务的职权，也包括利用职务上有隶属、制约关系的其他国家工作人员的职权。担任单位领导职务的国家工作人员通过不属自己主管的下级部门的国家工作人员的职务为他人谋取利益的，应当认定为"利用职务上的便利"为他人谋取利益。

（二）"为他人谋取利益"的认定

为他人谋取利益包括承诺、实施和实现三个阶段的行为。只要具有其中一个阶段的行为，如国家工作人员收受他人财物时，根据他人提出的具体请托事项，承诺为他人谋取利益的，就具备了为他人谋取利益的要件。明知他人有具体请托事项而收受其财物的,视为承诺为他人谋取利益。

(三)"利用职权或地位形成的便利条件"的认定

刑法第三百八十八条规定的"利用本人职权或者地位形成的便利条件",是指行为人与被其利用的国家工作人员之间在职务上虽然没有隶属、制约关系,但是行为人利用了本人职权或者地位产生的影响和一定的工作联系,如单位内不同部门的国家工作人员之间、上下级单位没有职务上隶属、制约关系的国家工作人员之间、有工作联系的不同单位的国家工作人员之间等。

(四)离职国家工作人员收受财物行为的处理

参照《最高人民法院关于国家工作人员利用职务上的便利为他人谋取利益离退休后收受财物行为如何处理问题的批复》规定的精神,国家工作人员利用职务上的便利为请托人谋取利益,并与请托人事先约定,在其离职后收受请托人财物,构成犯罪的,以受贿罪定罪处罚。

(五)共同受贿犯罪的认定

根据刑法关于共同犯罪的规定,非国家工作人员与国家工作人员勾结,伙同受贿的,应当以受贿罪的共犯追究刑事责任。非国家工作人员是否构成受贿罪共犯,取决于双方有无共同受贿的故意和行为。国家工作人员的近亲属向国家工作人员代为转达请托事项,收受请托人财物并告知该国家工作人员,或者国家工作人员明知其近亲属收受了他人财物,仍按照近亲属的要求利用职权为他人谋取利益的,对该国家工作人员应认定为受贿罪,其近亲属以受贿罪共犯论处。近亲属以外的其他人与国家工作人员通谋,由国家工作人员利用职务上的便利为请托人谋取利益,收受请托人财物后双方共同占有的,构成受贿罪共犯。

国家工作人员利用职务上的便利为他人谋取利益,并指定他人将财物送给其他人,构成犯罪的,应以受贿罪定罪处罚。

(六)以借款为名索取或者非法收受财物行为的认定

国家工作人员利用职务上的便利,以借为名向他人索取财物,或者非法收受财物为他人谋取利益的,应当认定为受贿。具体认定时,不能仅仅看是否有书面借款手续,应当根据以下因素综合判定:(1)有无正当、合理的借款事由;(2)款项的去向;(3)双方平时的关系如何、有无经济往来;(4)出借方是否要求国家工作人员利用职务上的便利为其谋取利益;(5)借款后是否有归还的意思表示及行为;(6)是否有归还的能力;(7)未归还的原因;等等。

(七) 涉及股票受贿案件的认定

在办理涉及股票的受贿案件时,应当注意:(1)国家工作人员利用职务上的便利,索取或非法收受股票,没有支付股本金,为他人谋取利益,构成受贿罪的,其受贿数额按照收受股票时的实际价格计算。(2)行为人支付股本金而购买较有可能升值的股票,由于不是无偿收受请托人财物,不以受贿罪论处。(3)股票已上市且已升值,行为人仅支付股本金,其"购买"股票时的实际价格与股本金的差价部分应认定为受贿。

……

最高人民法院　最高人民检察院
关于办理受贿刑事案件适用法律若干问题的意见

2007年7月8日　　　　　　　　　　　　　法发〔2007〕22号

为依法惩治受贿犯罪活动,根据刑法有关规定,现就办理受贿刑事案件具体适用法律若干问题,提出以下意见:

一、关于以交易形式收受贿赂问题

国家工作人员利用职务上的便利为请托人谋取利益,以下列交易形式收受请托人财物的,以受贿论处:

(1) 以明显低于市场的价格向请托人购买房屋、汽车等物品的;

(2) 以明显高于市场的价格向请托人出售房屋、汽车等物品的;

(3) 以其他交易形式非法收受请托人财物的。

受贿数额按照交易时当地市场价格与实际支付价格的差额计算。

前款所列市场价格包括商品经营者事先设定的不针对特定人的最低优惠价格。根据商品经营者事先设定的各种优惠交易条件,以优惠价格购买商品的,不属于受贿。

二、关于收受干股问题

干股是指未出资而获得的股份。国家工作人员利用职务上的便利为请托人谋取利益,收受请托人提供的干股的,以受贿论处。进行了股权转让登记,或者相关证据证明股份发生了实际转让的,受贿数额按转让行为时股份价值计算,所分红利按受贿孳息处理。股份未实际转让,以股份分红名义获取利益的，实际获利数额应当认定为受贿数额。

三、关于以开办公司等合作投资名义收受贿赂问题

国家工作人员利用职务上的便利为请托人谋取利益，由请托人出资，"合作"开办公司或者进行其他"合作"投资的，以受贿论处。受贿数额为请托人给国家工作人员的出资额。

国家工作人员利用职务上的便利为请托人谋取利益，以合作开办公司或者其他合作投资的名义获取"利润"，没有实际出资和参与管理、经营的，以受贿论处。

四、关于以委托请托人投资证券、期货或者其他委托理财的名义收受贿赂问题

国家工作人员利用职务上的便利为请托人谋取利益，以委托请托人投资证券、期货或者其他委托理财的名义，未实际出资而获取"收益"，或者虽然实际出资，但获取"收益"明显高于出资应得收益的，以受贿论处。受贿数额，前一情形，以"收益"额计算；后一情形，以"收益"额与出资应得收益额的差额计算。

五、关于以赌博形式收受贿赂的认定问题

根据《最高人民法院、最高人民检察院关于办理赌博刑事案件具体应用法律若干问题的解释》第七条规定，国家工作人员利用职务上的便利为请托人谋取利益，通过赌博方式收受请托人财物的，构成受贿。

实践中应注意区分贿赂与赌博活动、娱乐活动的界限。具体认定时，主要应当结合以下因素进行判断：（1）赌博的背景、场合、时间、次数；（2）赌资来源；（3）其他赌博参与者有无事先通谋；（4）输赢钱物的具体情况和金额大小。

六、关于特定关系人"挂名"领取薪酬问题

国家工作人员利用职务上的便利为请托人谋取利益，要求或者接受请托人以给特定关系人安排工作为名，使特定关系人不实际工作却获取所谓薪酬的，以受贿论处。

七、关于由特定关系人收受贿赂问题

国家工作人员利用职务上的便利为请托人谋取利益，授意请托人以本意见所列形式，将有关财物给予特定关系人的，以受贿论处。

特定关系人与国家工作人员通谋，共同实施前款行为的，对特定关系人以受贿罪的共犯论处。特定关系人以外的其他人与国家工作人员通谋，由国家工作人员利用职务上的便利为请托人谋取利益，收受请托人财物后双方共同占有的，以受贿罪的共犯论处。

八、关于收受贿赂物品未办理权属变更问题

国家工作人员利用职务上的便利为请托人谋取利益，收受请托人房屋、汽车等物品，未变更权属登记或者借用他人名义办理权属变更登记的，不影响受贿的认定。

认定以房屋、汽车等物品为对象的受贿，应注意与借用的区分。具体认定时，除双方交代或者书面协议之外，主要应当结合以下因素进行判断：（1）有无借用的合理事由；（2）是否实际使用；（3）借用时间的长短；（4）有无归还的条件；（5）有无归还的意思表示及行为。

九、关于收受财物后退还或者上交问题

国家工作人员收受请托人财物后及时退还或者上交的，不是受贿。

国家工作人员受贿后，因自身或者与其受贿有关联的人、事被查处，为掩饰犯罪而退还或者上交的，不影响认定受贿罪。

十、关于在职时为请托人谋利，离职后收受财物问题

国家工作人员利用职务上的便利为请托人谋取利益之前或者之后，约定在其离职后收受请托人财物，并在离职后收受的，以受贿论处。

国家工作人员利用职务上的便利为请托人谋取利益，离职前后连续收受请托人财物的，离职前后收受部分均应计入受贿数额。

十一、关于"特定关系人"的范围

本意见所称"特定关系人"，是指与国家工作人员有近亲属、情妇（夫）以及其他共同利益关系的人。

十二、关于正确贯彻宽严相济刑事政策的问题

依照本意见办理受贿刑事案件，要根据刑法关于受贿罪的有关规定和受贿罪权钱交易的本质特征，准确区分罪与非罪、此罪与彼罪的界限，惩处少数，教育多数。在从严惩处受贿犯罪的同时，对于具有自首、立功等情节的，依法从轻、减轻或者免除处罚。

最高人民法院 最高人民检察院

关于办理商业贿赂刑事案件适用法律若干问题的意见（节录）

2008 年 11 月 20 日　　　　　　　　　法发〔2008〕33 号

为依法惩治商业贿赂犯罪，根据刑法有关规定，结合办案工作实际，现就办理商业贿赂刑事案件适用法律的若干问题，提出如下意见：

一、商业贿赂犯罪涉及刑法规定的以下八种罪名：（1）非国家工作人员受贿罪（刑法第一百六十三条）；（2）对非国家工作人员行贿罪（刑法第一百六十四条）；（3）受贿罪（刑法第三百八十五条）；（4）单位受贿罪（刑法第三百八十七条）；（5）行贿罪（刑法第三百八十九条）；（6）对单位行贿罪（刑法第三百九十一条）；（7）介绍贿赂罪（刑法第三百九十二条）；（8）单位行贿罪（刑法第三百九十三条）。

……

四、医疗机构中的国家工作人员，在药品、医疗器械、医用卫生材料等医药产品采购活动中，利用职务上的便利，索取销售方财物，或者非法收受销售方财物，为销售方谋取利益，构成犯罪的，依照刑法第三百八十五条的规定，以受贿罪定罪处罚。

医疗机构中的非国家工作人员，有前款行为，数额较大的，依照刑法第一百六十三条的规定，以非国家工作人员受贿罪定罪处罚。

医疗机构中的医务人员，利用开处方的职务便利，以各种名义非法收受药品、医疗器械、医用卫生材料等医药产品销售方财物，为医药产品销售方谋取利益，数额较大的，依照刑法第一百六十三条的规定，以非国家工作人员受贿罪定罪处罚。

五、学校及其他教育机构中的国家工作人员，在教材、教具、校服或者其他物品的采购等活动中，利用职务上的便利，索取销售方财物，或者非法收受销售方财物，为销售方谋取利益，构成犯罪的，依照刑法第三百八十五条的规定，以受贿罪定罪处罚。

学校及其他教育机构中的非国家工作人员，有前款行为，数额较大的，依照刑法第一百六十三条的规定，以非国家工作人员受贿罪定罪处罚。

学校及其他教育机构中的教师，利用教学活动的职务便利，以各种名义非法收受教材、教具、校服或者其他物品销售方财物，为教材、教具、校服或者其他物品销售方谋取利益，数额较大的，依照刑法第一百六十三条的规定，以非国家工作人员受贿罪定罪处罚。

六、依法组建的评标委员会、竞争性谈判采购中谈判小组、询价采购中询价小组的组成人员，在招标、政府采购等事项的评标或者采购活动中，索取他人财物或者非法收受他人财物，为他人谋取利益，数额较大的，依照刑法第一百六十三条的规定，以非国家工作人员受贿罪定罪处罚。

依法组建的评标委员会、竞争性谈判采购中谈判小组、询价采购中询价小组中国家机关或者其他国有单位的代表有前款行为的，依照刑法第三百八十五条的规定，以受贿罪定罪处罚。

七、商业贿赂中的财物，既包括金钱和实物，也包括可以用金钱计算数额的财产性利益，如提供房屋装修、含有金额的会员卡、代币卡（券）、旅游费用等。具体数额以实际支付的资费为准。

八、收受银行卡的，不论受贿人是否实际取出或者消费，卡内的存款数额一般应全额认定为受贿数额。使用银行卡透支的，如果由给予银行卡的一方承担还款责任，透支数额也应当认定为受贿数额。

九、在行贿犯罪中，"谋取不正当利益"，是指行贿人谋取违反法律、法规、规章或者政策规定的利益，或者要求对方违反法律、法规、规章、政策、行业规范的规定提供帮助或者方便条件。

在招标投标、政府采购等商业活动中，违背公平原则，给予相关人员财物以谋取竞争优势的，属于"谋取不正当利益"。

十、办理商业贿赂犯罪案件，要注意区分贿赂与馈赠的界限。主要应当结合以下因素全面分析、综合判断：（1）发生财物往来的背景，如双方是否存在亲友关系及历史上交往的情形和程度；（2）往来财物的价值；（3）财物往来的缘由、时机和方式，提供财物方对于接受方有无职务上的请托；（4）接受方是否利用职务上的便利为提供方谋取利益。

十一、非国家工作人员与国家工作人员通谋，共同收受他人财物，构成共同犯罪的，根据双方利用职务便利的具体情形分别定罪追究刑事责任：

（1）利用国家工作人员的职务便利为他人谋取利益的，以受贿罪追究刑事责任。

（2）利用非国家工作人员的职务便利为他人谋取利益的，以非国家工作人员受贿罪追究刑事责任。

（3）分别利用各自的职务便利为他人谋取利益的，按照主犯的犯罪性质追究刑事责任，不能分清主从犯的，可以受贿罪追究刑事责任。

（二）规范性文件适用指引

1. 2003年1月13日《最高人民检察院关于佛教协会工作人员能否构成受贿罪或者公司、企业人员受贿罪主体问题的答复》指出，佛教协会工作人员既不属于国家工作人员，也不属于"公司、企业人员"，因而其利用职务之便收受他人财物的行为既不成立受贿罪，也不成立当时的公司、企业人员受贿罪。但是，由于2006年6月29日《刑法修正案（六）》已将公司、企业人员受贿罪修正为非国家工作人员受贿罪，佛教协会工作人员属于公司、企业之外的"其他单位"工作人员，符合非国家工作人员受贿罪的主体身份要件，故在《刑法修正案（六）》施行后，佛教协会工作人员实施利用职务之便收受他人财物的，成立非国家工作人员受贿罪。

2. 1999年9月16日公布施行的《最高人民检察院关于人民检察院直接受理立案侦查案件立案标准的规定（试行）》（以下简称《立案标准（试行）》）对受贿罪中的"利用职务上的便利"的解释为利用"行为人本人职权范围"内的便利，而不包括本人的职权可以制约他人、特别是行为人与他人之间具有隶属关系而所形成的便利条件。2003年最高人民法院公布的《全国法院审理经济犯罪案件工作座谈会纪要》对受贿罪中的"利用职务上的便利"重新作出了解释，指出："刑法第三百八十五条第一款规定的'利用职务上的便利'，既包括利用本人职务上主管、负责、承办某项公共事务的职权，也包括利用职务上有隶属、制约关系的其他国家工作人员的职权。担任单位领导职务的国家工作人员通过不属自己主管的下级部门的国家工作人员的职务为他人谋取利益的，应当认定为'利用职务上的便利'为他人谋取利益。"因此，《全国法院审理经济犯罪案件工作座谈会纪要》生效以后，《立案标准（试行）》相关规定则不再适用。

四、单位受贿罪

【中华人民共和国刑法】

第三百八十七条　国家机关、国有公司、企业、事业单位、人民团体，索取、非法收受他人财物,为他人谋取利益,情节严重的,对单位判处罚金,并对其直接负责的主管人员和其他直接责任人员,处五年以下有期徒刑或者拘役。

前款所列单位,在经济往来中,在账外暗中收受各种名义的回扣、手续费的,以受贿论,依照前款的规定处罚。

【司法解释及司法指导性文件】

最高人民检察院

关于人民检察院直接受理立案侦查案件立案标准的规定（试行）（节录）

1999年9月16日　　　　　　　高检发释字〔1999〕2号

根据《中华人民共和国刑法》《中华人民共和国刑事诉讼法》和其他法律的有关规定,对人民检察院直接受理立案侦查案件的立案标准规定如下:

一、贪污贿赂犯罪案件

……

（四）单位受贿案（第387条）

单位受贿罪是指国家机关、国有公司、企业、事业单位、人民团体,索取、非法收受他人财物,为他人谋取利益,情节严重的行为。

索取他人财物或者非法收受他人财物,必须同时具备为他人谋取利益的条件,且是情节严重的行为,才能构成单位受贿罪。

国家机关、国有公司,企业、事业单位、人民团体,在经济往来中,在账外暗中收受各种名义的回扣、手续费的,以单位受贿罪追究刑事责任。

涉嫌下列情形之一的,应予立案:

1. 单位受贿数额在10万元以上的;

2. 单位受贿数额不满10万元,但具有下列情形之一的;

（1）故意刁难、要挟有关单位、个人,造成恶劣影响的;

（2）强行索取财物的;

（3）致使国家或者社会利益遭受重大损失的。

……

最高人民检察院研究室
关于国有单位的内设机构能否构成单位受贿罪主体问题的答复

2006 年 9 月 12 日　　　　　　　　　　　　〔2006〕高检研发 8 号

陕西省人民检察院法律政策研究室：

你室《关于国家机关、国有公司、企业、事业单位、人民团体的内设机构能否构成单位受贿罪主体的请示》（陕检研发〔2005〕13 号）收悉。经研究，答复如下：

国有单位的内设机构利用其行使职权的便利，索取、非法收受他人财物并归该内设机构所有或者支配的，为他人谋取利益，情节严重的，依照刑法第三百八十七条的规定以单位受贿罪追究刑事责任。

上述内设机构在经济往来中，在账外暗中收受各种名义的回扣、手续费的，以受贿论。

此复

五、利用影响力受贿罪

【中华人民共和国刑法】

第三百八十八条之一　　国家工作人员的近亲属或者其他与该国家工作人员关系密切的人，通过该国家工作人员职务上的行为，或者利用该国家工作人员职权或者地位形成的便利条件，通过其他国家工作人员职务上的行为，为请托人谋取不正当利益，索取请托人财物或者收受请托人财物，数额较大或者有其他较重情节的，处三年以下有期徒刑或者拘役，并处罚金；数额巨大或者有其他严重情节的，处三年以上七年以下有期徒刑，并处罚金；数额特别巨大或者有其他特别严重情节的，处七年以上有期徒刑，并处罚金或者没收财产。

离职的国家工作人员或者其近亲属以及其他与其关系密切的人，利用该离职的国家工作人员原职权或者地位形成的便利条件实施前款行为的，依照前款的规定定罪处罚。

【司法解释】

最高人民法院 最高人民检察院
关于办理贪污贿赂刑事案件适用法律若干问题的解释（节录）

2016年4月18日　　　　　　　　　　　　　　　　法释〔2016〕9号

为依法惩治贪污贿赂犯罪活动，根据刑法有关规定，现就办理贪污贿赂刑事案件适用法律的若干问题解释如下：

……

第十条　刑法第三百八十八条之一规定的利用影响力受贿罪的定罪量刑适用标准，参照本解释关于受贿罪的规定执行。

……

六、行贿罪

（一）《刑法》及其他规范性文件

【中华人民共和国刑法】

第三百八十九条　为谋取不正当利益，给予国家工作人员以财物的，是行贿罪。

在经济往来中，违反国家规定，给予国家工作人员以财物，数额较大的，或者违反国家规定，给予国家工作人员以各种名义的回扣、手续费的，以行贿论处。

因被勒索给予国家工作人员以财物，没有获得不正当利益的，不是行贿。

第三百九十条　对犯行贿罪的，处五年以下有期徒刑或者拘役，并处罚金；因行贿谋取不正当利益，情节严重的，或者使国家利益遭受重大损失的，处五年以上十年以下有期徒刑，并处罚金；情节特别严重的，或者使国家利益遭受特别重大损失的，处十年以上有期徒刑或者无期徒刑，并处罚金或者没收财产。

行贿人在被追诉前主动交待行贿行为的,可以从轻或者减轻处罚。其中,犯罪较轻的,对侦破重大案件起关键作用的,或者有重大立功表现的,可以减轻或者免除处罚。

【司法解释及司法指导性文件】

最高人民法院　最高人民检察院

关于在办理受贿犯罪大要案的同时要严肃查处严重行贿犯罪分子的通知

1999年3月4日　　　　　　　　　　　　高检会〔1999〕1号

各省、自治区、直辖市高级人民法院、人民检察院、解放军军事法院、军事检察院:

近一时期,各级人民法院、人民检察院依法严肃惩处了一批严重受贿犯罪分子,取得了良好的社会效果。但是还有一些大肆拉拢、腐蚀国家工作人员的行贿犯罪分子却没有受到应有的法律追究,他们继续进行行贿犯罪,严重危害了党和国家的廉政建设。为依法严肃惩处严重行贿犯罪,特作如下通知:

一、要充分认识严肃惩处行贿犯罪,对于全面落实党中央反腐败工作部署,把反腐败斗争引向深入,从源头上遏制和预防受贿犯罪的重要意义。各级人民法院、人民检察院要把严肃惩处行贿犯罪作为反腐败斗争中的一项重要和紧迫的工作,在继续严肃惩处受贿犯罪分子的同时,对严重行贿犯罪分子,必须依法严肃惩处,坚决打击。

二、对于为谋取不正当利益而行贿,构成行贿罪、向单位行贿罪、单位行贿罪的,必须依法追究刑事责任。"谋取不正当利益"是指谋取违反法律、法规、国家政策和国务院各部门规章规定的利益,以及要求国家工作人员或者有关单位提供违反法律、法规、国家政策和国务院各部门规章规定的帮助或者方便条件。

对于向国家工作人员介绍贿赂,构成犯罪的案件,也要依法查处。

三、当前要特别注意依法严肃惩处下列严重行贿犯罪行为:

1. 行贿数额巨大、多次行贿或者向多人行贿的；

2. 向党政干部和司法工作人员行贿的；

3. 为进行走私、偷税、骗税、骗汇、逃汇、非法买卖外汇等违法犯罪活动，向海关、工商、税务、外汇管理等行政执法机关工作人员行贿的；

4. 为非法办理金融、证券业务，向银行等金融机构、证券管理机构工作人员行贿，致使国家利益遭受重大损失的；

5. 为非法获取工程、项目的开发、承包、经营权，向有关主管部门及其主管领导行贿，致使公共财产、国家和人民利益遭受重大损失的；

6. 为制售假冒伪劣产品，向有关国家机关、国有单位及国家工作人员行贿，造成严重后果的；

7. 其他情节严重的行贿犯罪行为。

四、在查处严重行贿、介绍贿赂犯罪案件中，既要坚持从严惩处的方针，又要注意体现政策。行贿人、介绍贿赂人具有刑法第三百九十条第二款、第三百九十二条第二款规定的在被追诉前主动交代行贿、介绍贿赂犯罪情节的，依法分别可以减轻或者免除处罚；行贿人、介绍贿赂人在被追诉后如实交代行贿、介绍贿赂行为的，也可以酌情从轻处罚。

五、在依法严肃查处严重行贿、介绍贿赂犯罪案件中，要讲究斗争策略，注意工作方法。要把查处受贿犯罪大案要案同查处严重行贿、介绍贿赂犯罪案件有机地结合起来，通过打击行贿、介绍贿赂犯罪，促进受贿犯罪大案要案的查处工作，推动查办贪污贿赂案件工作的全面、深入开展。

六、各级人民法院、人民检察院要结合办理贿赂犯罪案件情况，认真总结经验、教训，找出存在的问题，提出切实可行的解决办法，以改变对严重行贿犯罪打击不力的状况。工作中遇到什么情况和问题，要及时报告最高人民法院、最高人民检察院。

以上通知，望认真遵照执行。

最高人民法院 最高人民检察院
关于办理赌博刑事案件具体应用法律
若干问题的解释（节录）

2005年5月11日　　　　　　　　　　　　法释〔2005〕3号

……

第七条 通过赌博或者为国家工作人员赌博提供资金的形式实施行贿、受贿行为，构成犯罪的，依照刑法关于贿赂犯罪的规定定罪处罚。

……

最高人民法院 最高人民检察院
关于办理行贿刑事案件具体应用法律
若干问题的解释（节录）

2012年12月16日　　　　　　　　　　　法释〔2012〕22号

……

第五条 多次行贿未经处理的，按照累计行贿数额处罚。

第六条 行贿人谋取不正当利益的行为构成犯罪的，应当与行贿犯罪实行数罪并罚。

第七条 因行贿人在被追诉前主动交待行贿行为而破获相关受贿案件的，对行贿人不适用刑法第六十八条关于立功的规定，依照刑法第三百九十条第二款的规定，可以减轻或者免除处罚。

单位行贿的，在被追诉前，单位集体决定或者单位负责人决定主动交待单位行贿行为的，依照刑法第三百九十条第二款的规定，对单位及相关责任人员可以减轻处罚或者免除处罚；受委托直接办理单位行贿事项的直接责任人员在被追诉前主动交待自己知道的单位行贿行为的，对该直接责任人员可以依照刑法第三百九十条第二款的规定减轻处罚或者免除处罚。

第八条 行贿人被追诉后如实供述自己罪行的,依照刑法第六十七条第三款的规定,可以从轻处罚;因其如实供述自己罪行,避免特别严重后果发生的,可以减轻处罚。

第九条 行贿人揭发受贿人与其行贿无关的其他犯罪行为,查证属实的,依照刑法第六十八条关于立功的规定,可以从轻、减轻或者免除处罚。

第十条 实施行贿犯罪,具有下列情形之一的,一般不适用缓刑和免予刑事处罚:

(一)向三人以上行贿的;

(二)因行贿受过行政处罚或者刑事处罚的;

(三)为实施违法犯罪活动而行贿的;

(四)造成严重危害后果的;

(五)其他不适用缓刑和免予刑事处罚的情形。

具有刑法第三百九十条第二款规定的情形的,不受前款规定的限制。

第十一条 行贿犯罪取得的不正当财产性利益应当依照刑法第六十四条的规定予以追缴、责令退赔或者返还被害人。

因行贿犯罪取得财产性利益以外的经营资格、资质或者职务晋升等其他不正当利益,建议有关部门依照相关规定予以处理。

第十二条 行贿犯罪中的"谋取不正当利益",是指行贿人谋取的利益违反法律、法规、规章、政策规定,或者要求国家工作人员违反法律、法规、规章、政策、行业规范的规定,为自己提供帮助或者方便条件。

违背公平、公正原则,在经济、组织人事管理等活动中,谋取竞争优势的,应当认定为"谋取不正当利益"。

第十三条 刑法第三百九十条第二款规定的"被追诉前",是指检察机关对行贿人的行贿行为刑事立案前。

最高人民法院 最高人民检察院
关于办理危害生产安全刑事案件适用法律若干问题的解释（节录）

2015 年 12 月 14 日　　　　　　　　　　法释〔2015〕22 号

......

第十二条 实施刑法第一百三十二条、第一百三十四条至第一百三十九条之一规定的犯罪行为，具有下列情形之一的，从重处罚：

（一）未依法取得安全许可证件或者安全许可证件过期、被暂扣、吊销、注销后从事生产经营活动的；

（二）关闭、破坏必要的安全监控和报警设备的；

（三）已经发现事故隐患，经有关部门或者个人提出后，仍不采取措施的；

（四）一年内曾因危害生产安全违法犯罪活动受过行政处罚或者刑事处罚的；

（五）采取弄虚作假、行贿等手段，故意逃避、阻挠负有安全监督管理职责的部门实施监督检查的；

（六）安全事故发生后转移财产意图逃避承担责任的；

（七）其他从重处罚的情形。

实施前款第五项规定的行为，同时构成刑法第三百八十九条规定的犯罪的，依照数罪并罚的规定处罚。

......

最高人民法院　最高人民检察院
关于办理贪污贿赂刑事案件适用法律若干问题的解释（节录）

2016年4月18日　　　　　　　　　　　　法释〔2016〕9号

为依法惩治贪污贿赂犯罪活动，根据刑法有关规定，现就办理贪污贿赂刑事案件适用法律的若干问题解释如下：

……

第七条　为谋取不正当利益，向国家工作人员行贿，数额在三万元以上的，应当依照刑法第三百九十条的规定以行贿罪追究刑事责任。

行贿数额在一万元以上不满三万元，具有下列情形之一的，应当依照刑法第三百九十条的规定以行贿罪追究刑事责任：

（一）向三人以上行贿的；

（二）将违法所得用于行贿的；

（三）通过行贿谋取职务提拔、调整的；

（四）向负有食品、药品、安全生产、环境保护等监督管理职责的国家工作人员行贿，实施非法活动的；

（五）向司法工作人员行贿，影响司法公正的；

（六）造成经济损失数额在五十万元以上不满一百万元的。

第八条　犯行贿罪，具有下列情形之一的，应当认定为刑法第三百九十条第一款规定的"情节严重"：

（一）行贿数额在一百万元以上不满五百万元的；

（二）行贿数额在五十万元以上不满一百万元，并具有本解释第七条第二款第一项至第五项规定的情形之一的；

（三）其他严重的情节。

为谋取不正当利益，向国家工作人员行贿，造成经济损失数额在一百万元以上不满五百万元的，应当认定为刑法第三百九十条第一款规定的"使国家利益遭受重大损失"。

第九条　犯行贿罪，具有下列情形之一的，应当认定为刑法第三百九十条第一款规定的"情节特别严重"：

（一）行贿数额在五百万元以上的；

（二）行贿数额在二百五十万元以上不满五百万元，并具有本解释第七条第二款第一项至第五项规定的情形之一的；

（三）其他特别严重的情节。

为谋取不正当利益，向国家工作人员行贿，造成经济损失数额在五百万元以上的，应当认定为刑法第三百九十条第一款规定的"使国家利益遭受特别重大损失"。

……

第十四条 根据行贿犯罪的事实、情节，可能被判处三年有期徒刑以下刑罚的，可以认定为刑法第三百九十条第二款规定的"犯罪较轻"。

根据犯罪的事实、情节，已经或者可能被判处十年有期徒刑以上刑罚的，或者案件在本省、自治区、直辖市或者全国范围内有较大影响的，可以认定为刑法第三百九十条第二款规定的"重大案件"。

具有下列情形之一的，可以认定为刑法第三百九十条第二款规定的"对侦破重大案件起关键作用"：

（一）主动交待办案机关未掌握的重大案件线索的；

（二）主动交待的犯罪线索不属于重大案件的线索，但该线索对于重大案件侦破有重要作用的；

（三）主动交待行贿事实，对于重大案件的证据收集有重要作用的；

（四）主动交待行贿事实，对于重大案件的追逃、追赃有重要作用的。

……

（二）规范性文件适用指引

1. 对于1999年3月4日《最高人民法院、最高人民检察院关于在办理受贿犯罪大要案的同时要严肃查处严重行贿犯罪分子的通知》第三条关于严惩行贿犯罪的情形，以及第四条关于从宽处罚行贿犯罪、体现政策的规定，在《刑法修正案（九）》施行后，要结合行为实施时间和修正后的《刑法》第三百九十条第二款的规定予以理解和适用。

2. 对于2012年12月16日《最高人民法院、最高人民检察院关于办理行贿刑事案件具体应用法律若干问题的解释》第七条有关行贿罪和单位行贿罪的减免处罚规定，在《刑法修正案（九）》施行后，要结合行为实施时间和修正后的《刑法》第三百九十条第二款的规定予以理解和适用。

七、对有影响力的人行贿罪

【中华人民共和国刑法】

第三百九十条之一 为谋取不正当利益,向国家工作人员的近亲属或者其他与该国家工作人员关系密切的人,或者向离职的国家工作人员或者其近亲属以及其他与其关系密切的人行贿的,处三年以下有期徒刑或者拘役,并处罚金;情节严重的,或者使国家利益遭受重大损失的,处三年以上七年以下有期徒刑,并处罚金;情节特别严重的,或者使国家利益遭受特别重大损失的,处七年以上十年以下有期徒刑,并处罚金。

单位犯前款罪的,对单位判处罚金,并对其直接负责的主管人员和其他直接责任人员,处三年以下有期徒刑或者拘役,并处罚金。

【司法解释】

最高人民法院 最高人民检察院
关于办理贪污贿赂刑事案件适用法律若干问题的解释(节录)

2016年4月18日　　　　　　　　　　　　　　法释〔2016〕9号

为依法惩治贪污贿赂犯罪活动,根据刑法有关规定,现就办理贪污贿赂刑事案件适用法律的若干问题解释如下:

……

第十条 刑法第三百八十八条之一规定的利用影响力受贿罪的定罪量刑适用标准,参照本解释关于受贿罪的规定执行。

刑法第三百九十条之一规定的对有影响力的人行贿罪的定罪量刑适用标准,参照本解释关于行贿罪的规定执行。

单位对有影响力的人行贿数额在二十万元以上的,应当依照刑法第三百九十条之一的规定以对有影响力的人行贿罪追究刑事责任。

……

八、对单位行贿罪

【中华人民共和国刑法】

第三百九十一条　为谋取不正当利益，给予国家机关、国有公司、企业、事业单位、人民团体以财物，或者在经济往来中，违反国家规定，给予上述单位各种名义的回扣、手续费的，处三年以下有期徒刑或者拘役，并处罚金。

单位犯前款罪的，对单位判处罚金，并对其直接负责的主管人员和其他直接责任人员，依照前款的规定处罚。

【司法解释】

最高人民检察院
关于人民检察院直接受理立案侦查案件立案标准的规定（试行）（节录）

1999年9月16日　　　　　　　高检发释字〔1999〕2号

根据《中华人民共和国刑法》《中华人民共和国刑事诉讼法》和其他法律的有关规定，对人民检察院直接受理立案侦查案件的立案标准规定如下：

一、贪污贿赂犯罪案件

……

（六）对单位行贿案（第391条）

对单位行贿罪是指为谋取不正当利益，给予国家机关、国有公司、企业、事业单位、人民团体以财物，或者在经济往来中，违反国家规定，给予上述单位各种名义的回扣、手续费的行为。

涉嫌下列情形之一的，应予立案：

1. 个人行贿数额在10万元以上、单位行贿数额在20万元以上的；
2. 个人行贿数额不满10万元、单位行贿数额在10万元以上不满20万元，但具有下列情形之一的：

（1）为谋取非法利益而行贿的；

(2) 向3个以上单位行贿的；

(3) 向党政机关、司法机关、行政执法机关行贿的；

(4) 致使国家或者社会利益遭受重大损失的。

……

四、附则

……

(二) 本规定中有关犯罪数额不满，是指接近该数额且已达到该数额的百分之八十以上。

……

(五) 本规定中有关贿赂罪案中的"谋取不正当利益"，是指谋取违反法律、法规、国家政策和国务院各部门规章规定的利益，以及谋取违反法律、法规、国家政策和国务院各部门规章规定的帮助或者方便条件。

……

九、介绍贿赂罪

【中华人民共和国刑法】

第三百九十二条　向国家工作人员介绍贿赂，情节严重的，处三年以下有期徒刑或者拘役，并处罚金。

介绍贿赂人在被追诉前主动交待介绍贿赂行为的，可以减轻处罚或者免除处罚。

【司法解释】

最高人民检察院
关于人民检察院直接受理立案侦查案件立案标准的规定（试行）（节录）

1999年9月16日　　　　　　　　　　高检发释字〔1999〕2号

根据《中华人民共和国刑法》《中华人民共和国刑事诉讼法》和其他法律

的有关规定，对人民检察院直接受理立案侦查案件的立案标准规定如下：

一、贪污贿赂犯罪案件

……

（七）介绍贿赂案（第392条）

介绍贿赂罪是指向国家工作人员介绍贿赂，情节严重的行为。

"介绍贿赂"是指在行贿人与受贿人之间沟通关系、撮合条件，使贿赂行为得以实现的行为。

涉嫌下列情形之一的，应予立案：

1. 介绍个人向国家工作人员行贿，数额在2万元以上的；介绍单位向国家工作人员行贿，数额在20万元以上的；

2. 介绍贿赂数额不满上述标准，但具有下列情形之一的：

（1）为使行贿人获取非法利益而介绍贿赂的；

（2）3次以上或者为3人以上介绍贿赂的；

（3）向党政领导、司法工作人员、行政执法人员介绍贿赂的；

（4）致使国家或者社会利益遭受重大损失的。

……

四、附则

……

（二）本规定中有关犯罪数额"不满"，是指接近该数额且已达到该数额的百分之八十以上。

……

十、单位行贿罪

【中华人民共和国刑法】

第三百九十三条　单位为谋取不正当利益而行贿，或者违反国家规定，给予国家工作人员以回扣、手续费，情节严重的，对单位判处罚金，并对其直接负责的主管人员和其他直接责任人员，处五年以下有期徒刑或者拘役，并处罚金。因行贿取得的违法所得归个人所有的，依照本法第三百八十九条、第三百九十条的规定定罪处罚。

【司法解释】

最高人民检察院

关于人民检察院直接受理立案侦查案件立案标准的规定（试行）

1999年9月16日　　　　　　　　高检发释字〔1999〕2号

……

一、贪污贿赂犯罪案件

……

（八）单位行贿案（第393条）

单位行贿罪是指公司、企业、事业单位、机关、团体为谋取不正当利益而行贿，或者违反国家规定，给予国家工作人员以回扣、手续费，情节严重的行为。

涉嫌下列情形之一的，应予立案：

1. 单位行贿数额在20万元以上的；

2. 单位为谋取不正当利益而行贿，数额在10万元以上不满20万元，但具有下列情形之一的：

（1）为谋取非法利益而行贿的；

（2）向3人以上行贿的；

（3）向党政领导、司法工作人员、行政执法人员行贿的；

（4）致使国家或者社会利益遭受重大损失的。

因行贿取得的违法所得归个人所有的，依照本规定关于个人行贿的规定立案，追究其刑事责任。

四、附则

……

（二）本规定中有关犯罪数额不满，是指接近该数额且已达到该数额的百分之八十以上。

……

（五）本规定中有关贿赂罪案中的"谋取不正当利益"，是指谋取违反法律、法规、国家政策和国务院各部门规章规定的利益，以及谋取违反法律、法规、国家政策和国务院各部门规章规定的帮助或者方便条件。

……

最高人民法院　最高人民检察院
关于办理行贿刑事案件具体应用法律若干问题的解释（节录）

2012年12月16日　　　　　　　　　　　　法释〔2012〕22号

……

第五条　多次行贿未经处理的，按照累计行贿数额处罚。

第六条　行贿人谋取不正当利益的行为构成犯罪的，应当与行贿犯罪实行数罪并罚。

第七条　因行贿人在被追诉前主动交待行贿行为而破获相关受贿案件的，对行贿人不适用刑法第六十八条关于立功的规定，依照刑法第三百九十条第二款的规定，可以减轻或者免除处罚。

单位行贿的，在被追诉前，单位集体决定或者单位负责人决定主动交待单位行贿行为的，依照刑法第三百九十条第二款的规定，对单位及相关责任人员可以减轻处罚或者免除处罚；受委托直接办理单位行贿事项的直接责任人员在被追诉前主动交待自己知道的单位行贿行为的，对该直接责任人员可以依照刑法第三百九十条第二款的规定减轻处罚或者免除处罚。

……

第十条　实施行贿犯罪，具有下列情形之一的，一般不适用缓刑和免予刑事处罚：

（一）向三人以上行贿的；

（二）因行贿受过行政处罚或者刑事处罚的；

（三）为实施违法犯罪活动而行贿的；

（四）造成严重危害后果的；

（五）其他不适用缓刑和免予刑事处罚的情形。

具有刑法第三百九十条第二款规定的情形的，不受前款规定的限制。

第十一条　行贿犯罪取得的不正当财产性利益应当依照刑法第六十四条的

规定予以追缴、责令退赔或者返还被害人。

因行贿犯罪取得财产性利益以外的经营资格、资质或者职务晋升等其他不正当利益，建议有关部门依照相关规定予以处理。

第十二条　行贿犯罪中的"谋取不正当利益"，是指行贿人谋取的利益违反法律、法规、规章、政策规定，或者要求国家工作人员违反法律、法规、规章、政策、行业规范的规定，为自己提供帮助或者方便条件。

违背公平、公正原则，在经济、组织人事管理等活动中，谋取竞争优势的，应当认定为"谋取不正当利益"。

第十三条　刑法第三百九十条第二款规定的"被追诉前"，是指检察机关对行贿人的行贿行为刑事立案前。

十一、巨额财产来源不明罪、隐瞒境外存款罪

【中华人民共和国刑法】

第三百九十五条　国家工作人员的财产、支出明显超过合法收入，差额巨大的，可以责令该国家工作人员说明来源，不能说明来源的，差额部分以非法所得论，处五年以下有期徒刑或者拘役；差额特别巨大的，处五年以上十年以下有期徒刑。财产的差额部分予以追缴。

国家工作人员在境外的存款，应当依照国家规定申报。数额较大、隐瞒不报的，处二年以下有期徒刑或者拘役；情节较轻的，由其所在单位或者上级主管机关酌情给予行政处分。

【司法解释及司法指导性文件】

最高人民检察院

关于人民检察院直接受理立案侦查案件立案标准的规定（试行）（节录）

1999年9月16日　　　　　　　　　　高检发释字〔1999〕2号

根据《中华人民共和国刑法》《中华人民共和国刑事诉讼法》和其他法律

的有关规定,对人民检察院直接受理立案侦查案件的立案标准规定如下:

一、贪污贿赂犯罪案件

……

(九) 巨额财产来源不明案(第395条第1款)

巨额财产来源不明罪是指国家工作人员的财产或者支出明显超出合法收入,差额巨大,而本人又不能说明其来源是合法的行为。

涉嫌巨额财产来源不明,数额在30万元以上的,应予立案。

(十) 隐瞒境外存款案(第395条第2款)

隐瞒境外存款罪是指国家工作人员违反国家规定,故意隐瞒不报在境外的存款,数额较大的行为。

涉嫌隐瞒境外存款,折合人民币数额在30万元以上的,应予立案。

……

最高人民法院

全国法院审理经济犯罪案件工作座谈会纪要(节录)

2003年11月13日　　　　　　　　　　　　　法发〔2003〕167号

为了进一步加强人民法院审判经济犯罪案件工作,最高人民法院于2002年6月4日至6日在重庆市召开了全国法院审理经济犯罪案件工作座谈会。各省、自治区、直辖市高级人民法院和解放军军事法院主管刑事审判工作的副院长和刑庭庭长参加了座谈会,全国人大常委会法制工作委员会、最高人民检察院、公安部也应邀派员参加了座谈会。

座谈会总结了刑法和刑事诉讼法修订实施以来人民法院审理经济犯罪案件工作的情况和经验,分析了审理经济犯罪案件工作面临的形势和任务,对当前和今后一个时期进一步加强人民法院审判经济犯罪案件的工作作了部署。座谈会重点讨论了人民法院在审理贪污贿赂和渎职犯罪案件中遇到的有关适用法律的若干问题,并就其中一些带有普遍性的问题形成了共识。经整理并征求有关部门的意见,纪要如下:

五、关于巨额财产来源不明罪

(一) 行为人不能说明巨额财产来源合法的认定

刑法第三百九十五条第一款规定的"不能说明",包括以下情况:(1) 行为人拒不说明财产来源;(2) 行为人无法说明财产的具体来源;(3) 行为人所说的财产来源经司法机关查证并不属实;(4) 行为人所说的财产来源因线索不具体等原因,司法机关无法查实,但能排除存在来源合法的可能性和合理性。

(二) "非法所得"的数额计算

刑法第三百九十五条规定的"非法所得",一般是指行为人的全部财产与能够认定的所有支出的总和减去能够证实的有真实来源的所得。在具体计算时,应注意以下问题:(1) 应把国家工作人员个人财产与与其共同生活的家庭成员的财产、支出等一并计算,而且一并减去他们所有的合法收入以及确属与其共同生活的家庭成员个人的非法收入。(2) 行为人所有的财产包括房产、家具、生活用品、学习用品及股票、债券、存款等动产和不动产;行为人的支出包括合法支出和不合法的支出,包括日常生活、工作、学习费用、罚款及向他人行贿的财物等;行为人的合法收入包括工资、奖金、稿酬、继承等法律和政策允许的各种收入。(3) 为了便于计算犯罪数额,对于行为人的财产和合法收入,一般可以从行为人有比较确定的收入和财产时开始计算。

……

十二、私分国有资产罪、私分罚没财物罪

【中华人民共和国刑法】

第三百九十六条 国家机关、国有公司、企业、事业单位、人民团体,违反国家规定,以单位名义将国有资产集体私分给个人,数额较大的,对其直接负责的主管人员和其他直接责任人员,处三年以下有期徒刑或者拘役,并处或者单处罚金;数额巨大的,处三年以上七年以下有期徒刑,并处罚金。

司法机关、行政执法机关违反国家规定,将应当上缴国家的罚没财物,以单位名义集体私分给个人的,依照前款的规定处罚。

【司法解释及司法指导性文件】

最高人民检察院
关于人民检察院直接受理立案侦查案件立案标准的规定（试行）（节录）

1999年9月16日　　　　　　　　　高检发释字〔1999〕2号

根据《中华人民共和国刑法》《中华人民共和国刑事诉讼法》和其他法律的有关规定，对人民检察院直接受理立案侦查案件的立案标准规定如下：

一、贪污贿赂犯罪案件

……

（十一）私分国有资产案（第396条第1款）

私分国有资产罪是指国家机关、国有公司、企业、事业单位、人民团体，违反国家规定，以单位名义将国有资产集体私分给个人，数额较大的行为。

涉嫌私分国有资产，累计数额在10万元以上的，应予立案。

（十二）私分罚没财物案（第396条第2款）

私分罚没财物罪是指司法机关、行政执法机关违反国家规定，将应当上缴国家的罚没财物，以单位名义集体私分给个人的行为。

涉嫌私分罚没财物，累计数额在10万元以上，应予立案。

四、附则

……

（六）本规定中有关私分国有资产罪案中的国有资产，是指国家依法取得和认定的，或者国家以各种形式对企业投资和投资收益、国家向行政事业单位拨款等形成的资产。

……

最高人民法院　最高人民检察院
关于办理国家出资企业中职务犯罪案件具体应用法律若干问题的意见（节录）

2010年11月26日　　　　　　　　　　　　法发〔2010〕49号

随着企业改制的不断推进，人民法院、人民检察院在办理国家出资企业中的贪污、受贿等职务犯罪案件时遇到了一些新情况、新问题。这些新情况、新问题具有一定的特殊性和复杂性，需要结合企业改制的特定历史条件，依法妥善地进行处理。现根据刑法规定和相关政策精神，就办理此类刑事案件具体应用法律的若干问题，提出以下意见：

……

二、关于国有公司、企业在改制过程中隐匿公司、企业财产归职工集体持股的改制后公司、企业所有的行为的处理

国有公司、企业违反国家规定，在改制过程中隐匿公司、企业财产，转为职工集体持股的改制后公司、企业所有的，对其直接负责的主管人员和其他直接责任人员，依照刑法第三百九十六条第一款的规定，以私分国有资产罪定罪处罚。

改制后的公司、企业中只有改制前公司、企业的管理人员或者少数职工持股，改制前公司、企业的多数职工未持股的，依照本意见第一条的规定，以贪污罪定罪处罚。

……

第二章　贪污贿赂罪程序法依据

【中华人民共和国刑事诉讼法】

第一百七十条　人民检察院对于监察机关移送起诉的案件，依照本法和监察法的有关规定进行审查。人民检察院经审查，认为需要补充核实的，应当退回监察机关补充调查，必要时可以自行补充侦查。

对于监察机关移送起诉的已采取留置措施的案件，人民检察院应当对犯罪嫌疑人先行拘留，留置措施自动解除。人民检察院应当在拘留后的十日以内作出是否逮捕、取保候审或者监视居住的决定。在特殊情况下，决定的时间可以延长一日至四日。人民检察院决定采取强制措施的期间不计入审查起诉期限。

第二百九十一条　对于贪污贿赂犯罪案件，以及需要及时进行审判，经最高人民检察院核准的严重危害国家安全犯罪、恐怖活动犯罪案件，犯罪嫌疑人、被告人在境外，监察机关、公安机关移送起诉，人民检察院认为犯罪事实已经查清，证据确实、充分，依法应当追究刑事责任的，可以向人民法院提起公诉。人民法院进行审查后，对于起诉书中有明确的指控犯罪事实，符合缺席审判程序适用条件的，应当决定开庭审判。

前款案件，由犯罪地、被告人离境前居住地或者最高人民法院指定的中级人民法院组成合议庭进行审理。

第二百九十八条　对于贪污贿赂犯罪、恐怖活动犯罪等重大犯罪案件，犯罪嫌疑人、被告人逃匿，在通缉一年后不能到案，或者犯罪嫌疑人、被告人死亡，依照刑法规定应当追缴其违法所得及其他涉案财产的，人民检察院可以向人民法院提出没收违法所得的申请。

公安机关认为有前款规定情形的，应当写出没收违法所得意见书，移送人民检察院。

没收违法所得的申请应当提供与犯罪事实、违法所得相关的证据材料，并列明财产的种类、数量、所在地及查封、扣押、冻结的情况。

人民法院在必要的时候，可以查封、扣押、冻结申请没收的财产。

第二百九十九条　没收违法所得的申请，由犯罪地或者犯罪嫌疑人、被告人居住地的中级人民法院组成合议庭进行审理。

人民法院受理没收违法所得的申请后，应当发出公告。公告期间为六个月。犯罪嫌疑人、被告人的近亲属和其他利害关系人有权申请参加诉讼，也可以委托诉讼代理人参加诉讼。

人民法院在公告期满后对没收违法所得的申请进行审理。利害关系人参加诉讼的，人民法院应当开庭审理。

第三百条　人民法院经审理，对经查证属于违法所得及其他涉案财产，除依法返还被害人的以外，应当裁定予以没收；对不属于应当追缴的财产的，应当裁定驳回申请，解除查封、扣押、冻结措施。

对于人民法院依照前款规定作出的裁定，犯罪嫌疑人、被告人的近亲属和其他利害关系人或者人民检察院可以提出上诉、抗诉。

第三百零一条　在审理过程中，在逃的犯罪嫌疑人、被告人自动投案或者被抓获的，人民法院应当终止审理。

没收犯罪嫌疑人、被告人财产确有错误的，应当予以返还、赔偿。

【中华人民共和国监察法相关规定】

第十一条　监察委员会依照本法和有关法律规定履行监督、调查、处置职责：

（一）对公职人员开展廉政教育，对其依法履职、秉公用权、廉洁从政从业以及道德操守情况进行监督检查；

（二）对涉嫌贪污贿赂、滥用职权、玩忽职守、权力寻租、利益输送、徇私舞弊以及浪费国家资财等职务违法和职务犯罪进行调查；

（三）对违法的公职人员依法作出政务处分决定；对履行职责不力、失职失责的领导人员进行问责；对涉嫌职务犯罪的，将调查结果移送人民检察院依法审查、提起公诉；向监察对象所在单位提出监察建议。

第十二条　各级监察委员会可以向本级中国共产党机关、国家机关、法律法规授权或者委托管理公共事务的组织和单位以及所管辖的行政区域、国有企业等派驻或者派出监察机构、监察专员。

监察机构、监察专员对派驻或者派出它的监察委员会负责。

第十三条　派驻或者派出的监察机构、监察专员根据授权，按照管理权限依法对公职人员进行监督，提出监察建议，依法对公职人员进行调查、处置。

第三章 监察范围和管辖（第十五条至第十七条）

第十五条 监察机关对下列公职人员和有关人员进行监察：

（一）中国共产党机关、人民代表大会及其常务委员会机关、人民政府、监察委员会、人民法院、人民检察院、中国人民政治协商会议各级委员会机关、民主党派机关和工商业联合会机关的公务员，以及参照《中华人民共和国公务员法》管理的人员；

（二）法律、法规授权或者受国家机关依法委托管理公共事务的组织中从事公务的人员；

（三）国有企业管理人员；

（四）公办的教育、科研、文化、医疗卫生、体育等单位中从事管理的人员；

（五）基层群众性自治组织中从事管理的人员；

（六）其他依法履行公职的人员。

第十六条 各级监察机关按照管理权限管辖本辖区内本法第十五条规定的人员所涉监察事项。

上级监察机关可以办理下一级监察机关管辖范围内的监察事项，必要时也可以办理所辖各级监察机关管辖范围内的监察事项。

监察机关之间对监察事项的管辖有争议的，由其共同的上级监察机关确定。

第十七条 上级监察机关可以将其所管辖的监察事项指定下级监察机关管辖，也可以将下级监察机关有管辖权的监察事项指定给其他监察机关管辖。

监察机关认为所管辖的监察事项重大、复杂，需要由上级监察机关管辖的，可以报请上级监察机关管辖。

第十八条 监察机关行使监督、调查职权，有权依法向有关单位和个人了解情况，收集、调取证据。有关单位和个人应当如实提供。

监察机关及其工作人员对监督、调查过程中知悉的国家秘密、商业秘密、个人隐私，应当保密。

任何单位和个人不得伪造、隐匿或者毁灭证据。

第十九条 对可能发生职务违法的监察对象，监察机关按照管理权限，可以直接或者委托有关机关、人员进行谈话或者要求说明情况。

第二十条 在调查过程中，对涉嫌职务违法的被调查人，监察机关可以要求其就涉嫌违法行为作出陈述，必要时向被调查人出具书面通知。

对涉嫌贪污贿赂、失职渎职等职务犯罪的被调查人，监察机关可以进行讯问，要求其如实供述涉嫌犯罪的情况。

第二十一条 在调查过程中，监察机关可以询问证人等人员。

第二十二条 被调查人涉嫌贪污贿赂、失职渎职等严重职务违法或者职务犯罪，监察机关已经掌握其部分违法犯罪事实及证据，仍有重要问题需要进一步调查，并有下列情形之一的，经监察机关依法审批，可以将其留置在特定场所：

（一）涉及案情重大、复杂的；

（二）可能逃跑、自杀的；

（三）可能串供或者伪造、隐匿、毁灭证据的；

（四）可能有其他妨碍调查行为的。

对涉嫌行贿犯罪或者共同职务犯罪的涉案人员，监察机关可以依照前款规定采取留置措施。

留置场所的设置、管理和监督依照国家有关规定执行。

第二十三条 监察机关调查涉嫌贪污贿赂、失职渎职等严重职务违法或者职务犯罪，根据工作需要，可以依照规定查询、冻结涉案单位和个人的存款、汇款、债券、股票、基金份额等财产。有关单位和个人应当配合。

冻结的财产经查明与案件无关的，应当在查明后三日内解除冻结，予以退还。

第二十四条 监察机关可以对涉嫌职务犯罪的被调查人以及可能隐藏被调查人或者犯罪证据的人的身体、物品、住处和其他有关地方进行搜查。在搜查时，应当出示搜查证，并有被搜查人或者其家属等见证人在场。

搜查女性身体，应当由女性工作人员进行。

监察机关进行搜查时，可以根据工作需要提请公安机关配合。公安机关应当依法予以协助。

第二十五条 监察机关在调查过程中，可以调取、查封、扣押用以证明被调查人涉嫌违法犯罪的财物、文件和电子数据等信息。采取调取、查封、扣押措施，应当收集原物原件，会同持有人或者保管人、见证人，当面逐一拍照、登记、编号，开列清单，由在场人员当场核对、签名，并将清单副本交财物、文件的持有人或者保管人。

对调取、查封、扣押的财物、文件，监察机关应当设立专用账户、专门场所，确定专门人员妥善保管，严格履行交接、调取手续，定期对账核实，不得毁损或者用于其他目的。对价值不明物品应当及时鉴定，专门封存保管。

查封、扣押的财物、文件经查明与案件无关的，应当在查明后三日内解除查封、扣押，予以退还。

第二十六条 监察机关在调查过程中，可以直接或者指派、聘请具有专门知识、资格的人员在调查人员主持下进行勘验检查。勘验检查情况应当制作笔录，由参加勘验检查的人员和见证人签名或者盖章。

第二十七条 监察机关在调查过程中，对于案件中的专门性问题，可以指派、聘请有专门知识的人进行鉴定。鉴定人进行鉴定后，应当出具鉴定意见，并且签名。

第二十八条 监察机关调查涉嫌重大贪污贿赂等职务犯罪，根据需要，经过严格的批准手续，可以采取技术调查措施，按照规定交有关机关执行。

批准决定应当明确采取技术调查措施的种类和适用对象，自签发之日起三个月以内有效；对于复杂、疑难案件，期限届满仍有必要继续采取技术调查措施的，经过批准，有效期可以延长，每次不得超过三个月。对于不需要继续采取技术调查措施的，应当及时解除。

第二十九条 依法应当留置的被调查人如果在逃，监察机关可以决定在本行政区域内通缉，由公安机关发布通缉令，追捕归案。通缉范围超出本行政区域的，应当报请有权决定的上级监察机关决定。

第三十条 监察机关为防止被调查人及相关人员逃匿境外，经省级以上监察机关批准，可以对被调查人及相关人员采取限制出境措施，由公安机关依法执行。对于不需要继续采取限制出境措施的，应当及时解除。

第三十一条 涉嫌职务犯罪的被调查人主动认罪认罚，有下列情形之一的，监察机关经领导人员集体研究，并报上一级监察机关批准，可以在移送人民检察院时提出从宽处罚的建议：

（一）自动投案，真诚悔罪悔过的；

（二）积极配合调查工作，如实供述监察机关还未掌握的违法犯罪行为的；

（三）积极退赃，减少损失的；

（四）具有重大立功表现或者案件涉及国家重大利益等情形的。

第三十二条 职务违法犯罪的涉案人员揭发有关被调查人职务违法犯罪行为，查证属实的，或者提供重要线索，有助于调查其他案件的，监察机关经领导人员集体研究,并报上一级监察机关批准,可以在移送人民检察院时提出从宽处罚的建议。

第三十三条 监察机关依照本法规定收集的物证、书证、证人证言、被调查人供述和辩解、视听资料、电子数据等证据材料,在刑事诉讼中可以作为证据使用。

监察机关在收集、固定、审查、运用证据时,应当与刑事审判关于证据的要求和标准相一致。

以非法方法收集的证据应当依法予以排除,不得作为案件处置的依据。

第三十四条 人民法院、人民检察院、公安机关、审计机关等国家机关在工作中发现公职人员涉嫌贪污贿赂、失职渎职等职务违法或者职务犯罪的问题线索,应当移送监察机关,由监察机关依法调查处置。

被调查人既涉嫌严重职务违法或者职务犯罪,又涉嫌其他违法犯罪的,一般应当由监察机关为主调查,其他机关予以协助。

第五章 监察程序(第三十五条至第四十九条)

第三十五条 监察机关对于报案或者举报,应当接受并按照有关规定处理。对于不属于本机关管辖的,应当移送主管机关处理。

第三十六条 监察机关应当严格按照程序开展工作,建立问题线索处置、调查、审理各部门相互协调、相互制约的工作机制。

监察机关应当加强对调查、处置工作全过程的监督管理,设立相应的工作部门履行线索管理、监督检查、督促办理、统计分析等管理协调职能。

第三十七条 监察机关对监察对象的问题线索,应当按照有关规定提出处置意见,履行审批手续,进行分类办理。线索处置情况应当定期汇总、通报,定期检查、抽查。

第三十八条 需要采取初步核实方式处置问题线索的,监察机关应当依法履行审批程序,成立核查组。初步核实工作结束后,核查组应当撰写初步核实情况报告,提出处理建议。承办部门应当提出分类处理意见。初步核实情况报告和分类处理意见报监察机关主要负责人审批。

第三十九条 经过初步核实,对监察对象涉嫌职务违法犯罪,需要追究法律责任的,监察机关应当按照规定的权限和程序办理立案手续。

监察机关主要负责人依法批准立案后,应当主持召开专题会议,研究确定调查方案,决定需要采取的调查措施。

立案调查决定应当向被调查人宣布,并通报相关组织。涉嫌严重职务违法或者职务犯罪的，应当通知被调查人家属，并向社会公开发布。

第四十条 监察机关对职务违法和职务犯罪案件，应当进行调查，收集被调查人有无违法犯罪以及情节轻重的证据，查明违法犯罪事实，形成相互印证、完整稳定的证据链。

严禁以威胁、引诱、欺骗及其他非法方式收集证据，严禁侮辱、打骂、虐待、体罚或者变相体罚被调查人和涉案人员。

第四十一条 调查人员采取讯问、询问、留置、搜查、调取、查封、扣押、勘验检查等调查措施，均应当依照规定出示证件，出具书面通知，由二人以上进行，形成笔录、报告等书面材料，并由相关人员签名、盖章。

调查人员进行讯问以及搜查、查封、扣押等重要取证工作，应当对全过程进行录音录像，留存备查。

第四十二条 调查人员应当严格执行调查方案，不得随意扩大调查范围、变更调查对象和事项。

对调查过程中的重要事项，应当集体研究后按程序请示报告。

第四十三条 监察机关采取留置措施，应当由监察机关领导人员集体研究决定。设区的市级以下监察机关采取留置措施，应当报上一级监察机关批准。省级监察机关采取留置措施，应当报国家监察委员会备案。

留置时间不得超过三个月。在特殊情况下，可以延长一次，延长时间不得超过三个月。省级以下监察机关采取留置措施的，延长留置时间应当报上一级监察机关批准。监察机关发现采取留置措施不当的，应当及时解除。

监察机关采取留置措施，可以根据工作需要提请公安机关配合。公安机关应当依法予以协助。

第四十四条 对被调查人采取留置措施后，应当在二十四小时以内，通知被留置人员所在单位和家属，但有可能毁灭、伪造证据，干扰证人作证或者串供等有碍调查情形的除外。有碍调查的情形消失后，应当立即通知被留置人员所在单位和家属。

监察机关应当保障被留置人员的饮食、休息和安全，提供医疗服务。讯问被留置人员应当合理安排讯问时间和时长，讯问笔录由被讯问人阅看后签名。

被留置人员涉嫌犯罪移送司法机关后，被依法判处管制、拘役和有期徒刑的，留置一日折抵管制二日，折抵拘役、有期徒刑一日。

第四十五条 监察机关根据监督、调查结果，依法作出如下处置：

（一）对有职务违法行为但情节较轻的公职人员，按照管理权限，直接或者委托有关机关、人员，进行谈话提醒、批评教育、责令检查，或者予以诫勉；

（二）对违法的公职人员依照法定程序作出警告、记过、记大过、降级、撤职、开除等政务处分决定；

（三）对不履行或者不正确履行职责负有责任的领导人员，按照管理权限对其直接作出问责决定，或者向有权作出问责决定的机关提出问责建议；

（四）对涉嫌职务犯罪的，监察机关经调查认为犯罪事实清楚，证据确实、充分的，制作起诉意见书，连同案卷材料、证据一并移送人民检察院依法审查、提起公诉；

（五）对监察对象所在单位廉政建设和履行职责存在的问题等提出监察建议。

监察机关经调查，对没有证据证明被调查人存在违法犯罪行为的，应当撤销案件，并通知被调查人所在单位。

第四十六条 监察机关经调查，对违法取得的财物，依法予以没收、追缴或者责令退赔；对涉嫌犯罪取得的财物，应当随案移送人民检察院。

第四十七条 对监察机关移送的案件，人民检察院依照《中华人民共和国刑事诉讼法》对被调查人采取强制措施。

人民检察院经审查，认为犯罪事实已经查清，证据确实、充分，依法应当追究刑事责任的，应当作出起诉决定。

人民检察院经审查，认为需要补充核实的，应当退回监察机关补充调查，必要时可以自行补充侦查。对于补充调查的案件，应当在一个月内补充调查完毕。补充调查以二次为限。

人民检察院对于有《中华人民共和国刑事诉讼法》规定的不起诉的情形的，经上一级人民检察院批准，依法作出不起诉的决定。监察机关认为不起诉的决定有错误的，可以向上一级人民检察院提请复议。

第四十八条 监察机关在调查贪污贿赂、失职渎职等职务犯罪案件过程中，被调查人逃匿或者死亡，有必要继续调查的，经省级以上监察机关批准，应当继续调查并作出结论。被调查人逃匿，在通缉一年后不能到案，或者死亡的，由监察机关提请人民检察院依照法定程序，向人民法院提出没收违法所得的申请。

……

第五十二条 国家监察委员会加强对反腐败国际追逃追赃和防逃工作的组

织协调，督促有关单位做好相关工作：

（一）对于重大贪污贿赂、失职渎职等职务犯罪案件，被调查人逃匿到国（境）外，掌握证据比较确凿的，通过开展境外追逃合作，追捕归案；

（二）向赃款赃物所在国请求查询、冻结、扣押、没收、追缴、返还涉案资产；

（三）查询、监控涉嫌职务犯罪的公职人员及其相关人员进出国（境）和跨境资金流动情况，在调查案件过程中设置防逃程序。

【司法解释及其他规范性文件】

最高人民法院
关于适用《中华人民共和国刑事诉讼法》的解释（节录）

2021 年 1 月 26 日　　　　　　　　　　　　　　法释〔2021〕1 号

……

第六百一十条　在省、自治区、直辖市或者全国范围内具有较大影响的犯罪案件，或者犯罪嫌疑人、被告人逃匿境外的犯罪案件，应当认定为刑事诉讼法第二百九十八条第一款规定的"重大犯罪案件"。

第六百一十二条　对人民检察院提出的没收违法所得申请，人民法院应当审查以下内容：

（一）是否属于可以适用违法所得没收程序的案件范围；

（二）是否属于本院管辖；

（三）是否写明犯罪嫌疑人、被告人基本情况，以及涉嫌有关犯罪的情况，并附证据材料；

（四）是否写明犯罪嫌疑人、被告人逃匿、被通缉、脱逃、下落不明、死亡等情况，并附证据材料；

（五）是否列明违法所得及其他涉案财产的种类、数量、价值、所在地等，并附证据材料；

（六）是否附有查封、扣押、冻结违法所得及其他涉案财产的清单和法律手续；

（七）是否写明犯罪嫌疑人、被告人有无利害关系人，利害关系人的姓名、身份、住址、联系方式及其要求等情况；

（八）是否写明申请没收的理由和法律依据；

（九）其他依法需要审查的内容和材料。

前款规定的材料需要翻译件的，人民法院应当要求人民检察院一并移送。

第六百一十三条 对没收违法所得的申请，人民法院应当在三十日以内审查完毕，并按照下列情形分别处理：

（一）属于没收违法所得申请受案范围和本院管辖，且材料齐全、有证据证明有犯罪事实的，应当受理；

（二）不属于没收违法所得申请受案范围或者本院管辖的，应当退回人民检察院；

（三）没收违法所得申请不符合"有证据证明有犯罪事实"标准要求的，应当通知人民检察院撤回申请；

（四）材料不全的，应当通知人民检察院在七日以内补送；七日以内不能补送的，应当退回人民检察院。

人民检察院尚未查封、扣押、冻结申请没收的财产或者查封、扣押、冻结期限即将届满，涉案财产有被隐匿、转移或者毁损、灭失危险的，人民法院可以查封、扣押、冻结申请没收的财产。

第六百一十四条 人民法院受理没收违法所得的申请后，应当在十五日以内发布公告。公告应当载明以下内容：

（一）案由、案件来源；

（二）犯罪嫌疑人、被告人的基本情况；

（三）犯罪嫌疑人、被告人涉嫌犯罪的事实；

（四）犯罪嫌疑人、被告人逃匿、被通缉、脱逃、下落不明、死亡等情况；

（五）申请没收的财产的种类、数量、价值、所在地等以及已查封、扣押、冻结财产的清单和法律手续；

（六）申请没收的财产属于违法所得及其他涉案财产的相关事实；

（七）申请没收的理由和法律依据；

（八）利害关系人申请参加诉讼的期限、方式以及未按照该期限、方式申请参加诉讼可能承担的不利法律后果；

（九）其他应当公告的情况。

公告期为六个月，公告期间不适用中止、中断、延长的规定。

第六百一十五条 公告应当在全国公开发行的报纸、信息网络媒体、最高人民法院的官方网站发布,并在人民法院公告栏发布。必要时,公告可以在犯罪地、犯罪嫌疑人、被告人居住地或者被申请没收财产所在地发布。最后发布的公告的日期为公告日期。发布公告的,应当采取拍照、录像等方式记录发布过程。

人民法院已经掌握境内利害关系人联系方式的,应当直接送达含有公告内容的通知;直接送达有困难的,可以委托代为送达、邮寄送达。经受送达人同意的,可以采用传真、电子邮件等能够确认其收悉的方式告知公告内容,并记录在案。

人民法院已经掌握境外犯罪嫌疑人、被告人、利害关系人联系方式,经受送达人同意的,可以采用传真、电子邮件等能够确认其收悉的方式告知公告内容,并记录在案;受送达人未表示同意,或者人民法院未掌握境外犯罪嫌疑人、被告人、利害关系人联系方式,其所在国、地区的主管机关明确提出应当向受送达人送达含有公告内容的通知的,人民法院可以决定是否送达。决定送达的,应当依照本解释第四百九十三条的规定请求所在国、地区提供司法协助。

第六百一十六条 刑事诉讼法第二百九十九条第二款、第三百条第二款规定的"其他利害关系人",是指除犯罪嫌疑人、被告人的近亲属以外的,对申请没收的财产主张权利的自然人和单位。

第六百一十七条 犯罪嫌疑人、被告人的近亲属和其他利害关系人申请参加诉讼的,应当在公告期间内提出。犯罪嫌疑人、被告人的近亲属应当提供其与犯罪嫌疑人、被告人关系的证明材料,其他利害关系人应当提供证明其对违法所得及其他涉案财产主张权利的证据材料。

利害关系人可以委托诉讼代理人参加诉讼。委托律师担任诉讼代理人的,应当委托具有中华人民共和国律师资格并依法取得执业证书的律师;在境外委托的,应当依照本解释第四百八十六条的规定对授权委托进行公证、认证。

利害关系人在公告期满后申请参加诉讼,能够合理说明理由的,人民法院应当准许。

……

第六百一十九条 公告期满后,人民法院应当组成合议庭对申请没收违法所得的案件进行审理。

利害关系人申请参加或者委托诉讼代理人参加诉讼的,应当开庭审理。没有利害关系人申请参加诉讼的,或者利害关系人及其诉讼代理人无正当理由拒不到庭的，可以不开庭审理。

人民法院确定开庭日期后，应当将开庭的时间、地点通知人民检察院、利害关系人及其诉讼代理人、证人、鉴定人、翻译人员。通知书应当依照本解释第六百一十五条第二款、第三款规定的方式，至迟在开庭审理三日以前送达；受送达人在境外的，至迟在开庭审理三十日以前送达。

第六百二十条 开庭审理申请没收违法所得的案件，按照下列程序进行：

（一）审判长宣布法庭调查开始后，先由检察员宣读申请书，后由利害关系人、诉讼代理人发表意见；

（二）法庭应当依次就犯罪嫌疑人、被告人是否实施了贪污贿赂犯罪、恐怖活动犯罪等重大犯罪并已经通缉一年不能到案，或者是否已经死亡，以及申请没收的财产是否依法应当追缴进行调查；调查时，先由检察员出示证据，后由利害关系人、诉讼代理人出示证据，并进行质证；

（三）法庭辩论阶段，先由检察员发言，后由利害关系人、诉讼代理人发言，并进行辩论。

利害关系人接到通知后无正当理由拒不到庭，或者未经法庭许可中途退庭的，可以转为不开庭审理，但还有其他利害关系人参加诉讼的除外。

第六百二十一条 对申请没收违法所得的案件，人民法院审理后，应当按照下列情形分别处理：

（一）申请没收的财产属于违法所得及其他涉案财产的，除依法返还被害人的以外，应当裁定没收；

（二）不符合刑事诉讼法第二百九十八条第一款规定的条件的，应当裁定驳回申请，解除查封、扣押、冻结措施。

申请没收的财产具有高度可能属于违法所得及其他涉案财产的，应当认定为前款规定的"申请没收的财产属于违法所得及其他涉案财产"。巨额财产来源不明犯罪案件中，没有利害关系人对违法所得及其他涉案财产主张权利，或者利害关系人对违法所得及其他涉案财产虽然主张权利但提供的证据没有达到相应证明标准的，应当视为"申请没收的财产属于违法所得及其他涉案财产"。

第六百二十二条 对没收违法所得或者驳回申请的裁定，犯罪嫌疑人、被告人的近亲属和其他利害关系人或者人民检察院可以在五日以内提出上诉、抗诉。

第六百二十三条 对不服第一审没收违法所得或者驳回申请裁定的上诉、抗诉案件，第二审人民法院经审理，应当按照下列情形分别处理：

（一）第一审裁定认定事实清楚和适用法律正确的，应当驳回上诉或者抗诉，维持原裁定；

（二）第一审裁定认定事实清楚，但适用法律有错误的，应当改变原裁定；

（三）第一审裁定认定事实不清的，可以在查清事实后改变原裁定，也可以撤销原裁定，发回原审人民法院重新审判；

（四）第一审裁定违反法定诉讼程序，可能影响公正审判的，应当撤销原裁定，发回原审人民法院重新审判。

第一审人民法院对发回重新审判的案件作出裁定后，第二审人民法院对不服第一审人民法院裁定的上诉、抗诉，应当依法作出裁定，不得再发回原审人民法院重新审判；但是，第一审人民法院在重新审判过程中违反法定诉讼程序，可能影响公正审判的除外。

……

第六百二十五条 在审理申请没收违法所得的案件过程中，在逃的犯罪嫌疑人、被告人到案的，人民法院应当裁定终止审理。人民检察院向原受理申请的人民法院提起公诉的，可以由同一审判组织审理。

第六百二十六条 在审理案件过程中，被告人脱逃或者死亡，符合刑事诉讼法第二百九十八条第一款规定的，人民检察院可以向人民法院提出没收违法所得的申请；符合刑事诉讼法第二百九十一条第一款规定的，人民检察院可以按照缺席审判程序向人民法院提起公诉。

人民检察院向原受理案件的人民法院提出没收违法所得申请的，可以由同一审判组织审理。

第六百二十七条 审理申请没收违法所得案件的期限，参照公诉案件第一审普通程序和第二审程序的审理期限执行。

公告期间和请求刑事司法协助的时间不计入审理期限。

第六百二十八条 没收违法所得裁定生效后，犯罪嫌疑人、被告人到案并对没收裁定提出异议，人民检察院向原作出裁定的人民法院提起公诉的，可以由同一审判组织审理。

人民法院经审理，应当按照下列情形分别处理：

（一）原裁定正确的，予以维持，不再对涉案财产作出判决；

（二）原裁定确有错误的，应当撤销原裁定，并在判决中对有关涉案财产一并作出处理。

人民法院生效的没收裁定确有错误的，除第一款规定的情形外，应当依照审判监督程序予以纠正。

……

最高人民检察院

人民检察院刑事诉讼规则（节录）

2019年12月30日　　　　　　　　　　　　高检发释字〔2019〕4号

……

第十一条　犯罪嫌疑人、被告人自愿如实供述自己的罪行，承认指控的犯罪事实，愿意接受处罚的，可以依法从宽处理。

认罪认罚从宽制度适用于所有刑事案件。人民检察院办理刑事案件的各个诉讼环节，都应当做好认罪认罚的相关工作。

第十三条　人民检察院在对诉讼活动实行法律监督中发现的司法工作人员利用职权实施的非法拘禁、刑讯逼供、非法搜查等侵犯公民权利、损害司法公正的犯罪，可以由人民检察院立案侦查。

对于公安机关管辖的国家机关工作人员利用职权实施的重大犯罪案件，需要由人民检察院直接受理的，经省级以上人民检察院决定，可以由人民检察院立案侦查。

第十四条　人民检察院办理直接受理侦查的案件，由设区的市级人民检察院立案侦查。基层人民检察院发现犯罪线索的，应当报设区的市级人民检察院决定立案侦查。

设区的市级人民检察院根据案件情况也可以将案件交由基层人民检察院立案侦查，或者要求基层人民检察院协助侦查。对于刑事执行派出检察院辖区内与刑事执行活动有关的犯罪线索，可以交由刑事执行派出检察院立案侦查。

最高人民检察院、省级人民检察院发现犯罪线索的，可以自行立案侦查，也可以将犯罪线索交由指定的省级人民检察院或者设区的市级人民检察院立案侦查。

第十五条　对本规则第十三条第二款规定的案件，人民检察院需要直接立案侦查的，应当层报省级人民检察院决定。

报请省级人民检察院决定立案侦查的案件，应当制作提请批准直接受理书，写明案件情况以及需要由人民检察院立案侦查的理由，并附有关材料。

省级人民检察院应当在收到提请批准直接受理书后十日以内作出是否立案侦查的决定。省级人民检察院可以决定由设区的市级人民检察院立案侦查，也可以自行立案侦查。

第十六条　上级人民检察院在必要的时候，可以直接立案侦查或者组织、指挥、参与侦查下级人民检察院管辖的案件。下级人民检察院认为案情重大、复杂，需要由上级人民检察院立案侦查的案件，可以请求移送上级人民检察院立案侦查。

第十七条　人民检察院办理直接受理侦查的案件，发现犯罪嫌疑人同时涉嫌监察机关管辖的职务犯罪线索的，应当及时与同级监察机关沟通。

经沟通，认为全案由监察机关管辖更为适宜的，人民检察院应当将案件和相应职务犯罪线索一并移送监察机关；认为由监察机关和人民检察院分别管辖更为适宜的，人民检察院应当将监察机关管辖的相应职务犯罪线索移送监察机关，对依法由人民检察院管辖的犯罪案件继续侦查。

人民检察院应当及时将沟通情况报告上一级人民检察院。沟通期间不得停止对案件的侦查。

第十八条　人民检察院办理直接受理侦查的案件涉及公安机关管辖的刑事案件，应当将属于公安机关管辖的刑事案件移送公安机关。如果涉嫌的主罪属于公安机关管辖，由公安机关为主侦查，人民检察院予以配合；如果涉嫌的主罪属于人民检察院管辖，由人民检察院为主侦查，公安机关予以配合。

对于一人犯数罪、共同犯罪、共同犯罪的犯罪嫌疑人还实施其他犯罪、多个犯罪嫌疑人实施的犯罪存在关联，并案处理有利于查明案件事实和诉讼进行的，人民检察院可以在职责范围内对相关犯罪案件并案处理。

第十九条　本规则第十三条规定的案件，由犯罪嫌疑人工作单位所在地的人民检察院管辖。如果由其他人民检察院管辖更为适宜的，可以由其他人民检察院管辖。

第二十条　对管辖不明确的案件，可以由有关人民检察院协商确定管辖。

第二十一条　几个人民检察院都有权管辖的案件，由最初受理的人民检察院管辖。必要时，可以由主要犯罪地的人民检察院管辖。

第二十二条　对于下列案件，上级人民检察院可以指定管辖：

（一）管辖有争议的案件；

（二）需要改变管辖的案件；

（三）需要集中管辖的特定类型的案件；

（四）其他需要指定管辖的案件。

对前款案件的审查起诉指定管辖的，人民检察院应当与相应的人民法院协商一致。对前款第三项案件的审查逮捕指定管辖的，人民检察院应当与相应的公安机关协商一致。

第二十三条 军事检察院等专门人民检察院的管辖以及军队与地方互涉刑事案件的管辖，按照有关规定执行。

……

第一百四十二条 对于监察机关移送起诉的已采取留置措施的案件，人民检察院应当在受理案件后，及时对犯罪嫌疑人作出拘留决定，交公安机关执行。执行拘留后，留置措施自动解除。

第一百四十三条 人民检察院应当在执行拘留后十日以内，作出是否逮捕、取保候审或者监视居住的决定。特殊情况下，决定的时间可以延长一日至四日。

人民检察院决定采取强制措施的期间不计入审查起诉期限。

第一百四十四条 除无法通知的以外，人民检察院应当在公安机关执行拘留、逮捕后二十四小时以内，通知犯罪嫌疑人的家属。

第一百四十五条 人民检察院应当自收到移送起诉的案卷材料之日起三日以内告知犯罪嫌疑人有权委托辩护人。对已经采取留置措施的，应当在执行拘留时告知。

第一百四十六条 对于监察机关移送起诉的未采取留置措施的案件，人民检察院受理后，在审查起诉过程中根据案件情况，可以依照本规则相关规定决定是否采取逮捕、取保候审或者监视居住措施。

第一百四十七条 对于监察机关移送起诉案件的犯罪嫌疑人采取强制措施，本节未规定的，适用本规则相关规定。

……

第二百二十七条 人民检察院在立案后，对于利用职权实施的严重侵犯公民人身权利的重大犯罪案件，经过严格的批准手续，可以采取技术侦查措施，交有关机关执行。

第二百二十八条 人民检察院办理直接受理侦查的案件，需要追捕被通缉或者决定逮捕的在逃犯罪嫌疑人、被告人的，经过批准，可以采取追捕所必需的技术侦查措施，不受本规则第二百二十七条规定的案件范围的限制。

第二百二十九条 人民检察院采取技术侦查措施应当根据侦查犯罪的需要，确定采取技术侦查措施的种类和适用对象，按照有关规定报请批准。批准决定自签发之日起三个月以内有效。对于不需要继续采取技术侦查措施的，应当及时解除；对于复杂、疑难案件，期限届满仍有必要继续采取技术侦查措施的，应当在期限届满前十日以内制作呈请延长技术侦查措施期限报告书，写明延长的期限及理由，经过原批准机关批准，有效期可以延长，每次不得超过三个月。

采取技术侦查措施收集的材料作为证据使用的，批准采取技术侦查措施的法律文书应当附卷，辩护律师可以依法查阅、摘抄、复制。

第二百三十条 采取技术侦查措施收集的物证、书证及其他证据材料，检察人员应当制作相应的说明材料，写明获取证据的时间、地点、数量、特征以及采取技术侦查措施的批准机关、种类等，并签名和盖章。

对于使用技术侦查措施获取的证据材料，如果可能危及特定人员的人身安全、涉及国家秘密或者公开后可能暴露侦查秘密或者严重损害商业秘密、个人隐私的，应当采取不暴露有关人员身份、技术方法等保护措施。必要时，可以建议不在法庭上质证，由审判人员在庭外对证据进行核实。

第二百三十一条 检察人员对采取技术侦查措施过程中知悉的国家秘密、商业秘密和个人隐私，应当保密；对采取技术侦查措施获取的与案件无关的材料，应当及时销毁，并对销毁情况制作记录。

采取技术侦查措施获取的证据、线索及其他有关材料，只能用于对犯罪的侦查、起诉和审判，不得用于其他用途。

……

第二百五十六条 经公安机关商请或者人民检察院认为确有必要时，可以派员适时介入重大、疑难、复杂案件的侦查活动，参加公安机关对于重大案件的讨论，对案件性质、收集证据、适用法律等提出意见，监督侦查活动是否合法。

经监察机关商请，人民检察院可以派员介入监察机关办理的职务犯罪案件。

第二百六十九条 犯罪嫌疑人认罪认罚的，人民检察院应当告知其享有的诉讼权利和认罪认罚的法律规定，听取犯罪嫌疑人、辩护人或者值班律师、被害人及其诉讼代理人对下列事项的意见，并记录在案：

（一）涉嫌的犯罪事实、罪名及适用的法律规定；

（二）从轻、减轻或者免除处罚等从宽处罚的建议；

（三）认罪认罚后案件审理适用的程序；

（四）其他需要听取意见的事项。

依照前款规定听取值班律师意见的，应当提前为值班律师了解案件有关情况提供必要的便利。自人民检察院对案件审查起诉之日起，值班律师可以查阅案卷材料，了解案情。人民检察院应当为值班律师查阅案卷材料提供便利。

人民检察院不采纳辩护人或者值班律师所提意见的，应当向其说明理由。

……

第二百七十一条 审查起诉阶段，对于在侦查阶段认罪认罚的案件，人民检察院应当重点审查以下内容：

（一）犯罪嫌疑人是否自愿认罪认罚，有无因受到暴力、威胁、引诱而违背意愿认罪认罚；

（二）犯罪嫌疑人认罪认罚时的认知能力和精神状态是否正常；

（三）犯罪嫌疑人是否理解认罪认罚的性质和可能导致的法律后果；

（四）公安机关是否告知犯罪嫌疑人享有的诉讼权利，如实供述自己罪行可以从宽处理和认罪认罚的法律规定，并听取意见；

（五）起诉意见书中是否写明犯罪嫌疑人认罪认罚情况；

（六）犯罪嫌疑人是否真诚悔罪，是否向被害人赔礼道歉。

经审查，犯罪嫌疑人违背意愿认罪认罚的，人民检察院可以重新开展认罪认罚工作。存在刑讯逼供等非法取证行为的，依照法律规定处理。

第二百七十二条 犯罪嫌疑人自愿认罪认罚，同意量刑建议和程序适用的，应当在辩护人或者值班律师在场的情况下签署认罪认罚具结书。具结书应当包括犯罪嫌疑人如实供述罪行、同意量刑建议和程序适用等内容，由犯罪嫌疑人及其辩护人、值班律师签名。

第二百七十三条 犯罪嫌疑人认罪认罚，人民检察院经审查，认为符合速裁程序适用条件的，应当在十日以内作出是否提起公诉的决定，对可能判处的有期徒刑超过一年的，可以延长至十五日；认为不符合速裁程序适用条件的，应当在本规则第三百五十一条规定的期限以内作出是否提起公诉的决定。

对于公安机关建议适用速裁程序办理的案件，人民检察院负责案件管理的部门应当在受理案件的当日将案件移送负责捕诉的部门。

第二百七十四条 认罪认罚案件，人民检察院向人民法院提起公诉的，应当提出量刑建议，在起诉书中写明被告人认罪认罚情况，并移送认罪认罚具结书等材料。量刑建议可以另行制作文书，也可以在起诉书中写明。

第二百七十五条 犯罪嫌疑人认罪认罚的，人民检察院应当就主刑、附加刑、是否适用缓刑等提出量刑建议。量刑建议一般应当为确定刑。对新类型、不常见犯罪案件，量刑情节复杂的重罪案件等，也可以提出幅度刑量刑建议。

……

第二百七十七条 犯罪嫌疑人认罪认罚，人民检察院拟提出适用缓刑或者判处管制的量刑建议，可以委托犯罪嫌疑人居住地的社区矫正机构进行调查评估，也可以自行调查评估。

第二百七十八条 犯罪嫌疑人认罪认罚，人民检察院依照刑事诉讼法第一百七十七条第二款作出不起诉决定后，犯罪嫌疑人反悔的，人民检察院应当进行审查，并区分下列情形依法作出处理：

（一）发现犯罪嫌疑人没有犯罪事实，或者符合刑事诉讼法第十六条规定的情形之一的，应当撤销原不起诉决定，依照刑事诉讼法第一百七十七条第一款的规定重新作出不起诉决定；

（二）犯罪嫌疑人犯罪情节轻微，依照刑法不需要判处刑罚或者免除刑罚的，可以维持原不起诉决定；

（三）排除认罪认罚因素后，符合起诉条件的，应当根据案件具体情况撤销原不起诉决定，依法提起公诉。

第二百七十九条 犯罪嫌疑人自愿如实供述涉嫌犯罪的事实，有重大立功或者案件涉及国家重大利益的，经最高人民检察院核准，公安机关可以撤销案件，人民检察院可以作出不起诉决定，也可以对涉嫌数罪中的一项或者多项不起诉。

前款规定的不起诉，应当由检察长决定。决定不起诉的，人民检察院应当及时对查封、扣押、冻结的财物及其孳息作出处理。

……

第三百二十九条 监察机关移送起诉的案件，需要依照刑事诉讼法的规定指定审判管辖的，人民检察院应当在监察机关移送起诉二十日前协商同级人民法院办理指定管辖有关事宜。

……

第三百四十条 人民检察院对监察机关或者公安机关移送的案件进行审查后，在人民法院作出生效判决之前，认为需要补充提供证据材料的，可以书面要求监察机关或者公安机关提供。

第三百四十一条 人民检察院在审查起诉中发现有应当排除的非法证据，应当依法排除，同时可以要求监察机关或者公安机关另行指派调查人员或者侦查人员重新取证。必要时，人民检察院也可以自行调查取证。

......

第三百四十三条 人民检察院对于监察机关移送起诉的案件，认为需要补充调查的，应当退回监察机关补充调查。必要时，可以自行补充侦查。

需要退回补充调查的案件，人民检察院应当出具补充调查决定书、补充调查提纲，写明补充调查的事项、理由、调查方向、需补充收集的证据及其证明作用等，连同案卷材料一并送交监察机关。

人民检察院决定退回补充调查的案件，犯罪嫌疑人已被采取强制措施的，应当将退回补充调查情况书面通知强制措施执行机关。监察机关需要讯问的，人民检察院应当予以配合。

第三百四十四条 对于监察机关移送起诉的案件，具有下列情形之一的，人民检察院可以自行补充侦查：

（一）证人证言、犯罪嫌疑人供述和辩解、被害人陈述的内容主要情节一致，个别情节不一致的；

（二）物证、书证等证据材料需要补充鉴定的；

（三）其他由人民检察院查证更为便利、更有效率、更有利于查清案件事实的情形。

自行补充侦查完毕后，应当将相关证据材料入卷，同时抄送监察机关。人民检察院自行补充侦查的，可以商请监察机关提供协助。

......

第三百五十七条 人民检察院立案侦查时认为属于直接受理侦查的案件，在审查起诉阶段发现属于监察机关管辖的，应当及时商监察机关办理。属于公安机关管辖，案件事实清楚、证据确实、充分，符合起诉条件的，可以直接起诉；事实不清、证据不足的，应当及时移送有管辖权的机关办理。

在审查起诉阶段，发现公安机关移送起诉的案件属于监察机关管辖，或者监察机关移送起诉的案件属于公安机关管辖，但案件事实清楚、证据确实、充分，符合起诉条件的，经征求监察机关、公安机关意见后，没有不同意见的，可以直接起诉；提出不同意见，或者事实不清、证据不足的，应当将案件退回移送案件的机关并说明理由，建议其移送有管辖权的机关办理。

......

第三百七十一条 人民检察院直接受理侦查的案件,以及监察机关移送起诉的案件,拟作不起诉决定的,应当报请上一级人民检察院批准。

......

第五百零五条 对于监察机关移送起诉的贪污贿赂犯罪案件,犯罪嫌疑人、被告人在境外,人民检察院认为犯罪事实已经查清,证据确实、充分,依法应当追究刑事责任的,可以向人民法院提起公诉。

对于公安机关移送起诉的需要及时进行审判的严重危害国家安全犯罪、恐怖活动犯罪案件,犯罪嫌疑人、被告人在境外,人民检察院认为犯罪事实已经查清,证据确实、充分,依法应当追究刑事责任的,经最高人民检察院核准,可以向人民法院提起公诉。

前两款规定的案件,由有管辖权的中级人民法院的同级人民检察院提起公诉。

人民检察院提起公诉的,应当向人民法院提交被告人已出境的证据。

......

第五百一十二条 对于贪污贿赂犯罪、恐怖活动犯罪等重大犯罪案件,犯罪嫌疑人、被告人逃匿,在通缉一年后不能到案,依照刑法规定应当追缴其违法所得及其他涉案财产的,人民检察院可以向人民法院提出没收违法所得的申请。

对于犯罪嫌疑人、被告人死亡,依照刑法规定应当追缴其违法所得及其他涉案财产的,人民检察院也可以向人民法院提出没收违法所得的申请。

第五百一十三条 犯罪嫌疑人、被告人为逃避侦查和刑事追究潜逃、隐匿,或者在刑事诉讼过程中脱逃的,应当认定为"逃匿"。

犯罪嫌疑人、被告人因意外事故下落不明满二年,或者因意外事故下落不明,经有关机关证明其不可能生存的,按照前款规定处理。

第五百一十四条 公安机关发布通缉令或者公安部通过国际刑警组织发布红色国际通报,应当认定为"通缉"。

第五百一十五条 犯罪嫌疑人、被告人通过实施犯罪直接或者间接产生、获得的任何财产,应当认定为"违法所得"。

违法所得已经部分或者全部转变、转化为其他财产的,转变、转化后的财产应当视为前款规定的"违法所得"。

来自违法所得转变、转化后的财产收益,或者来自已经与违法所得相混合财产中违法所得相应部分的收益,也应当视为第一款规定的违法所得。

第五百一十六条 犯罪嫌疑人、被告人非法持有的违禁品、供犯罪所用的本人财物,应当认定为"其他涉案财产"。

第五百一十七条 刑事诉讼法第二百九十九条第三款规定的"利害关系人"包括犯罪嫌疑人、被告人的近亲属和其他对申请没收的财产主张权利的自然人和单位。

刑事诉讼法第二百九十九条第二款、第三百条第二款规定的"其他利害关系人"是指前款规定的"其他对申请没收的财产主张权利的自然人和单位"。

第五百一十八条 人民检察院审查监察机关或者公安机关移送的没收违法所得意见书,向人民法院提出没收违法所得的申请以及对违法所得没收程序中调查活动、审判活动的监督,由负责捕诉的部门办理。

第五百一十九条 没收违法所得的申请,应当由有管辖权的中级人民法院的同级人民检察院提出。

第五百二十条 人民检察院向人民法院提出没收违法所得的申请,应当制作没收违法所得申请书。没收违法所得申请书应当载明以下内容:

(一)犯罪嫌疑人、被告人的基本情况,包括姓名、性别、出生年月日、出生地、户籍地、公民身份号码、民族、文化程度、职业、工作单位及职务、住址等;

(二)案由及案件来源;

(三)犯罪嫌疑人、被告人的犯罪事实及相关证据材料;

(四)犯罪嫌疑人、被告人逃匿、被通缉或者死亡的情况;

(五)申请没收的财产种类、数量、价值、所在地以及查封、扣押、冻结财产清单和相关法律手续;

(六)申请没收的财产属于违法所得及其他涉案财产的相关事实及证据材料;

(七)提出没收违法所得申请的理由和法律依据;

(八)有无近亲属和其他利害关系人以及利害关系人的姓名、身份、住址、联系方式;

(九)其他应当写明的内容。

上述材料需要翻译件的,人民检察院应当随没收违法所得申请书一并移送人民法院。

第五百二十一条 监察机关或者公安机关向人民检察院移送没收违法所得

意见书，应当由有管辖权的人民检察院的同级监察机关或者公安机关移送。

第五百二十二条 人民检察院审查监察机关或者公安机关移送的没收违法所得意见书，应当审查下列内容：

（一）是否属于本院管辖；

（二）是否符合刑事诉讼法第二百九十八条第一款规定的条件；

（三）犯罪嫌疑人基本情况，包括姓名、性别、国籍、出生年月日、职业和单位等；

（四）犯罪嫌疑人涉嫌犯罪的事实和相关证据材料；

（五）犯罪嫌疑人逃匿、下落不明、被通缉或者死亡的情况，通缉令或者死亡证明是否随案移送；

（六）违法所得及其他涉案财产的种类、数量、所在地以及查封、扣押、冻结的情况，查封、扣押、冻结的财产清单和相关法律手续是否随案移送；

（七）违法所得及其他涉案财产的相关事实和证据材料；

（八）有无近亲属和其他利害关系人以及利害关系人的姓名、身份、住址、联系方式。

对于与犯罪事实、违法所得及其他涉案财产相关的证据材料，不宜移送的，应当审查证据的清单、复制件、照片或者其他证明文件是否随案移送。

第五百二十三条 人民检察院应当在接到监察机关或者公安机关移送的没收违法所得意见书后三十日以内作出是否提出没收违法所得申请的决定。三十日以内不能作出决定的，可以延长十五日。

对于监察机关或者公安机关移送的没收违法所得案件，经审查认为不符合刑事诉讼法第二百九十八条第一款规定条件的，应当作出不提出没收违法所得申请的决定，并向监察机关或者公安机关书面说明理由；认为需要补充证据的，应当书面要求监察机关或者公安机关补充证据，必要时也可以自行调查。

监察机关或者公安机关补充证据的时间不计入人民检察院办案期限。

第五百二十四条 人民检察院发现公安机关应当启动违法所得没收程序而不启动的，可以要求公安机关在七日以内书面说明不启动的理由。

经审查，认为公安机关不启动理由不能成立的，应当通知公安机关启动程序。

第五百二十五条 人民检察院发现公安机关在违法所得没收程序的调查活动中有违法情形的，应当向公安机关提出纠正意见。

第五百二十六条 在审查监察机关或者公安机关移送的没收违法所得意见

书的过程中，在逃的犯罪嫌疑人、被告人自动投案或者被抓获的，人民检察院应当终止审查，并将案卷退回监察机关或者公安机关处理。

第五百二十七条 人民检察院直接受理侦查的案件，犯罪嫌疑人死亡而撤销案件，符合刑事诉讼法第二百九十八条第一款规定条件的，负责侦查的部门应当启动违法所得没收程序进行调查。

负责侦查的部门进行调查应当查明犯罪嫌疑人涉嫌的犯罪事实，犯罪嫌疑人死亡的情况，以及犯罪嫌疑人的违法所得及其他涉案财产的情况，并可以对违法所得及其他涉案财产依法进行查封、扣押、查询、冻结。

负责侦查的部门认为符合刑事诉讼法第二百九十八条第一款规定条件的，应当写出没收违法所得意见书，连同案卷材料一并移送有管辖权的人民检察院负责侦查的部门，并由有管辖权的人民检察院负责侦查的部门移送本院负责捕诉的部门。

负责捕诉的部门对没收违法所得意见书进行审查，作出是否提出没收违法所得申请的决定，具体程序按照本规则第五百二十二条、第五百二十三条的规定办理。

第五百二十八条 在人民检察院审查起诉过程中，犯罪嫌疑人死亡，或者贪污贿赂犯罪、恐怖活动犯罪等重大犯罪案件的犯罪嫌疑人逃匿，在通缉一年后不能到案，依照刑法规定应当追缴其违法所得及其他涉案财产的，人民检察院可以直接提出没收违法所得的申请。

在人民法院审理案件过程中，被告人死亡而裁定终止审理，或者被告人脱逃而裁定中止审理，人民检察院可以依法另行向人民法院提出没收违法所得的申请。

第五百二十九条 人民法院对没收违法所得的申请进行审理，人民检察院应当承担举证责任。

人民法院对没收违法所得的申请开庭审理的，人民检察院应当派员出席法庭。

第五百三十条 出席法庭的检察官应当宣读没收违法所得申请书，并在法庭调查阶段就申请没收的财产属于违法所得及其他涉案财产等相关事实出示、宣读证据。

第五百三十一条 人民检察院发现人民法院或者审判人员审理没收违法所得案件违反法律规定的诉讼程序，应当向人民法院提出纠正意见。

人民检察院认为同级人民法院按照违法所得没收程序所作的第一审裁定确

有错误的，应当在五日以内向上一级人民法院提出抗诉。

最高人民检察院、省级人民检察院认为下级人民法院按照违法所得没收程序所作的已经发生法律效力的裁定确有错误的，应当按照审判监督程序向同级人民法院提出抗诉。

第五百三十二条 在审理案件过程中，在逃的犯罪嫌疑人、被告人自动投案或者被抓获，人民法院按照刑事诉讼法第三百零一条第一款的规定终止审理的，人民检察院应当将案卷退回监察机关或者公安机关处理。

第五百三十三条 对于刑事诉讼法第二百九十八条第一款规定以外需要没收违法所得的，按照有关规定执行。

国家监察委员会　最高人民法院　最高人民检察院
公安部　司法部

关于在扫黑除恶专项斗争中分工负责、互相配合、互相制约严惩公职人员涉黑涉恶违法犯罪问题的通知（节录）

2019年10月20日　　　　　　　　　　国监发〔2019〕3号

……

二、严格查办公职人员涉黑涉恶违法犯罪案件

……

4. 各级监察机关、人民法院、人民检察院、公安机关应聚焦黑恶势力违法犯罪案件及坐大成势的过程，严格查办公职人员涉黑涉恶违法犯罪案件。重点查办以下案件：公职人员直接组织、领导、参与黑恶势力违法犯罪活动的案件；公职人员包庇、纵容、支持黑恶势力犯罪及其他严重刑事犯罪的案件；公职人员收受贿赂、滥用职权，帮助黑恶势力人员获取公职或政治荣誉，侵占国家和集体资金、资源、资产，破坏公平竞争秩序，或为黑恶势力提供政策、项目、资金、金融信贷等支持帮助的案件；负有查禁监管职责的国家机关工作人员滥用职权、玩忽职守帮助犯罪分子逃避处罚的案件；司法工作人员徇私枉法、民事枉法裁判、执行判决裁定失职或滥用职权、私放在押人员以及徇私舞弊减刑、假释、暂予监外执行的案件；在扫黑除恶专项斗争中发生的公职人员滥用职权，徇私舞弊，包庇、阻碍查处黑恶势力犯罪的案件，以及泄露国家秘密、商业秘密、工作秘密,为犯罪分子通风报信的案件;公职人员利用职权打击报复办案人员的案件。

公职人员的范围,根据《中华人民共和国监察法》第十五条的规定认定。

5. 以上情形,由有关机关依规依纪依法调查处置,涉嫌犯罪的,依法追究刑事责任。

……

最高人民法院

关于认真学习贯彻《全国人民代表大会常务委员会关于修改〈中华人民共和国刑事诉讼法〉的决定》的通知(节录)

2018年11月7日　　　　　　　　　　　法〔2018〕294号

……

二、坚决贯彻实施修改后刑事诉讼法

(一)妥善做好监察与刑事诉讼的衔接工作。修改后的刑事诉讼法对人民检察院的侦查职权作出调整,对监察机关调查终结将案件移送到人民检察院进行审查起诉环节有关程序性机制作出衔接规定。要准确把握法律修改内容,依法审理相关案件,保障国家监察体制改革的顺利进行。要根据修改后刑事诉讼法和监察法第三十三条的规定,按照刑事审判关于证据的要求和标准,对监察机关收集的物证、书证、证人证言、被调查人供述和辩解、视听资料、电子数据等证据材料作出审查判断。

(二)审慎办理刑事缺席审判案件。准确把握刑事缺席审判的适用范围,妥善审理符合缺席审判条件的刑事案件,促进反腐败国际追逃工作。依据修改后刑事诉讼法的规定,通过有关国际条约规定的或者外交途径提出的司法协助方式,或者被告人所在地法律允许的其他方式,将传票和人民检察院的起诉书副本送达被告人,保证被告人的知情权。人民法院缺席审判案件,要注重保护被告人的辩护权、被告人及其近亲属的上诉权等诉讼权利。对中止审理或者被告人死亡的案件,符合修改后刑事诉讼法第二百九十六条、第二百九十七条规定的,可以缺席审判。对辖区内第一起刑事缺席审判案件,要及时逐级向最高人民法院报告。

(三)注重保护被告人的诉讼权利。对被告人没有委托辩护人、法律援助机构没有指派律师为其提供辩护的，及时告知被告人有权约见值班律师，并为被告人约见值班律师提供便利，真正实现刑事辩护或者法律帮助全覆盖。要严格依照修改后刑事诉讼法的规定，对被开除公职和被吊销律师、公证员执业证书的人，除系被告人的监护人、近亲属外，不得担任辩护人。

（四）积极适用速裁程序和认罪认罚从宽制度。此前纳入改革试点的人民法院，要继续优化工作方法，没有纳入改革试点的人民法院，要立即着手实施。要准确掌握速裁程序和认罪认罚从宽制度的适用条件，坚持从快不降低标准、从简不减损权利，完善证据制度，健全诉讼权利告知程序，促进公正和效率双提升。

（五）正确援引法律和适用有关规定。对于2018年10月26日以后作出的判决、裁定，应当适用修改后刑事诉讼法的规定，援引修改后刑事诉讼法的条文序号和内容（修改后刑事诉讼法全文已由新华社受权在新华网发布）。最高人民法院将抓紧对《关于适用〈中华人民共和国刑事诉讼法〉的解释》进行修订，保证修改后刑事诉讼法的正确、统一施行。在新的司法解释出台前，之前的司法解释、规范性文件，所依据的刑事诉讼法条文内容未作实质修改的，可以继续适用或者参照执行。

……

国家监察委员会

管辖规定（试行）（节录）

2018年4月16日　　　　　　　　　　　国监发〔2018〕1号

……

第二条　本规定所称管辖，是指国家监察委员会对监察对象职务违法和职务犯罪进行监督调查处置的权限和分工。

……

第四条　监察委员会监察的对象是《中华人民共和国监察法》第十五条规定的行使公权力的公职人员和有关人员，主要是指：

（一）公务员和参照公务员法管理的人员，包括中国共产党各级机关的公务员；各级人民代表大会及其常务委员会机关、人民政府、监察委员会、人民法院、人民检察院的公务员；中国人民政治协商会议各级委员会机关的公务员；民主党派机关和工商业联合会机关的公务员；参照《中华人民共和国公务员法》管理的人员。

（二）法律、法规授权或者受国家机关依法委托管理公共事务的组织中从事公务的人员，包括银行保险、证券等监督管理机构的工作人员，注册会计师协会、医师协会等具有公共事务管理职能的行业协会的工作人员，以及法定检验检测检疫鉴定机构的工作人员等。

（三）国有企业管理人员，包括国有独资、控股、参股企业及其分支机构等国家出资企业中，由党组织或者国家机关、国有公司、企业、事业单位提名、推荐、任命、批准等，从事领导、组织、管理、监督等活动的人员。

（四）公办的教育、科研、文化、医疗卫生、体育等单位中从事管理的人员，包括这类单位及其分支机构中从事领导、组织、管理、监督等活动的人员。

（五）基层群众性自治组织中从事管理的人员，包括农村村民委员会、城市居民委员会等基层群众性自治组织中从事集体事务管理的人员，以及协助人民政府从事行政管理工作的人员。

（六）其他依法履行公职的人员，包括人大代表、政协委员、党代会代表、人民陪审员、人民监督员、仲裁员等；其他在国家机关、国有公司、企业、事业单位、群团组织中依法从事领导、组织、管理、监督等公务活动的人员。

……

第九条 国家监察委员会调查公职人员在行使公权力过程中，利用职务便利实施的或者与其职务相关联的违法行为，重点调查公职人员涉嫌贪污贿赂、滥用职权、玩忽职守、权力寻租、利益输送、徇私舞弊以及浪费国家资财等职务违法行为。

……

第十一条 国家监察委员会负责调查行使公权力的公职人员涉嫌贪污贿赂、滥用职权、玩忽职守、权力寻租、利益输送、徇私舞弊以及浪费国家资财等职务犯罪案件。

第十二条 贪污贿赂犯罪案件，包括贪污罪；挪用公款罪；受贿罪；单位受贿罪；利用影响力受贿罪；行贿罪；对有影响力的人行贿罪；对单位行贿罪；介绍贿赂罪；单位行贿罪；巨额财产来源不明罪；隐瞒境外存款罪；私分国有资产罪；私分罚没财物罪；非国家工作人员受贿罪；对非国家工作人员行贿罪；对外国公职人员、国际公共组织官员行贿罪。

……

第十八条 公职人员在行使公权力的过程中，违反职务廉洁等规定进行权力寻租，或者为谋取政治、经济等方面的特定利益进行利益输送，构成犯罪的，适用受贿罪、行贿罪、为亲友非法牟利罪等规定。

公职人员违反科学决策、民主决策、依法决策程序，违反财经制度，浪费国家资财构成犯罪的，适用贪污罪、徇私舞弊低价折股出售国有资产罪等规定。

第十九条 公职人员既涉嫌严重职务违法或者职务犯罪，又涉嫌其他违法犯罪的案件，由国家监察委员会与最高人民检察院、公安部等机关协商解决管辖问题，一般应当由国家监察委员会为主调查，其他机关予以配合。

第二十条 几个省级监察机关都有管辖权的案件，由最初受理的监察机关管辖。必要时，可以由主要犯罪地的监察机关管辖。省级监察机关之间对案件管辖有争议的，应当指请国家监察委员会解决。

具有下列情形之一的，国家监察委员会可以在职责范围内并案调查：

（一）一人犯数罪的；

（二）共同犯罪的；

（三）共同犯罪的公职人员还实施其他犯罪的；

（四）多人实施的犯罪存在关联，并案处理有利于查明事实的。

……

第二十二条 国家监察委员会调查中央管理的公职人员职务违法和职务犯罪案件；有全国性影响的其他重大职务违法和职务犯罪案件。

第二十三条 国家监察委员会可以直接调查或者领导、指挥调查省级监察机关管辖的案件，必要时也可以直接办理地方各级监察机关管辖的案件。

第二十四条 国家监察委员会可以将其管辖案件指定省级监察机关管辖，也可以将省级监察机关管辖的案件指定给其他省级监察机关管辖。

地方监察机关办理国家监察委员会指定管辖的案件过程中，发现新的涉嫌职务违法或者职务犯罪线索，应当及时报送国家监察委员会。对案件涉及的重要情况、重大问题，应当及时请示报告。

第二十五条 省级监察机关认为所管辖的案件重大、复杂，需要由国家监察委员会管辖的，可以报请移送国家监察委员会管辖。国家监察委受理后，认为需要调查的，可以自行调查，也可以指定其他省级监察机关办理。

第二十六条 国家监察委员会在调查中指定异地管辖，需要在异地起诉、审判的，应当在移送审查起诉前与人民检察院、人民法院协商指定管辖等相关事宜。

第二十七条 中央纪律检查委员会、国家监察委员会派驻纪检监察组负责调查被监督单位非中央管理的局级及以下公职人员的职务违法和职务犯罪案件，派驻纪检监察组可以与北京市监察委员会联合开展调查。

第二十八条 派驻纪检监察组调查其所管辖的职务犯罪案件，认为由北京市监察委员会调查更为适宜的，应当经驻在单位党组（党委）同意，并向国家监察委员会报备后，移交北京市监察委员会调查。北京市监察委员会根据具体情况决定自行调查或者指定下级监察机关调查。

北京市监察委员会认为有依法需要回避等情形的，应当报请国家监察委员会指定其他监察机关管辖。

北京市监察委员会作出立案调查决定的，对调查过程中的重要情况，应当及时通报派驻纪检监察组；作出不予立案调查或者撤销案件等决定的，应当征求派驻纪检监察组的意见。派驻纪检监察组应当将上述情况及时向国家监察委员会对口联系纪检监察室报备，纪检监察室接报后，应当及时向分管领导同志报告。

第二十九条 工作地点在地方、干部管理权限在主管部门的公职人员涉嫌职务违法或者职务犯罪的，由派驻该单位的纪检监察组管辖。派驻纪检监察组认为由其工作所在地监察机关调查更为适宜的，应当及时同其工作所在地有关监察机关协商决定，并履行相应的审批程序。

......

最高人民检察院

关于印发《关于人民检察院立案侦查司法工作人员相关职务犯罪案件若干问题的规定》的通知（节录）

2018年11月24日　　　　　　　　高检发研字〔2018〕28号

......

一、案件管辖范围

人民检察院在对诉讼活动实行法律监督中，发现司法工作人员涉嫌利用职权实施的下列侵犯公民权利、损害司法公正的犯罪案件，可以立案侦查：

1. 非法拘禁罪（刑法第二百三十八条）（非司法工作人员除外）；

2. 非法搜查罪（刑法第二百四十五条）（非司法工作人员除外）；

3. 刑讯逼供罪（刑法第二百四十七条）；

4. 暴力取证罪（刑法第二百四十七条）；

5. 虐待被监管人罪（刑法第二百四十八条）；

6. 滥用职权罪（刑法第三百九十七条）（非司法工作人员滥用职权侵犯公民权利、损害司法公正的情形除外）；

7. 玩忽职守罪（刑法第三百九十七条）（非司法工作人员玩忽职守侵犯公民权利、损害司法公正的情形除外）；

8. 徇私枉法罪（刑法第三百九十九条第一款）；

9. 民事、行政枉法裁判罪（刑法第三百九十九条第二款）；

10. 执行判决、裁定失职罪（刑法第三百九十九条第三款）；

11. 执行判决、裁定滥用职权罪（刑法第三百九十九条第三款）；

12. 私放在押人员罪（刑法第四百条第一款）；

13. 失职致使在押人员脱逃罪（刑法第四百条第二款）；

14. 徇私舞弊减刑、假释、暂予监外执行罪（刑法第四百零一条）。

……

三、案件线索的移送和互涉案件的处理

人民检察院立案侦查本规定所列犯罪时，发现犯罪嫌疑人同时涉嫌监察委员会管辖的职务犯罪线索的，应当及时与同级监察委员会沟通，一般应当由监察委员会为主调查，人民检察院予以协助。经沟通，认为全案由监察委员会管辖更为适宜的，人民检察院应当撤销案件，将案件和相应职务犯罪线索一并移送监察委员会；认为由监察委员会和人民检察院分别管辖更为适宜的，人民检察院应当将监察委员会管辖的相应职务犯罪线索移送监察委员会，对依法由人民检察院管辖的犯罪案件继续侦查。人民检察院应当及时将沟通情况报告上一级人民检察院。沟通期间，人民检察院不得停止对案件的侦查。监察委员会和人民检察院分别管辖的案件，调查（侦查）终结前，人民检察院应当就移送审查起诉有关事宜与监察委员会加强沟通，协调一致，由人民检察院依法对全案审查起诉。

人民检察院立案侦查本规定所列犯罪时，发现犯罪嫌疑人同时涉嫌公安机关管辖的犯罪线索的，依照现行有关法律和司法解释的规定办理。

……

国家监察委员会与最高人民检察院
办理职务犯罪案件工作衔接办法（节录）

2018 年 4 月 16 日　　　　　　　　　　国监办发〔2018〕1 号

……

第一条 案件调查部门收集、固定、审查被调查人涉嫌职务犯罪的供述和辩解、证人证言、物证、书证等证据材料，应严格遵循刑事审判关于证据的要求和标准。

首次讯问、询问时应当告知被调查人、证人有关权利义务等事项；讯问、询问应当制作完整的笔录，注明具体起止时间、地点，并由调查人员和被调查人、证人签名；对关键事实，一般应制作多份笔录，由被调查人书写自书材料。不得在多份笔录之间相互复制；避免提示性、诱导性提问。

讯问以及搜查、查封、扣押等重要取证工作应全程同步录音录像。

第二条 经调查，被调查人涉嫌职务犯罪事实清楚、证据确实充分，需要追究刑事责任的，调查部门应形成调查报告、《起诉建议书》和移送审理的请示，按程序报批后，连同全部案卷、同步录音录像等材料一并移送案件审理室。对被调查人采取留置措施的，应在留置期限届满30日前移送审理。

调查报告应载明被调查人的基本情况、调查简况、涉嫌职务犯罪事实、被调查人的态度和认识、涉案款物情况、调查部门意见、法律依据以及是否移送检察机关依法提起公诉等内容。将被调查人忏悔反思材料、涉案款物报告、《起诉建议书》等材料作为附件。

《起诉建议书》应载明被调查人基本情况，调查简况，采取留置措施的时间，涉嫌职务犯罪事实以及证据，被调查人从重、从轻、减轻等情节，提出对被调查人起诉的理由和法律依据，采取强制措施的建议，并注明移送案卷数及涉案款物等内容。

第三条 被调查人涉嫌职务犯罪的案卷材料应参照刑事诉讼要求装订成卷，并按照犯罪事实分别组卷。一般应包括全部证据、法律手续和文书等材料：

（一）证据材料。包括主体身份材料，被调查人供述和辩解，证人证言，物证、书证、视听资料、电子数据、鉴定意见、勘验、检查、搜查笔录等。

（二）法律手续和文书。包括立案决定书、留置决定书、留置通知书、查封、扣押、限制出境等相关文书。

（三）被调查人到案经过等材料。包括被调查人如何到案，调查部门接触被调查人之前是否掌握其犯罪线索、掌握何种犯罪线索，被调查人是否如实供述犯罪事实、供述何种犯罪事实，被调查人是否有自动投案、检举揭发等从宽处罚情形的说明以及相关证据材料。

报请领导审批的内部审批文件，另行归入违纪违法问题案卷。

第四条 案件审理室收到调查部门移送的报告及全部案卷材料后，经审核符合移送条件的，按程序报批后予以受理；经审核不符合要求的，按程序报批后，可暂缓受理或不予受理，并通知调查部门及时补充、更正。

第五条 调查取证工作基本结束，已经查清涉嫌职务犯罪主要事实并提出倾向性意见，但存在重大、疑难、复杂问题等情形的，案件审理室可以提前介入审理。

需提前介入审理的，调查部门应在正式移送审理10日前提出，与案件审理室沟通，并报双方分管领导批准后实施。调查部门应将相关情况及时告知案件监督管理室。

第六条 案件审理室受理案件后，应当成立由2人以上组成的审理组，全面审理案卷材料，按照事实清楚、证据确凿、定性准确、处理恰当、手续完备、程序合法的要求，提出审理意见。

案件审理室根据案件审理情况，可以与被调查人谈话，核对违纪和违法犯罪事实，听取辩解意见，了解有关情况。

第七条 审理中，对存在主要事实不清、证据不足等问题的，按程序报批后，由案件审理室退回调查部门重新调查。

对基本事实清楚，但需要补充完善证据的，按程序报批后，由案件审理室退回调查部门补充调查。

重新调查或者补充调查结束后，调查部门应及时将补证情况报告及相关材料移送案件审理室。

第八条 审理组形成审理意见后应当提请案件审理室室务会议讨论。

案件审理室与调查部门就重大问题意见不一致的，由分管案件审理室的委领导主持召开审理协调会议，对有关问题进行研究。

第九条 审理工作结束后，案件审理室应形成审理报告，并在审核调查部门《起诉建议书》的基础上形成《起诉意见书》，作为审理报告附件，按程序报批后，提请审议。

第十条　审理报告应载明被调查人的基本情况、调查简况、违纪违法或者涉嫌职务犯罪的事实、被调查人的态度和认识、涉案款物情况、调查部门意见，并提出给予处分、涉案款物处置以及是否移送检察机关依法提起公诉等审理意见。

第十一条　国家监察委员会根据工作需要，设立法律专家咨询委员会。

对案件涉及专业技术问题或者具体业务政策、规定的，按程序报批后，可以向法律专家咨询委员会咨询。根据工作需要，可以采取会议或书面等方式咨询。

在审理阶段，对存在重大、疑难、复杂问题等情形的，按程序报批后，由案件审理室组织法律专家咨询委员会论证。参加论证人员应当对论证问题提出书面意见，并由法律专家委员会形成会议纪要。

咨询、论证工作必须严格遵循保密规定，相关人员应严格履行保密义务。

第十二条　国家监察委员会办理的重大、疑难、复杂案件在进入案件审理阶段后，可以书面商请最高人民检察院派员介入。

第十三条　最高人民检察院在收到提前介入书面通知后，应当及时指派检察官带队介入并成立工作小组。

第十四条　工作小组应当在15日内审核案件材料，对证据标准、事实认定、案件定性及法律适用提出书面意见，对是否需要采取强制措施进行审查。

书面意见应当包括提前介入工作的基本情况、审查认定的事实、定性意见、补证意见及需要研究和说明的问题等内容。

第十五条　国家监察委员会案件审理室对最高人民检察院工作小组书面意见审核后，需要补证的，按程序报批后，及时交由调查部门进行补证。补证工作结束后，调查部门应当形成补证情况报告，并将调取的证据材料装订成卷，一并移送案件审理室。

……

第三章　国家监察委员会向最高人民检察院移送案件

第十六条　国家监察委员会决定移送的案件，案件审理室应当将《起诉意见书》及时移交案件监督管理室，由案件监督管理室出具移送函，连同《起诉意见书》一并移送最高人民检察院。由调查部门负责移送被调查人、全部案卷材料、涉案款物等。案件移送前，应当按程序报批后作出党纪处分、政务处分决定，需要终止人大代表资格的，应当提请有关机关终止人大代表资格。案件移送最高人民检察院后，国家监察委员会调查部门应当跟踪了解案件办理情况，发现问题及时报告，不得违规过问、干预案件办理工作。

第十七条　《起诉意见书》主要内容包括：

（一）被调查人基本情况；

（二）案件来源及立案；

（三）留置的时间；

（四）依法查明的犯罪事实和证据清单；

（五）被调查人从重、从轻、减轻等情节；

（六）涉案款物情况；

（七）涉嫌罪名和法律依据；

（八）对被调查人采取强制措施的建议；

（九）其他需要说明的情况。

第十八条　对被调查人采取留置措施的国家监察委员会应当在正式移送起诉 10 日前书面通知最高人民检察院移送事宜。

案件材料移送路途时间不计入办案期限。

第十九条　国家监察委员会调查的职务犯罪案件需要在异地起诉、审判的，一般应当在移送起诉 20 日前，由最高人民检察院商最高人民法院办理指定管辖事宜，并由最高人民检察院向国家监察委员会通报。

第四章　检察机关审查起诉

第二十条　对于国家监察委员会移送的案件，最高人民检察院案件管理部门接收案卷材料后应当立即审查下列内容：

（一）案卷材料齐备、规范，符合有关规定的要求；

（二）移送的款项或者物品与移送清单相符；

（三）被调查人在案情况。

第二十一条　最高人民检察院案件管理部门认为具备受理条件的，应当及时进行登记，并立即将案卷材料移送公诉部门办理；认为不具备受理条件的，应当商国家监察委员会相关部门补送材料。

第二十二条　最高人民检察院公诉部门经审查认为有犯罪事实需要追究刑事责任的，应当立即决定采取强制措施，并与国家监察委员会调查部门办理交接手续。国家监察委员会对被调查人的留置措施自其被检察机关采取强制措施之时自动解除。

最高人民检察院公诉部门在审查期间，检察官应当持《起诉意见书》和检察提讯证提讯犯罪嫌疑人。

对于正在被留置的被调查人，一般应当予以逮捕。如果犯罪嫌疑人涉嫌的罪行较轻，或者患有严重疾病、生活不能自理，是怀孕或者正在哺乳自己婴儿的妇女，不逮捕不致发生社会危险性的，可以采取取保候审或者监视居住措施。

第二十三条 对于确定指定管辖的，应当综合考虑当地人民检察院、人民法院、看守所等的办案力量、办案场所以及交通等因素决定，一般应当指定人民检察院分院、州、市人民检察院审查起诉。

对于一人犯数罪、共同犯罪、多个犯罪嫌疑人实施的犯罪相互关联，并案处理有利于查明案件事实和诉讼进行的，可以并案指定由同一人民检察院审查起诉。

第二十四条 最高人民检察院作出指定管辖决定后，应当在10日内将案卷材料交由被指定的人民检察院办理。

被指定的人民检察院应当重新作出强制措施决定。犯罪嫌疑人被采取监视居住、逮捕措施的，最高人民检察院应当与被指定的人民检察院办理移交犯罪嫌疑人的手续。

第二十五条 被指定的人民检察院应当自收到案卷材料之日起3日内，告知犯罪嫌疑人有权委托辩护人，并告知其如果经济困难或者其他原因没有聘请辩护人的，可以依法申请法律援助。

第二十六条 被指定的人民检察院审查移送起诉的案件，应当查明：

（一）犯罪嫌疑人身份状况是否清楚，包括姓名、性别、国籍、出生年月日、职业和单位等；单位犯罪的，单位的相关情况是否清楚；

（二）犯罪事实、情节是否清楚；实施犯罪的时间、地点、手段、犯罪事实、危害后果是否明确；

（三）认定犯罪性质和罪名的意见是否正确；有无法定的从重、从轻、减轻或者免除处罚的情节及酌定从重、从轻情节；共同犯罪案件的犯罪嫌疑人在犯罪活动中的责任的认定是否恰当；

（四）证明犯罪事实的证据材料包括采取技术调查措施的决定书及证据材料是否随案移送；证明相关财产系违法所得的证据材料是否随案移送；不宜移送的证据的清单、复印件、照片或者其他证明文件是否随案移送；

（五）证据是否确实、充分，是否依法收集，有无应当排除非法证据的情形；

（六）调查的各种手续和文书是否完备；

（七）有无遗漏罪行和其他应当追究刑事责任的人；

（八）是否属于不应当追究刑事责任的；

（九）有无附带民事诉讼；对于国家财产、集体财产遭受损失的，是否需要由人民检察院提起附带民事诉讼；

（十）涉案财物是否查封、扣押、冻结并妥善保管，清单是否齐备；对被害人合法财产的返还和对违禁品或者不宜长期保存的物品的处理是否妥当，移送的证明文件是否完备；

（十一）其他需要审查的事项。

第二十七条 国家监察委员会调查取得的证据材料，可以在刑事诉讼中作为证据使用。被指定的人民检察院应当对取证合法性进行审查。

国家监察委员会对调查过程的录音、录像不随案移送最高人民检察院。最高人民检察院认为需要调取与指控犯罪有关并且需要对证据合法性进行审查的讯问录音录像，可以同国家监察委员会沟通协商后予以调取。所有因案件需要接触录音、录像的人员，应当对录音、录像的内容严格保密。

第二十八条 被指定的人民检察院在审查起诉过程中，发现需要补充提供证据的，可以列明需补充证据的目录及理由，由最高人民检察院同国家监察委员会沟通协商。

第二十九条 在审查起诉阶段，被指定的人民检察院认为可能存在非法取证行为，需要调查核实的，应当报最高人民检察院批准。

第三十条 被指定的人民检察院可以采取以下方式进行调查核实：

（一）讯问犯罪嫌疑人；

（二）询问在场人员及证人；

（三）听取辩护律师意见；

（四）进行伤情、病情检查或者鉴定；

（五）其他调查核实方式。

被指定的人民检察院认为需要国家监察委员会对证据收集的合法性作出书面说明或提供相关证明材料，应当报最高人民检察院，由最高人民检察院同国家监察委员会沟通协商。

第三十一条 最高人民检察院对于调取讯问录音录像、体检记录等材料的申请，经审查认为申请调取的材料与证明证据收集的合法性有联系的，应当同国家监察委员会沟通协商；认为与证明证据收集的合法性没有联系的，应当决定不予调取。

第三十二条 被指定的人民检察院调查完毕后，应当提出排除或者不排除非法证据的处理意见，报最高人民检察院批准决定。最高人民检察院经与国家监察委员会沟通协商后，作出决定。

被排除的非法证据应当随案移送，并写明为依法排除的非法证据。

第三十三条 被指定的人民检察院对案件进行审查后，认为犯罪嫌疑人的犯罪事实已经查清，证据确实、充分，依法应当追究刑事责任的，应当报最高人民检察院批准后，作出起诉决定，并由最高人民检察院向国家监察委员会通报。对拟作不起诉决定，或者改变犯罪性质、罪名的，应当报最高人民检察院，由最高人民检察院与国家监察委员会沟通协商。

第三十四条 对国家监察委员会移送的案件，最高人民检察院公诉部门应当与最高人民法院相关审判庭共同制定审判预案，对可能出现的突发情况和问题提出应对措施，保证起诉、审判等工作顺利进行。对案件涉及重大复杂敏感问题的，应当及时与国家监察委员会沟通协商，必要时提请中央政法委员会协调，确保案件办理的政治效果、法律效果和社会效果。

第三十五条 国家监察委员会调查的案件，被调查人逃匿，在通缉一年后不能到案，或者死亡，依照刑法规定应当追缴其违法所得及其他涉案财产的，国家监察委员会应当写出没收违法所得意见书，连同相关证据材料一并移送最高人民检察院。

国家监察委员会在移送没收违法所得意见书之前，应当与最高人民检察院、最高人民法院协商办理指定管辖有关事宜。

第三十六条 对于国家监察委员会移送的没收违法所得案件，被指定的人民检察院拟提出没收违法所得申请的，应当报最高人民检察院批准。在审查过程中认为需要补充证据，或者拟不提出没收违法所得申请的，应当报最高人民检察院，由最高人民检察院同国家监察委员会沟通协商。

第五章 退回补充调查和自行补充侦查

第三十七条 移送审查起诉的案件，犯罪事实不清、证据不足的，应当退回国家监察委员会补充调查。被指定的人民检察院经审查，拟退回补充调查的，应当报最高人民检察院批准。最高人民检察院在作出决定前，应当与国家监察委员会沟通协商，具体由最高人民检察院公诉部门和国家监察委员会案件审理室进行对接。

需要退回补充调查的案件，应当以最高人民检察院的名义出具退回补充调查决定书、补充调查提纲，连同案卷材料由最高人民检察院一并送交国家监察委员会案件监督管理室。

第三十八条　最高人民检察院决定退回补充调查的案件，补充调查期间，犯罪嫌疑人沿用人民检察院作出的强制措施。被指定的人民检察院应当将退回补充调查情况书面通知看守所。国家监察委员会需要讯问被调查人的，被指定的人民检察院应当予以配合。

第三十九条　对于退回国家监察委员会补充调查的案件，调查部门应当在一个月内补充调查完毕并形成补充调查报告，经案件审理室审核后按程序报批。

补充调查以二次为限。

补充调查结束后需要提起公诉的，应当由国家监察委员会重新移送最高人民检察院。审查起诉期限重新计算。

第四十条　被指定的人民检察院经审查，认为本案定罪量刑的基本犯罪事实已经查清，但具有下列情形之一的，经报最高人民检察院批准，并同时通报国家监察委员会后，可以自行补充侦查：

（一）证人证言、犯罪嫌疑人供述和辩解、被害人陈述的内容中主要情节一致，个别情节不一致且不影响定罪量刑的；

（二）书证、物证等证据材料需要补充鉴定的；

（三）其他由被指定的人民检察院查证更为便利、更有效率、更有利于查清案件事实的情形。

第四十一条　自行补充侦查的案件，应当在审查起诉期间补充侦查完毕。

被指定的人民检察院自行补充侦查的，可以由最高人民检察院商国家监察委员会提供协助。

自行补充侦查完毕后，被指定的人民检察院应当制作补充侦查终结报告并附相关证据材料，报最高人民检察院批准后入卷，同时抄送国家监察委员会。

第四十二条　被指定的人民检察院发现新的职务犯罪线索的，应当在3日内报最高人民检察院。经批准后，通过最高人民检察院转交国家监察委员会。

第四十三条　被指定的人民检察院经审查发现有下列情形的，经报最高人民检察院批准，分别作出如下处理：

（一）犯罪嫌疑人没有犯罪事实，或者有《中华人民共和国刑事诉讼法》第十五条规定的情形之一的，可以将案件退回国家监察委员会处理，也可以作出不起诉决定；

（二）经二次退回补充调查仍然认为证据不足，不符合起诉条件的，应当作出不起诉决定；

（三）犯罪情节轻微，依照刑法规定不需要判处刑罚或者免除刑罚的，可以作出不起诉决定。

最高人民检察院在批准不起诉决定前，应当与国家监察委员会沟通协商。

第四十四条 不起诉决定书应当由被指定的人民检察院作出，通过最高人民检察院送达国家监察委员会。国家监察委员会认为不起诉决定书确有错误的，应当在收到不起诉决定书后 30 日内向最高人民检察院申请复议。

第四十五条 对于国家监察委员会对不起诉决定申请复议的案件，最高人民检察院应当另行指定检察官审查提出意见，并自收到复议申请后 30 日内，经由检察长或者检察委员会决定后，以最高人民检察院的名义答复国家监察委员会。

最高人民检察院的复议决定可以撤销或者变更原有不起诉决定，交由下级人民检察院执行。

第四十六条 人民检察院决定不起诉的案件，对国家监察委员会随案移送的涉案财产，经最高人民检察院批准，应当区分不同情形，作出相应处理：

（一）因犯罪嫌疑人死亡而决定不起诉，符合《中华人民共和国刑事诉讼法》第二百八十条规定的没收程序条件的，按照本办法的相关规定办理；

（二）因其他原因决定不起诉，对于查封、扣押、冻结的犯罪嫌疑人违法所得及其他涉案财产需要没收的，应当提出检察意见，退回国家监察委员会处理；

（三）对于冻结的犯罪嫌疑人存款、汇款、债券、股票、基金份额等财产能够查明需要返还被害人的，可以通知金融机构返还被害人；对于查封、扣押的犯罪嫌疑人的违法所得及其他涉案财产能够查明需要返还被害人的，直接决定返还被害人。

最高人民检察院批准上述决定前，应当与国家监察委员会沟通。

第二部分

贪污贿赂罪典型案例

1. 顾某忠挪用公款、贪污案[①]

——国家机关、国有公司、企业、事业单位委派到非国有公司、企业、事业单位、社会团体从事公务的人员的认定以及受贿罪与贪污罪的区分

【基本案情】

被告人顾某忠，原系江苏省铁路实业有限公司（以下简称铁实公司）投资管理科科长，江苏省铁成投资管理有限公司（以下简称铁成公司）总经理。因涉嫌犯贪污罪于2003年9月28日被逮捕。

江苏省南京市人民检察院以被告人顾某忠犯挪用公款罪、受贿罪向南京市中级人民法院提起公诉。

被告人顾某忠及其辩护人的辩护意见为：（1）铁实公司不是刑法意义上的国有公司，顾某忠不是国家机关工作人员，也不应以国家工作人员论，不具有挪用公款罪的主体资格；顾某忠挪用的是股票，不是刑法意义上的公款和特定款物，不符合挪用公款罪的构成要件；挪用的股票在案发前已全部归还，没有给公司造成损失，情节显著轻微。（2）铁成公司不是国有公司，顾某忠被聘用为总经理，不属于国家工作人员，不具有受贿罪的主体资格；证人证实华勤投资有限公司给付的差价款是给铁成公司的，不能认定顾某忠收受了华勤投资有限公司的财物；顾某忠代表公司卖股票是铁成公司的正常行为，不是擅自行为，没有损害公司利益；顾某忠的行为没有为华勤投资有限公司谋取利益；华勤投资有限公司给付的差价款不是铁成公司的合法财物。

江苏省南京市中级人民法院经公开审理查明：1997年11月20日至1998年

[①] 参见中华人民共和国最高人民法院刑事审判第一、二、三、四、五庭主办：《刑事审判参考》（总第56集），法律出版社2007年版，第49页。

2月25日间,被告人顾某忠利用担任铁实公司(系国有公司)投资管理科科长的职务便利,擅自将铁实公司的10000股江南重工股票、20000股东风电仪股票、18500股虹桥机场股票在江苏省租赁有限公司中山北路证券营业部卖出,得款人民币575261.92元。顾某忠将上述股款用于个人买卖股票,进行营利活动。1998年5月20日至6月1日,顾某忠又购买上述擅自卖出的同种、同量股票于1998年6月2日归还铁实公司。

1999年9月,被告人顾某忠经铁实公司董事长张某端提名,由铁成公司(铁实公司参股的非国有公司)的董事会聘任,时任铁成公司总经理。华勤投资有限公司(以下简称华勤公司)总经理张某找到顾某忠,要求将铁成公司持有的"同仁铝业"股票"转仓"给华勤公司。双方约定以股市交易价在上海证券公司交易,但实际按每股人民币18元结算。"同仁铝业"股票的股市交易价与议定的每股18元实际结算价间的差额款由华勤公司另行支付。1999年9月16日,铁成公司将2582821股"同仁铝业"股票通过股市交易转给华勤公司。被告人顾某忠提供给张某两个股票账户(A178××××××、A132××××),要求张某将差额款在上述两个股票账户中买入国债和"宁城老窖"股票。1999年9月16日,华勤公司在A178××××××股票账户中买入4986240元国债;同年9月22日,华勤公司在A132×××××股票账户中买入84000股"宁城老窖"股票,市值计人民币1041512.2元。上述款项被顾某忠非法占有。

案发后,司法机关扣押被告人顾某忠赃款及非法所得合计人民币16252144元,西安旅游股票456711股。

【裁判理由】

针对被告人顾某忠及其辩护人关于挪用公款罪的辩护意见,法院认为:(1)铁实公司系全资国有公司,顾某忠在该公司任投资管理科科长,属于在国有公司中从事公务的人员,以国家工作人员论,符合挪用公款罪的犯罪主体要件。(2)顾某忠擅自将公司股票卖出,并将所得款用于个人炒股,其挪用的是股票售出后的公款,将该公款用于个人买卖股票的营利活动,并非挪用股票,卖出公司股票的行为是为其后的挪用公款制造条件。顾某忠的行为符合挪用公款罪的构成要件。故对上述辩护意见,不予采纳。

针对控辩双方对被告人顾某忠是否为国家工作人员、其行为是否构成受贿罪的争议焦点,法院认为:(1)关于顾某忠任非国有公司铁成公司总经理的身份问题。经查,现有证据中虽无书面文件直接证实顾某忠的总经理职务是否为国有公司委派，但证人沈某法、张某端的证言和铁成公司董事会决议证实，顾某忠担任总经理是经铁成公司董事长沈某法委托国有公司铁实公司董事长张某端提名，由董事会聘任的。因此，顾某忠任铁成公司总经理是受铁实公司的委派，代表国有公司在非国有公司中从事公务，应当以国家工作人员论，其身份符合贪污罪的主体要件。故顾某忠及其辩护人关于顾某忠不是国家工作人员的辩护意见，不予采纳。（2）公诉机关指控顾某忠将涉案的国债和股票非法占为己有的事实清楚，但认定顾某忠构成受贿罪定性不当。经查，证人张某、林某的证言均可证实差价补偿款是给铁成公司的，且该证言与顾某忠的当庭辩解相一致，应当认定上述款项是华勤公司支付给铁成公司的差价款。顾某忠及其辩护人关于差价款是给公司的辩护意见予以采纳。顾某忠将公司财产非法占为己有，其行为构成贪污罪。

【裁判结果】

江苏省南京市中级人民法院认为，被告人顾某忠身为国家工作人员，利用职务便利，挪用公款归个人使用，进行营利活动且情节严重；非法侵吞公司财物，其行为已构成挪用公款罪、贪污罪。南京市人民检察院指控顾某忠犯挪用公款罪事实清楚，定性准确；指控顾某忠犯受贿罪，事实清楚，但定性不当，顾某忠应构成贪污罪。据此，依照《刑法》第三百八十三条第一款第一项、第三百八十四条第一款、第五十七条第一款、第五十九条、第六十四条、第六十七条、第六十八条第一款、第六十九条、第九十三条第二款之规定，作出判决：

1. 被告人顾某忠犯贪污罪，判处无期徒刑，剥夺政治权利终身，没收个人全部财产；犯挪用公款罪，判处有期徒刑七年，决定执行无期徒刑，剥夺政治权利终身，没收个人全部财产。

2. 贪污罪赃款人民币6027752.2元予以追缴。非法所得人民币10224391.8元、西安旅游股票456711股予以追缴。

一审宣判后，江苏省南京市人民检察院提出抗诉称：一审判决将价值人民币600余万元的国债、股票的补偿款，认定为华勤公司给铁成公司的事实有误，被告人顾某忠构成受贿罪，一审判决认定顾某忠构成贪污罪，属适用法律不当。

被告人顾某忠不服，提出上诉。顾某忠的上诉理由及其辩护人的辩护理由与其一审时提出的辩护意见基本一致。

江苏省高级人民法院经二审审理，认为一审判决适用法律正确，定罪准确，量刑适当，审判程序合法。依法裁定：驳回抗诉、上诉，维持原判。

【法理评析】

2003年11月13日最高人民法院印发《全国法院审理经济犯罪案件工作座谈会纪要》指出："所谓委派，即委任、派遣，其形式多种多样，如任命、指派、提名、批准等。不论被委派的人身份如何，只要是接受国家机关、国有公司、企业、事业单位委派，代表国家机关、国有公司、企业、事业单位在非国有公司、企业、事业单位、社会团体中从事组织、领导、监督、管理等工作，都可以认定为国家机关、国有公司、企业、事业单位委派到非国有公司、企业、事业单位、社会团体从事公务的人员。"因此，被委派人员在被委派之前的"身份"，并不影响其在被委派到非国有单位从事公务后认定为国家工作人员。无论被委派人员是否属于委派单位在编人员、是否原来从事公务、是受委派单位直接任职后委派还是临时聘任后委派，只要接受国家机关、国有公司、企业、事业单位、社会团体的委派，代表这些单位在非国有公司、企业、事业单位、社会团体中从事组织、领导、监督、管理等工作，都应当认定为国家工作人员。此外，受委派人员被委派到非国有公司、企业之后，如果经过该非国有公司、企业董事会聘任或者职工代表大会选举，仍属于"以国家工作人员论"的人员。

就本案而言，铁实公司是国有公司，铁成公司是有铁实公司参股的非国有公司。相关证据证实，被告人顾某忠是由铁实公司董事长张某端提名，由铁成公司的董事会聘任，时任铁成公司总经理，系代表国有公司在非国有公司中从事管理活动。虽然其总经理职务经过铁成公司董事会的聘任，但不影响其公务代表性，根据《刑法》第九十三条第二款的规定，仍属于国有公司委派到非国有公司从事公务的人员，应当以国家工作人员论，符合挪用公款罪、受贿罪和贪污罪的主体身份要件。

本案除了在行为人身份上的争议外，还存在是否成立挪用公款罪以及受贿罪与贪污罪的界分问题：（1）被告人顾某忠利用职务上的便利将本单位的股票出售后，将所得款用于个人炒股。对此，辩护人认为，被告人挪用的是股票而非公款，因而不成立挪用公款罪。法院则认为，顾某忠挪用的是股票售出后的公款，将该公款用于个人买卖股票的营利活动，卖出公司股票的行为是为其后的挪用公款制造条件。笔者认为，对顾某忠出售单位股票并使用股票出售款的行为，应当从整体上分析，其出售单位股票的目的在于将股票出售款归自己炒股使用，出售股票不过是一个取得公款使用权的环节或条件，而不能片面或形式地将其行为判断为挪用股票（仅将出售股票行为归结为"使用"），因此，其行为无疑具备"挪用公款"的要素。法院裁判结论是正确的。（2）被告人顾某忠涉案的国债和股票非法占为己有的行为，究竟是成立受贿罪还是贪污罪，公诉机关的意见是受贿罪，法院的裁判结论是贪污罪。笔者认为，法院的裁判结论正确。受贿罪和贪污罪都具有行为人获得财产的形式特征，但是，两罪的区别在于：受贿罪行为人获取财物的来源是收买自己职权的"他人"，故构成要件描述为"利用职务上的便利，索取他人财物，或者非法收受他人财物，为他人谋取利益"，而贪污罪行为人获取的是自己主管、管理、经手的财物，故构成要件要素描述为"利用职务上的便利，侵吞、窃取、骗取或者以其他手段非法占有公共财物"。实务中，经常发生行为人利用职务上的便利将其他单位或个人给付本单位的财物非法占有的情况，特别是当财物在形式上并未经过单位掌控环节而直接由行为人以单位之名予以接受时，行为性质便产生争议。对此，应当仔细甄别财物的归属、把握财物与行为人的职权之间是否存在权钱交易的关联性。本案中，顾某忠将涉案国债和股票予以占有，由于国债和股票财产权属于行为人所在单位，即便这些国债和股票系由他人转让给所在单位，顾某忠将其非法占有，也不是收受他人财物，故法院认定顾某忠实施行为事实成立贪污罪，是值得肯定的。

2. 胡某邦贪污、挪用公款案[①]

——国有企业改制中国家工作人员的认定

【基本案情】

被告人胡某邦,案发前系上海长江新成计算机系统集成有限公司总经理。

上海市静安区人民法院经审理查明:被告人胡某邦于 2004 年 1 月至案发,受国有公司长江计算机(集团)公司(以下简称长江集团公司)委派,担任上海长江新成计算机系统集成有限公司(以下简称新成公司)总经理,全面负责公司经营管理、人事、财务等工作。

2005 年 12 月,被告人胡某邦利用其全面管理公司人事、财务工作的职务便利,指使公司财务部经理舒某英(另案处理)将新成公司原副总经理沈某友(已判决)上缴公司的人民币 33 万元受贿款存于公司账外予以隐匿。2007 年 3 月,被告人胡某邦为购买位于上海市南丹东路××弄××号×××室的商品房,要求舒某英将上述钱款中的人民币 30 万元存入其个人账户中,并于同年 4 月用于支付房款。

2008 年 11 月,沈某友涉嫌受贿案件被立案侦查后,被告人胡某邦为掩盖其侵吞公司钱款的行为,与舒某英等人凑齐人民币 33 万元放入公司财务保险柜,并向长江集团公司谎称沈某友上缴的受贿款一直存放在公司保险柜中,后将钱款予以上交。

2004 年 1 月至 2 月,被告人胡某邦利用其全面管理公司经营、财务等工作的职务便利,在新成公司改制为自然人控股公司的过程中,为达到个人增资扩股的目的,指使新成公司财务部经理舒某英、商务部经理朱某(另案处理),采用虚构新成公司与华敏世纪广场、金帆大厦等工程项目合同的手法,

---

[①] 参见上海市静安区人民法院(2011)静刑重字第 1 号刑事判决书。

以预付工程项目款、货款等名义,将新成公司资金人民币470万元划入朱某个人参股的上海联积电子系统有限公司(以下简称联积公司),并由朱某通过江西景德镇国盛证券公司(以下简称国盛证券公司)以股票交易的方式套换出现金。2004年2月中旬,以向被告人胡某邦个人借款的名义,舒某英将上述人民币470万元陆续转入新成公司账户,作为胡某邦、舒某英、朱某等9名自然人股东增资的部分股本金,进行营利活动;同时,被告人胡某邦还分别与其他自然人股东签订借款协议,并约定以股权红利来归还借款。

2004年3月至2007年11月,被告人胡某邦指使舒某英利用联积公司开具的无实际业务的虚假分包工程款发票,陆续将账目结平。2004年6月至2007年1月,新成公司在改制后累计分配自然人股东红利人民币576万余元,被告人胡某邦指使舒某英将股东红利全部转入新成公司小金库账户内。

2009年7月15日,被告人胡某邦在长江集团公司纪委调查期间,交代了自己的全部犯罪事实。

上海市静安区人民检察院指控胡某邦犯贪污罪、挪用公款罪,并有自首情节,向上海市静安区人民法院提起公诉。

被告人胡某邦辩称自己系新成公司个人投资的自然人股东,并没有受国家机关委托管理国有资产的职责。被告人胡某邦的辩护人提出被告人胡某邦的主体身份不符合国家工作人员的法律规定,其犯罪性质属非国家工作人员犯罪,且被告人胡某邦有自首情节,应对其减轻处罚。

【裁判理由】

上海市静安区人民法院经审理认为,被告人胡某邦身为公司、企业工作人员,利用职务上的便利,将本单位钱款占为己有,数额巨大;还伙同他人利用职务上的便利,挪用本单位资金归个人进行营利活动,数额巨大,其行为已分别构成职务侵占罪和挪用资金罪,应依法予以数罪并罚。被告人胡某邦在共同犯罪中起主要作用,系主犯。被告人胡某邦在新成公司成立时因个人出资成为自然人股东之一,经股东大会选举成为董事会成员,并由董事会聘任成为新成公司总经理,对董事会负责,全面主持新成公司日常工作。这与新成公司章程以及公司法的规定相一致。且在新成公司成立时董事会5人成员中,有3人(包括被告人胡某邦)系个人有投资的自然人,另2人(未个人出资)则代表新成公司管理国有资产,这从投资比例中可以明显看出。鉴于新成公司在之后多次进行股东变更及股权转移,导致相关管理职权模糊混乱,目前尚无充分确实的证据证明被告人胡某邦在实施犯罪行为时只具有接受国有公司委派在新成公司从事公务，管理国有资产的职责，因此，根据谦抑性原则，应认定被告人胡某邦的主体身份为非国家工作人员。公诉人和辩护人提出鉴于被告人胡某邦归案后认罪态度较好，有自首情节，并退缴了全部赃款，可依法从轻或减轻处罚的意见符合事实和法律，可以采纳。

上海市静安区人民法院依照《刑法》第二百七十一条第一款，第二百七十二条第一款，第六十七条第一款，第二十五条第一款，第二十六条第一款、第四款和第六十九条第一款之规定，判决被告人胡某邦犯职务侵占罪，判处有期徒刑四年；犯挪用资金罪，判处有期徒刑四年六个月；决定执行有期徒刑八年。

一审宣判后，被告人胡某邦以量刑过重为由提出上诉。

上海市第二中级人民法院经审理认为，上海市静安区人民法院认定被告人胡某邦犯职务侵占罪、挪用资金罪的事实不清，证据不足。依照《最高人民法院关于执行刑事诉讼法若干问题的解释》第二百三十九条和《刑事诉讼法》第一百八十九条第三项之规定，裁定：撤销上海市静安区人民法院（2010）静刑初字第321号刑事判决，发回上海市静安区人民法院重新审判。

上海市静安区人民法院经重审认定，被告人胡某邦身为受国有公司委派至非国有公司中从事公务的人员，利用职务上的便利，侵吞本单位钱款人民币30万元；还伙同他人利用职务上的便利，挪用公款人民币470万元归个人使用，进行营利活动，情节严重，其行为已构成贪污罪和挪用公款罪，应予以数罪并罚。被告人胡某邦自2000年8月至案发，受国有企业长江集团公司委派至新成公司工作，由新成公司董事会任命为总经理，其干部人事关系仍在长江集团公司。根据有关规定，受国有公司委派在非国有公司中从事公务的人员，应当认定为国家工作人员，持有个人股份或者受非国有企业董事会或股东委托的，不影响对国家工作人员的认定，故应当认定被告人胡某邦为国家工作人员。辩护人提出的相反意见，不符合法律规定，不予采纳。被告人胡某邦在接到长江集团公司纪委电话通知后前往接受调查，虽然其对自己的贪污、挪用公款犯罪事实予以供认，但根据有关规定，这种情况不能认定为自首，故被告人胡某邦不构成自首。辩护人提出的相反意见及对被告人胡某邦减轻处罚的要求，不符合法律规定，不予采纳。被告人胡某邦如实供述犯罪事实，并退缴了全部赃款，依法从轻处罚。

【裁判结果】

上海市静安区人民法院根据《刑法》第三百八十二条第一款、第二款、第三百八十三条第一款第一项、第三百八十四条第一款、第九十三条、第二十五条第一款、第二十六条第一款、第四款、第六十九条和第六十七条第三款之规定，判决被告人胡某邦犯贪污罪，判处有期徒刑十年，并处没收财产人民币5万元；犯挪用公款罪，判处有期徒刑五年；决定执行有期徒刑十二年，并处没收财产人民币5万元。

【法理评析】

新成公司系由长江集团公司下属国有子公司通过股份制改制而来。新成公司成立时，包括胡某邦在内的自然人与长江集团共同持股，属于《公司法》上的国有资本参股的公司。新成公司成立了董事会等一系列管理机构，从形式上看，胡某邦的总经理亦是由董事会任命产生，而不是由国有公司委派到非国有公司。那么，受委派人员被委派到非国有公司、企业之后，如果经过该非国有公司、企业董事会聘任或者职工代表大会选举，是否仍属于"以国家工作人员论"的人员？

笔者认为，首先，委派本身就包括"提名"这种方式。根据《公司法》的规定，股份有限公司设经理，要由公司董事会聘任或解聘，如果国有公司、企业委派其工作人员到国有资本参股、控股的股份有限公司担任经理，事实上不可能直接采取任命的方式，而只能向该股份有限公司董事会提名，要求该董事会聘任该工作人员担任经理。如果认为只要经过非国有公司、企业董事会聘任或者职工代表大会选举产生管理人员就不能再以国家工作人员论，实际上就否定了这种委派所产生的国家工作人员，也背离了《刑法》设立国家工作人员这一类主体的实质要求。应该说，认定委派人员关键是要考察其是否具有代表国家机关、国有公司、企业、事业单位从事公务的本质特征。如果行为人经过非国有公司、企业董事会聘任或者职工代表大会选举担任原有职务或新的职务，而仍实质上代表国家机关、国有公司、企业、事业单位从事组织、领导、监督、管理等工作，仍应当认定为国家工作人员。

值得注意的是，《全国法院审理经济犯罪案件工作座谈会纪要》的规定并没有否定非国有公司、企业中经过董事会聘任或者职工代表大会选举产生的管理人员可以被认定为国家工作人员，而只是针对国有公司、企业改制后新的股份有限公司中保留下来的原来的职工和新任命的人员，一般不属于国家工作人员，但同时强调这两类人员中如果有代表国有投资主体行使监督、管理职权者，仍应以国家工作人员论。这也实际上强调了——即使是新的股份有限公司通过董事会或者其他权力机构新任命的人员（可以肯定，这类人员以前并不在原国有单位工作），只要他被任命的职务代表国有投资主体行使监督、管理职权，也应以国家工作人员论。

另外，《最高人民法院、最高人民检察院关于办理国家出资企业中职务犯罪案件具体应用法律若干问题的意见》第六条规定，经国家机关、国有公司、企业、事业单位提名、推荐、任命、批准等，在国有控股、参股公司及其分支机构中从事公务的人员，应当认定为国家工作人员。具体的任命机构和程序，不影响国家工作人员的认定……国家出资企业中的国家工作人员，在国家出资企业中持有个人股份或者同时接受非国有股东委托的，不影响其国家工作人员身份的认定。《最高人民法院、最高人民检察院关于办理国家出资企业中职务犯罪案件具体应用法律若干问题的意见》突出强调了国家工作人员的认定，重点在于从实质上把握是否代表国家、是否从事公务两点，而不在于形式和程序。

具体到本案，被告人胡某邦进入长江集团工作后，长江集团党委即按照中央组织部的规定管理其人事干部关系，每年对其进行考核，直至案发前，胡某邦的人事组织关系仍在长江集团，属于长江集团党委管理的党政干部。后长江集团对其下属国有子公司进行股份制改制，胡某邦受长江集团的委派参与整个改制的操作，从原来长江集团的工作人员再到担任新成公司的总经理，一直受长江集团的领导，干部人事关系从未中断。其任新成公司总经理，亦是经长江集团党委的批复。此种批复虽在《公司法》上意义不大，但仍在本质上体现了其受长江集团领导、代表国有投资主体意志的性质。虽然新成公司经过一系列股份变动，至案发前已经成为个人控股、国有资本参股的企业，且胡某邦在新成公司中领取劳动报酬，但他受国有企业领导并委派到新成公司的性质并未改变，其从事公务、管理国有资产的职责并未中断，应认定为国家工作人员。原审一审认定胡某邦为非国家工作人员，判决其成立职务侵占罪和挪用资金罪，适用法律错误；重审一审纠正了原审错误判决，认定胡某邦成立贪污罪和挪用公款罪，是正确的。

需要指出的是，本案还涉及胡某邦在接到长江集团公司纪委电话通知到案后如实交代犯罪事实是否成立自首的问题。根据2009年3月12日《最高人民法院、最高人民检察院关于办理职务犯罪案件认定自首、立功等量刑情节若干问题的意见》的规定，职务犯罪成立自首的条件，比一般犯罪更为苛刻。按照《最高人民法院、最高人民检察院关于办理职务犯罪案件认定自首、立功等量刑情节若干问题的意见》规定，犯罪事实或者犯罪分子未被办案机关掌握，或者虽被掌握，但犯罪分子尚未受到调查谈话、讯问，或者未被宣布采取调查措施或者强制措施时，向办案机关投案的，是自动投案。在此期间如实交代自己的主要犯罪事实的，应当认定为自首；没有自动投案，在办案机关调查谈话、讯问、采取调查措施或者强制措施期间，犯罪分子如实交代办案机关掌握的线索所针对的事实的，不能认定为自首。胡某邦在长江集团纪委掌握其犯罪事实，并在受到调查谈话后才如实供述罪行，不成立自首，但符合坦白的成立条件，法院结合其全部退赃的情节予以从轻处罚，是恰当的。

3. 李某光贪污、挪用公款案[①]

——国家出资企业中国家工作人员的认定

【基本案情】

被告人李某光，原系中铁三局集团有限公司第四工程有限公司（以下简称中铁三局四公司）南广铁路 NGZQ-4 项目部一分部财务主任。2010 年 9 月 8 日因涉嫌犯挪用公款罪被逮捕。

广西壮族自治区人民检察院南宁铁路运输分院以被告人李某光犯贪污罪和挪用公款罪，向南宁铁路运输中级法院提起公诉。

被告人李某光对公诉机关指控的事实无异议，但辩解其行为不构成贪污罪、挪用公款罪。其辩护人提出：公诉机关指控李某光犯贪污罪的事实不清，证据不足，且李某光不具备贪污罪的主体要件，不构成贪污罪；指控李某光犯挪用公款罪定性不准。

南宁铁路运输中级法院经公开审理查明：

1. 贪污事实。2009 年 5 月至 9 月间，被告人李某光利用担任中铁三局四公司南广铁路 NGZQ-4 项目部一分部财务主任的职务便利，多次到贵港市港北区国家税务局虚开收款人为林某顺、谢某全，总金额为人民币（以下币种同）1247040 元的发票 4 张，在单位报账后将 1247040 元据为己有。具体事实如下：

2009 年 5 月 8 日，李某光虚设西江农场林某顺财务科目，以林某顺名义在贵港市的工商银行开立了银行账户，制作了科目为"应付账款—应付货款—贵港市西江农场林某顺"、总金额为 561060 元的转账凭证，并于 5 月 11 日到贵港

[①] 中华人民共和国最高人民法院刑事审判第一、二、三、四、五庭主办：《刑事审判参考》（总第 99 集），法律出版社 2015 年版，第 103 页。

市港北区国家税务局开具收款人为林某顺、金额为561060元的发票在其单位中铁三局四公司南广铁路NGZQ-4项目部一分部报账，一分部财务分别于5月12日、6月26日、7月27日开具转账支票361060元、102000元、98000元付款至工商银行的林某顺账户，李某光将虚报所得561060元据为己有。

2009年7月至9月，李某光在其单位与谢某全发生业务后，以谢某全名义在贵港市的工商银行开立了银行账户，随后三次到贵港市港北区国家税务局开具收款人为谢某全、金额分别为98400元、96180元和491400元的发票三张，列入其所在单位中铁三局四公司南广铁路NGZQ-4项目部一分部虚设的"港城镇谢某全"财务科目中报账。2009年8月18日、9月14日、9月17日，一分部财务分别先后3次转款98400元、30万元、287580元至工商银行的谢某全账户，李某光将虚报所得685980元据为己有。

李某光将虚报所得款项中的825000元用于购买国债和银行定期存款，37万元取现后交由一分部食堂职工高某庆藏入一分部食堂的库房里。2010年8月25日李某光因挪用公款事实被检察机关立案侦查。8月31日，李某光主动向检察机关交代了检察机关未掌握的自己以林某顺、谢某全名义到税务局代开发票报销所得款1247040元并据为己有的事实，还向广西壮族自治区人民检察院南宁铁路运输分院供述了其用虚报所得款购买国债和定期存单的藏匿地点及37万元现金藏匿处。检察机关根据其供述，在其一分部宿舍及一分部食堂的库房里查获了825000元国债凭证、银行定期存单及现金37万元。至此，李某光共退出贪污所得1216855.96元。

2. 挪用公款事实。2010年3月，被告人李某光利用担任中铁三局四公司南广铁路NGZQ-4项目部一分部财务主任的职务便利，挪用公款共计86万元归个人使用，进行营利活动。2009年10月至2010年5月，南广铁路NGZQ-4项目部一分部在无真实业务发生的情况下，在贵港市港北区国家税务局港城镇分局虚开"贵港市港北区宝（伟）锋建材经营部"片石销售发票16张，总金额6354208.30元，套出现金5896042元。李某光利用保管上述套现款，一分部在出售商品灰、废旧材料、赔偿、罚款等收入，报销后未归还垫付人刘某球的购车款以及其他账外现金的便利，先后3次将其保管的账外资金86万元挪用，存入户名为李某光的贵港市邮政储蓄银行个人账户，用于购买银行理财产品。其中，2010年1月28日存入30万元，2月10日将该款全部用于购买名称为"财富日日升"的银行理财产品；2月24日存入35万元，2月28日将该款全部用于购买名称为"财富月月升"的银行理财产品；3月5日存入21万元，3月8日将该款全部用于购买名称为"财富日日升"的银行理财产品。2010年5月，国家审计部门对一分部财务部门进行经济审计后，李某光于5月21日赎回两笔"财富日日升"的银行理财产品，共计51万元归还单位。案发后，尚有35万元"财富月月升"的银行理财产品没有赎回。

2011年9月20日，南宁铁路运输中级法院依法冻结了该35万元"财富月月升"的银行理财产品。另查明李某光在被司法机关调查期间，提供了贵港市港北区国家税务局工作人员廖某丽涉嫌职务犯罪的重要线索，并经查证属实。

【裁判结果】

广西壮族自治区南宁铁路运输中级法院认为，被告人李某光身为国家出资企业中从事公务的人员，利用职务上的便利，以虚开发票在单位报账的方式，侵吞公款1247040元，其行为侵犯了公共财产的所有权和国家工作人员职务行为的廉洁性，已构成贪污罪。同时，李某光利用职务上的便利，以营利为目的，在任职期间擅自决定挪用本单位公款86万元归个人使用，其行为构成挪用公款罪。公诉机关指控的罪名成立。

李某光所犯贪污罪和挪用公款罪依法应当并罚。李某光挪用公款86万元，数额巨大，情节严重；其在司法机关立案调查其挪用公款犯罪事实期间，主动向司法机关交代了司法机关尚未掌握的其贪污犯罪事实，属于自首，依法可以减轻处罚；其在被办案机关调查期间，提供侦破其他案件的重要线索，并查证属实，具有立功表现，依法可以从轻处罚；其在案发前退出挪用的大部分公款，依法可以从轻处罚；其归案后主动供述了赃款去向，退出了绝大部分贪污的赃款，可以酌情从轻处罚。

根据李某光犯罪的事实、性质、情节和对社会的危害程度，依照《刑法》第三百八十二条、第三百八十三条第一款第一项、第三百八十四条第一款、第六十七条第二款、第六十八条第一款、第六十九条、第六十四条，《最高人民法院关于处理自首和立功具体应用法律若干问题的解释》第二条、第三条、第五条以及《最高人民法院关于审理挪用公款案件具体应用法律若干问题的解释》第二条、第三条之规定，南宁铁路运输中级法院判决如下：

被告人李某光犯贪污罪，判处有期徒刑七年，并处没收财产人民币20万元；犯挪用公款罪，判处有期徒刑五年；数罪并罚，决定执行有期徒刑十年六个月，并处没收财产人民币20万元。

一审宣判后，被告人李某光提出上诉，上诉理由是：（1）其所在公司是原国有企业改制后的有限公司，已不属于国有企业。其仅是该公司聘请的工作人员，不属于受委派从事公务的人员，其不具备贪污罪、挪用公款罪的主体要件。（2）其主观上无贪污故意，客观上并未利用职务之便实施贪污的行为，侦查机关收集证据的过程不合法，其供述不能作为证据使用，其行为不构成贪污罪。(3) 原判认定其挪用的86万元中有289000元是刘某球帮其公司垫付的购车款，其余571000元是小金库资金，把小金库资金存在个人名下是单位认可的，其行为亦不构成挪用公款罪，请求宣告无罪。其辩护人还提出：（1）李某光不具有非法占有目的，不存在利用职务上的便利侵吞公款、挪用公款的事实，李某光的行为系职务行为，其上级主管部门领导知道李某光保管小金库资金的情况；原判认定贪污数额错误，虚开的4张发票总金额1247040元与李某光购买国债、存银行定期及查获的现金合计1195000元，相差52040元，贪污数额不准确；套现的1247040元已先用于单位开支；李某光保管小金库资金经过领导同意，挪用资金购买理财产品，没有进行营利活动，李某光的行为不构成犯罪。(2) 李某光揭发他人职务犯罪，有立功表现。(3) 即使认定李某光构成犯罪，其行为只宜认定职务侵占罪一罪，并综合考虑其自首、立功、退赃等情节，请求法院对其适用缓刑。

广西壮族自治区高级人民法院经审理认为，上诉人李某光所在中铁三局四公司系国有资本控股公司中铁三局的全资子公司，属于国家出资企业，李某光系该公司合同制员工，只有技术职称，没有行政级别，其担任南广铁路NGZQ-4项目部一分部财务主任是经过公司人力资源部提名，主管总会计师同意报公司总经理聘任的，未经公司党委或者党政联席会讨论、批准或者任命，故其不具有国家工作人员身份。上诉人李某光身为国家出资企业中的工作人员，利用职务上的便利，以虚开发票在单位报账的方式，将本单位资金1247040元非法占为己有，数额巨大，其行为构成职务侵占罪；同时其利用职务上的便利，挪用本单位资金86万元归个人使用，进行营利活动，数额巨大，其行为构成挪用资金罪，依法应当惩处。一审判决定性不准，应予纠正。依照《刑法》第二百七十一条第一款、第二百七十二条第一款、第六十七条第二款、第六十八条第一款、第六十九条、第六十四条，《最高人民法院关于处理自首和立功具体应用法律若干问题的解释》第二条、第三条、第五条以及《刑事诉讼法》第二百二十五条第一款第二项之规定，广西壮族自治区高级人民法院改判如下：上诉人李某光犯职务侵占罪，判处有期徒刑四年；犯挪用资金罪，判处有期徒刑三年；数罪并罚，决定执行有期徒刑六年。

【法理评析】

国有企业改制将原国有企业通过重组、兼并、租赁、承包经营、合资、转让国有产权和股份制等形式进行改制，成为我国经济生活中的普遍现象。根据我国《企业资产法》第五条的规定，改制后的企业统称为"国家出资企业"。在国有企业改制过程中，难免发生贪污、受贿等职务犯罪，司法机关在办理这些案件中遇到不少新情况、新问题，具有一定的复杂性和特殊性，需要结合企业改制的特定历史条件，准确把握刑法规范及其立法宗旨，依法合理认定犯罪。为了有针对性地解决国家出资企业中职务犯罪案件包括主体身份在内的一系列问题，2010年11月26日最高人民法院、最高人民检察院专门出台了《关于办理国家出资企业中职务犯罪案件具体应用法律若干问题的意见》（以下简称《意见》）。

《意见》第五条在"关于改制前后主体身份发生变化的犯罪的处理"部分规定："国家工作人员在国家出资企业改制前利用职务上的便利实施犯罪，在其不再具有国家工作人员身份后又实施同种行为，依法构成不同犯罪的，应当分别定罪，实行数罪并罚。国家工作人员利用职务上的便利，在国家出资企业改制过程中隐匿公司、企业财产，在其不再具有国家工作人员身份后将隐匿财产据为己有的，依照刑法第三百八十二条、第三百八十三条的规定，以贪污罪定罪处罚。国家工作人员在国家出资企业改制过程中利用职务上的便利为请托人谋取利益，事先约定在其不再具有国家工作人员身份后收受请托人财物，或者在身份变化前后连续收受请托人财物的，依照刑法第三百八十五条、第三百八十六条的规定，以受贿罪定罪处罚。"上述规定旨在强调有关职务犯罪行为性质属于贪污罪、受贿罪还是职务侵占罪、非国家工作人员受贿罪，与行为人有无国家工作人员身份存在密切关系。《意见》在第六条专门作出了"关于国家出资企业中国家工作人员的认定"之如下意见：第一款规定，"经国家机关、国有公司、企业、事业单位提名、推荐、任命、批准等，在国有控股、参股公司及其分支机构中从事公务的人员，应当认定为国家工作人员。具体的任命机构和程序，不影响国家工作人员的认定"；第二款规定，"经国家出资企业中负有管理、监督国有资产职责的组织批准或者研究决定，代表其在国有控股、参股公司及其分支机构中从事组织、领导、监督、经营、管理工作的人员，应当认定为国家工作人员"；第三款规定，"国家出资企业中的国家工作人员，在国家出资企业中持有个人股份或者同时接受非国有股东委托的，不影响其国家工作人员身份的认定"。

本案上诉人李某光利用职务上的便利侵吞本单位财物及挪用本单位资金的基本事实，不存在争议。一、二审法院在裁判结论上的差异是对上诉人犯罪行为的定性。李某光究竟是否具有国家工作人员身份成为关键。上诉人李某光所在的单位——中铁三局四公司，属于国有资本控股公司中铁三局的全资子公司，属于国家出资企业，这是没有疑问的；李某光在该单位担任南广铁路 NG-ZQ-4 项目部一分部财务主任，其从事相关活动具有组织、管理性质，存在职务上的便利，也没有问题。但是，由于李某光在中铁三局四公司从事相关管理工作，既不是受原国有企业的委派，也未经过该单位内部负有管理、监督国有资产职责的组织（党委、党政联席会议等）批准或者研究决定，因而其组织、管理活动不代表国家，不具有从事公务的性质，因而不具有刑法上的国家工作人员身份。一审法院以李某光属于国家出资企业中的国家工作人员为由，认定其成立贪污罪、挪用公款罪，适用法律错误。二审法院对此予以纠正，改判上诉人职务侵占罪和挪用资金罪是正确的。

4. 廖某伦贪污、受贿案[①]

——村民小组长在特定情形下属于其他依照法律从事公务的人员

【基本案情】

被告人廖某伦，原系四川省金堂县赵镇十里社区三组副组长。因涉嫌犯贪污罪于2008年4月17日被逮捕。

四川省金堂县人民检察院以被告人廖某伦犯贪污罪和受贿罪，向金堂县人民法院提起公诉。被告人廖某伦对指控的事实供认不讳，但认为其在归案后退清了全部赃款，有悔过表现，请求从轻判处并适用缓刑。其辩护人认为，被告人廖某伦系村民小组副组长，不是村基层组织人员，不具有国家工作人员身份，不是贪污罪、受贿罪的犯罪主体；协助的房屋拆迁安置工作是一种劳务行为，指控其犯贪污罪、受贿罪不能成立。

金堂县人民法院经公开审理查明：2007年6月13日，金堂县人民政府将"干道2号"项目拆迁工程所涉及的金堂县赵镇十里社区三组的征地拆迁安置工作，委托金堂县赵镇人民政府实施。赵镇人民政府接受委托后，指定该镇城乡建设管理办公室具体组织实施，要求村组干部配合做好拆迁政策的宣传、解释、协调工作，以及被拆迁房屋的核实、丈量、附属物指认等工作，协助人员每人每天领取20元补助。时任金堂县赵镇十里社区三组副组长的被告人廖某伦，在从事具体负责所在组被拆迁户资料收集、统计上报，指认被拆迁房屋及附属物，带领拆迁工作人员丈量、核实被拆迁房屋及附属物等协助工作中，伪造户口不在本组、没有被拆迁房屋的廖某容、廖某玉、廖某美、夏某4人为本

[①] 国家法官学院、中国人民大学法学院：《中国审判案例要览》（2009年刑事审判案例卷），人民法院出版社2010年版，第433页。

组村民的户口及拆迁房屋等资料，虚报多年前在其他项目拆迁安置中已安置的陈某先、谢某菊、周某华为拆迁安置户，为不符合拆迁安置条件的上述7户农户分别申请了一套拆迁安置房。2007年9月20日，廖某伦代签了廖某玉（签名为廖某容）、廖某容（签名为廖某美）、夏某、廖某美（签名为廖某玉）4户的农房拆迁协议，2007年9月22日，廖某伦代陈某先、周某华、谢某菊3户签订了农房拆迁协议；2007年10月17日，廖某伦签字代陈某先、周某华、廖某容、夏某、廖某玉、廖某美、谢某菊等领取了拆迁搬家费、过渡费18840元，据为己有。2007年9月，在从事上述协助工作过程中，被告人廖某伦应本组村民冯某明为其女儿、本组村民廖某富各申请一套安置房之请，分别收受冯某明、廖某富二人好处费1000元；应本组村民叶某欧之请，在带领拆迁办人员丈量、复查叶某欧被拆迁房屋面积过程中，对叶某欧将他人的房屋指为其自己的房屋未予干涉，事后也未说明情况，致使叶某欧的拆迁房屋被多丈量、登记、赔偿了100余平方米面积。事后，廖某伦收受了叶某欧感谢费10000元。

【裁判理由】

案发后，廖某伦的家属向检察机关退缴赃款人民币34480元。四川省金堂县人民法院认为，依照《全国人民代表大会常务委员会关于〈中华人民共和国刑法〉第九十三条第二款的解释》第一款第七项的规定，被告人廖某伦在协助赵镇人民政府征地拆迁安置工作中，属于《刑法》第九十三条第二款规定的"其他依照法律从事公务的人员"，应当以国家工作人员论。在协助赵镇人民政府征地拆迁安置工作中，被告人廖某伦虚构被拆迁户及其房屋的情况，骗取拆迁安置补偿费18840元；接受被拆迁人之请，为其谋取非法利益，收受其金钱12000元，其行为应当分别以贪污罪、受贿罪定罪处罚，并应当数罪并罚。廖某伦归案后，能够如实述自己的犯罪事实，自愿认罪，退清了全部赃款，认罪态度较好，依法酌定予以从轻处罚。

【裁判结果】

四川省金堂县人民法院依照《全国人民代表大会常务委员会关于〈中华人民共和国刑法〉第九十三条第二款的解释》《刑法》第九十三条第二款、第三百八十二条第一款、第三百八十三条第一款第三项、第三百八十五条第一款、第三百八十六条、第六十九条、第六十四条之规定，判决如下：一、被告人廖某伦犯贪污罪，判处有期徒刑一年，犯受贿罪，判处有期徒刑一年，决定执行有期徒刑一年三个月；二、被告人廖某伦犯罪所得赃款人民币30840元，其中受贿所得人民币12000元予以没收，贪污所得人民币18840元发还被害单位赵镇人民政府。

一审宣判后，被告人廖某伦没有提出上诉，公诉机关亦未抗诉，判决已发生法律效力。

【法理评析】

村民小组长等基层组织人员是否具有刑法意义上的国家工作人员身份而成立贪污、受贿、挪用公款等犯罪，需要结合其实施的行为具体判断。根据2000年《全国人民代表大会常务委员会关于〈中华人民共和国刑法〉第九十三条第二款的解释》（以下简称《立法解释》）的规定，村民委员会等村基层组织人员协助人民政府从事下列行政管理工作，属于《刑法》第九十三条第二款规定的"其他依照法律从事公务的人员"：（1）救灾、抢险、防汛、优抚、扶贫、移民、救济款物的管理；（2）社会捐助公益事业款物的管理；（3）国有土地的经营和管理；（4）土地征收、征用补偿费用的管理；（5）代征、代缴税款；（6）有关计划生育、户籍、征兵工作；（7）协助人民政府从事的其他行政管理工作。2003年11月13日最高人民法院印发的《全国法院审理经济犯罪案件工作座谈会纪要》也就贪污贿赂犯罪和渎职犯罪的主体问题作出如下解释："刑法第九十三条第二款规定的'其他依照法律从事公务的人员'应当具有两个特征：一是在特定条件下行使国家管理职能；二是依照法律规定从事公务。具体包括：（1）依法履行职责的各级人民代表大会代表；（2）依法履行审判职责的人民陪审员；（3）协助乡镇人民政府、街道办事处从事行政管理工作的村民委员会、居民委员会等农村和城市基层组织人员；（4）其他由法律授权从事公务的人员。"

按照上述立法解释的精神和司法解释的规定，"其他依照法律从事公务的人员"与国有公司、企业、事业单位、人民团体中从事公务的人员以及受国有单位委派从事公务的人员不同的是，这类人员只是"在特定条件下"行使代表国家的公共事务以及监督、管理国有财产的职能，或者说，这类人员从其本身所固有的职责来看，并无从事公务和行使国家公共事务的职能，而是其特定条件下职责的要求。例如，人大代表来自各行各业，其本身不具有国家管理的职责，不具有国家工作人员的身份。但是，根据我国《宪法》《中华人民共和国地方各级人民代表大会和地方各级人民政府组织法》《中华人民共和国全国人民代表大会和地方各级人民代表大会代表法》的规定，各级人大代表在开会和闭会期间，均享有一定的从事国家管理工作的职权。也就是说，人大代表在依法履行职责这一特定时期、特定事务时，就行使着国家管理的职权，属于国家工作人员。

  本案中，被告人廖某伦系金堂县赵镇十里社区三组副组长，属于"村基层组织人员"，其是否属于《刑法》第九十三条第二款所规定的"其他依照法律从事公务的人员"，关键还应从其是否"依照法律从事公务"这一国家工作人员的本质属性来考察。赵镇人民政府受上级人民政府的委托开展"干道2号"项目的征地拆迁安置工作，虽然征地拆迁安置工作不在《立法解释》列明的六项具体行政管理工作中，但根据《征用土地公告办法》第十一条有关征地补偿、安置方案经批准后，由有关市、县人民政府土地行政主管部门组织实施的规定，征地拆迁安置工作具有政府管理性质，应当属于《立法解释》第一款第七项所规定的"协助人民政府从事的其他行政管理工作"的范围。被告人廖某伦基于村民小组副组长的特定身份，应赵镇人民政府的要求和村委会的指派，在征地拆迁行政管理工作中，具体从事的被拆迁户资料收集、统计上报，指认被拆迁房屋及附属物，带领拆迁工作人员丈量、核实被拆迁房屋及附属物等协助工作，均是协助人民政府从事的行政管理工作。因此，被告人廖某伦在从事上述协助工作时，属于《刑法》第九十三条第二款规定的"其他依照法律从事公务的人员"，应当以国家工作人员论。在从事上述公务活动过程中，被告人廖某伦利用协助拆迁安置工作的便利，虚构被拆迁户及其房屋的情况，骗取拆迁安置补偿费18840元非法据为己有；接受被拆迁人之请，为其谋取非法利益，收受其金钱12000元，已分别构成了贪污罪、受贿罪。

5. 樊某华等职务侵占案[①]

——村基层组织人员协助人民政府从事土地征收、征用补偿费用的管理活动，不包括对来源于补偿款，但所有权已归属村集体款项的管理

【基本案情】

被告人樊某华，北京市海淀区苏家坨镇车耳营村原党支部书记、村委会委员。因涉嫌贪污罪，于 2018 年 10 月 25 日被北京市海淀区监察委员会留置，2019 年 4 月 16 日被刑事拘留，同年 4 月 24 日被逮捕。

被告人李某和，北京市海淀区苏家坨镇车耳营村原村委会主任、党支部委员。因涉嫌贪污罪，于 2018 年 10 月 17 日被北京市海淀区监察委员会留置，2019 年 4 月 16 日被刑事拘留，同年 4 月 24 日被逮捕。

被告人张某栋，北京海创房地产土地评估有限公司原法定代表人、副总经理。因涉嫌贪污罪，于 2018 年 10 月 17 日被北京市海淀区监察委员会留置，2019 年 4 月 16 日被刑事拘留，同年 4 月 24 日被逮捕。

被告人张某跃，北京市土地整理储备中心海淀区分中心原办事员（已退休）。因涉嫌贪污罪，于 2019 年 4 月 24 日被取保候审。

被告人于某强，北京市海淀区苏家坨镇城镇管理科原主任科员、规划建设与环境保护办公室原主任科员（已退休）。因涉嫌犯贪污罪，于 2019 年 4 月 24 日被取保候审。

北京市人民检察院第一分院起诉书指控称：被告人樊某华、李某和、张某栋、张某跃、于某强于 2009 年年底至 2010 年年初期间，在参与北京市海淀区

---

① 参见北京市第一中级人民法院（2019）京 01 刑初 51 号刑事判决书。

凤凰岭旅游设施二期土地一级开发项目征地拆迁补偿工作过程中，经过共谋，利用樊某华担任北京市海淀区苏家坨镇车耳营村党支部书记、被告人李某和担任北京市海淀区苏家坨镇车耳营村村民委员会主任，二人协助北京市海淀区苏家坨镇人民政府从事车耳营村拆迁补偿工作的职务便利，利用被告人张某跃担任北京市土地整理储备中心海淀区分中心（以下简称土储海淀分中心）办事员，负责配合办理征地拆迁前期手续及监督检查项目资金的职务便利，利用被告人于某强担任北京市海淀区苏家坨镇人民政府（以下简称苏家坨镇政府）城镇建设管理科主任科员，负责项目相关部门单位的对接协调工作及监督补偿款发放的职务便利，伙同该项目评估公司工作人员被告人张某栋，采取签订虚假租地协议书申请地上物拆迁补偿款等手段，共同骗取国家拆迁补偿资金人民币 4489689 元。五被告人合伙将该款瓜分，其中樊某华分得人民币 165 万元、李某和分得人民币 130 万元、张某栋分得人民币 33 万余元、张某跃分得人民币 30 万元、于某强分得人民币 30 万元，另人民币 60 万元由樊某华、李某和支配。

案发后，被告人樊某华、李某和、张某栋、张某跃、于某强或其亲属分别向办案机关退缴款项人民币 165 万元、50 万元、33 万元、30 万元、30 万元，共计退缴人民币 308 万余元。

北京市人民检察院第一分院向北京市第一中级人民法院移送了证人证言、被告人供述、鉴定意见及书证材料等证据，认为被告人樊某华、李某和、张某跃、于某强身为国家工作人员，利用职务上的便利，伙同被告人张某栋，非法占有公共财物，数额特别巨大，上述被告人的行为触犯了《刑法》第三百八十二条第一款、第三百八十三条第一款第三项、第二十五条，犯罪事实清楚，证据确实、充分，均应以贪污罪追究其刑事责任。提请法院依法惩处。

被告人樊某华在庭审中辩解称：其初衷不是获取违法所得，是因补偿款过低与工作组进行的协商，其不是主犯；其认为有工作组的同意以及村长的参与，补偿形式应是符合法律规定的；因法律意识淡薄，做错了事，认罪、悔罪。其有主动到案情节，能够如实供述犯罪事实。

被告人樊某华的辩护人的主要辩护意见为：对起诉书指控贪污罪的定性没有异议。指控的犯罪数额 448 万元，樊某华与其他被告人没有共同犯罪故意；樊某华家所获补偿款过低，其要求"二次补偿"没有超过最高补偿标准，且经工作组同意；樊某华事前不明知"二次补偿"采用虚假租地协议形式；樊某华在拆迁工作中只是辅助作用，是从犯；樊某华有自首情节，已主动退缴

165万元，且一贯表现良好。请求对樊某华从轻处罚。

被告人李某和在庭审中辩解称：其只得了130万元，并能全部退赃，认罪、悔罪，希望法庭从轻处罚。

被告人李某和的辩护人主要辩护意见为：李某和不具备国家工作人员身份，其行为发生在村集体获得拆迁补偿款以后，在对本村拆迁户进行分配的过程中，系在村民自治范围内处理集体事务，不应认定为协助政府执行政府事务；拆迁款发放至车耳营村后该款属村集体所有，不属于起诉书指控的"国家拆迁资金"；李某和仅应对130万元承担责任，其对448万余元缺乏认识，与其他被告人之间没有共谋；李某和有自首情节；其全部退赃，在共同犯罪中作用小，到案后如实供述罪行，系初犯偶犯、认罪悔罪。

被告人李某和的辩护人主要辩护意见为：李某和不是国家工作人员，不属于从事公务的人员，土储海淀分中心与车耳营村的协议是完全平等主体之间的协议；苏家坨镇政府不是项目中的权利义务主体，仅为监督方；涉案钱款不属于国家拆迁补偿款，其性质属集体所有，被告人的行为应构成职务侵占罪；李某和不应对448万余元承担责任；李某和积极退赃，有悔罪表现。

被告人张某栋的辩护人主要辩护意见为：本案属职务侵占性质。涉案448万余元是村集体财产，非国有财产，与集体保管使用的其他财产性质一致，钱款来源虽为土储海淀分中心，但作为补偿款发放到村集体为集体财产性质；在三方协议中，虽然有苏家坨镇政府参与，但其属于没有实际权利义务的一方；对车耳营村的补偿款以评估报告为依据，1.7亿元为固定数额，不存在多退少补的情况；448万余元转到村集体后被据为己有，未使国家遭受损失，李某和、樊某华利用了管理村财务上的便利，不属于协助人民政府从事公务的活动，张某跃、于某强没有对村集体财产的管理、经手权力；张某栋系从犯，没有对涉案款项的管理权；能够如实供述犯罪事实，积极退赃。请求对其从轻减轻处罚。

被告人张某栋的辩护人向法庭提交了张某栋的亲属代其向法庭退缴的案款收据，用以证实张某栋已将所得赃款全部退缴。

被告人张某跃在庭审中表示认罪、悔罪，且能如实供述犯罪事实，退赔了违法所得。

被告人于某强在庭审中表示认罪悔罪，且能如实供述犯罪事实，退赔了全部赃款。

北京市第一中级人民法院经审理查明：2009年8月，土储海淀分中心作为北京市海淀区凤凰岭旅游设施二期土地一级开发项目的开发主体单位，通过招标委托北京海创房地产评估有限公司（以下简称海创公司）对开发项目范围内的车耳营村土地上的地上物及附属物的拆迁补偿价格进行评估。2009年10月，经评估车耳营村地上物及附属物的补偿价格为171916800元。2009年11月13日，土储海淀分中心委托拆迁公司与车耳营村村民委员会签订地上物及其他附属物补偿协议书，约定补偿款为171916800元。2009年11月27日，土储海淀分中心与车耳营村村民委员会、苏家坨镇政府签署补偿款付款协议书，约定171916800元先由土储海淀分中心转入苏家坨镇政府，资金到账后3日内再由苏家坨镇政府拨付给车耳营村专用的监管账户内。2009年11月25日，土储海淀分中心向苏家坨镇政府支付地上物补偿款的60%即103150100元，2009年12月2日，苏家坨镇政府将该款转入车耳营村村委会在农商银行的账户内。2009年12月16日，车耳营村将该款转入专用的监管账户内。

2009年12月至2010年1月间，被告人樊某华、李某和、张某栋、张某跃、于某强在参与北京市海淀区凤凰岭旅游设施二期土地一级开发项目征地拆迁补偿工作过程中，樊某华、李某和以其各自家庭在拆迁补偿过程中少分补偿款为由，与土储海淀分中心、苏家坨镇政府在项目中负责监督协调的被告人张某跃、于某强及评估公司工作人员被告人张某栋商议进行再次补偿。经五人共谋，利用樊某华在车耳营村任党支部书记、村委会委员，被告人李某和在车耳营村任村委会主任、党支部委员，负责车耳营村委会与被该项目占地的村民签署地上物及附属物补偿协议、申请补偿资金拨付的职务便利，由被告人张某栋虚构租地、补偿合同，骗取土储海淀分中心通过苏家坨镇政府支付至车耳营村的地上物及附属物补偿款中的4489689元。五被告人合伙将该款瓜分，其中樊某华以"二次补偿"名义分得165万元、李某和以"二次补偿"名义分得130万元、张某栋以"辛苦费"名义分得33万余元、张某跃以"辛苦费"名义分得30万元、于某强以"辛苦费"名义分得30万元，另60万元由樊某华、李某和支配。

案发后，樊某华退缴赃款165万元，李某和退缴赃款50万元，张某栋退缴赃款339552.91元，张某跃退缴赃款30万元，于某强退缴赃款30万元。在法院庭审后，李某和的亲属向法庭退缴了80万元、张某栋的亲属向法庭退缴了130.09元。另有10万元已被监察机关追缴。以上共计追缴涉案钱款398.9689万元。

2018年10月17日，被告人李某和、张某栋被北京市海淀区监察委员会电话通知谈话，当日被采取留置措施；2018年10月25日，被告人樊某华被北京市海淀区监察委员会电话通知谈话，当日被采取留置措施；2018年10月19日，被告人张某跃、于某强被北京市海淀区监察委员会电话通知谈话，二人于2019年4月24日被北京市海淀区人民检察院取保候审。

【裁判理由】

北京市第一中级人民法院认为，被告人樊某华、李某和作为村基层组织工作人员，利用职务上的便利，伙同被告人张某栋、张某跃、于某强，采取虚构租地及补偿协议的手段，将村集体财产非法占有，其行为均已构成职务侵占罪。北京市人民检察院第一分院指控被告人樊某华、李某和、张某栋、张某跃、于某强犯罪的事实清楚，但定性有误，法院予以纠正。对于被告人李某和的辩护人以及被告人张某栋的辩护人关于本案被告人行为不构成贪污罪，应属职务侵占性质的辩护意见，经查：涉及本案的土地征用过程中，土储海淀分中心委托海创公司对地上物及附属物进行补偿价格评估，除海创公司之外，村委会、土储海淀分中心、苏家坨镇政府均派员参与工作，在评估过程中未出现虚报地上物及附属物情况，土储海淀分中心依据评估报告将对车耳营村地上物及附属物的补偿数额，经与车耳营村进行协商，确定为171918600元。土储海淀分中心委托北京市建喜联征地拆迁有限公司与车耳营村村委会签署了地上物及其他附属物补偿协议书以及此后签署了付款协议书后，陆续支付了车耳营村村委会补偿费用，该款到达村委会账户后，再由车耳营村村委会对租赁集体土地的农户进行补偿款的分配。按照协议约定，补偿资金进入村集体账户，由车耳营村对土储海淀分中心承担交付土地及地上物义务。车耳营村村委会对租地农户的补偿款分配，由村委会与农户签署解除租赁及补偿协议，虽然张某跃、于某强受单位委派在车耳营村进行监督协调，但补偿方案无需经土储海淀分中心或苏家坨镇政府确定，补偿过程中的全部手续材料亦由车耳营村自行保管，不再交土储海淀分中心或苏家坨镇政府审核，系村集体自治行为。故无证据证实，樊某华、李某和代表村委会与租地农户签署解除租赁及补偿协议系协助人民政府从事行政管理工作。同时，按照苏家坨镇政府对农村集体土地征占收入使用管理的规定，以及补偿协议书及补偿付款协议书，土储海淀分中心将补偿款转入苏家坨镇政府账户，镇政府再将该款支付给车耳营村后，该款即成为村集体管理的财产，被告人利用在村委会任职，管理村集体事务的职务便利，以虚构租地及补偿协议手段骗取集体财产，应以职务侵占罪认定。因此，对李某和、张某栋各自辩护人的此项辩护意见，法院予以采纳。

对于被告人樊某华及其辩护人、被告人李某和及其辩护人关于樊某华、李某和不应对全部数额承担责任的辩解及辩护意见，经查：各被告人的供述均可证实，五被告人一起商议了以虚假补偿手续再获取补偿款的事实。其中樊某华不仅明知其与李某和各自再获"补偿"的数额，还同意其他三名被告人分获"辛苦费"，另将60余万元送交他人或与李某和分赃；李某和不仅对上述情况明知，还直接经手办理了张某1名下的租地协议，且在有张某1补偿数额的专项资金申请手续上签字。二被告人对于使用虚假补偿协议骗取补偿款有明确共谋，且共同分赃，对于全部涉案赃款数额均应承担刑事责任。因此，对被告人樊某华、李某和及其辩护人的此项意见，法院不予采纳。

被告人张某栋的辩护人关于张某栋系从犯的辩护意见，经查：张某栋虽按照共谋参与制作虚假协议、负责转款，但其不是犯意提起者，亦无职务身份，对于涉案资金没有管理权，且分赃数额较低，对于全部赃款的处置没有决定权，在共同犯罪中起次要辅助作用。因此，对张某栋的辩护人的此项意见，法院予以采纳。

【裁判结果】

北京市第一中级人民法院结合各被告人的犯罪情节以及悔罪表现，依照《刑法》第二百七十一条第一款、第二十五条第一款、第二十六条第一款及第四款、第二十七条、第六十七条第三款、第七十二条第一款、第七十三条第二款及第三款、第六十一条、第六十四条，《监察法》第四十四条第三款及《最高人民法院、最高人民检察院关于办理贪污贿赂刑事案件适用法律若干问题的解释》第十一条第一款的规定，判决如下：一、被告人樊某华犯职务侵占罪，判处有期徒刑七年。二、被告人李某和犯职务侵占罪，判处有期徒刑七年。三、被告人张某栋犯职务侵占罪，判处有期徒刑三年六个月。四、被告人张某跃犯职务侵占罪，判处有期徒刑三年，缓刑五年。五、被告人于某强犯职务侵占罪，判处有期徒刑三年，缓刑五年。六、在案扣押的人民币3889689元发还北京市海淀区苏家坨镇车耳营村。七、责令被告人樊某华、李某和退赔违法所得人民币50万元，发还北京市海淀区苏家坨镇车耳营村。

一审判决宣告后，各被告人均未在法定期限内提出上诉，检察机关亦未抗诉，判决生效。

【法理评析】

关于本案五被告人行为的定性，公诉机关将被告人张某栋（无国家工作人员身份）和樊某华、李某和、张某跃、于某强等其他四被告人作为贪污罪的共犯一并指控的，法律依据是樊某华、李某和、张某跃、于某强4人均是从事土地征收补偿费用管理的国家工作人员，其中樊某华、李某和作为村干部，属于2000年4月29日《全国人大常委会关于〈中华人民共和国刑法〉第九十三条第二款的解释》（以下简称《立法解释》）所规定的协助人民政府从事土地征收、征用补偿费用的管理活动的人员、以国家工作人员论，五被告人内外勾结侵吞国家土地征用补偿款的行为成立贪污罪。

案件进入审判阶段后，李某和、张某栋的辩护人提出本案属于职务侵占而非贪污的辩护意见，具体理由是本案中被告人樊某华、李某和为实行犯，作为非国家工作人员，利用其主管、管理村集体所有财产的职务便利，伙同外部人员被告人张某栋、张某跃、于某强三人共同侵吞村集体财产，外部人员为帮助犯。法院对于上述辩护意见予以采纳，将本案定性为职务侵占罪。

笔者认为，法院的裁判正确。兹详细评析如下：

1. 涉案448万余元款项的性质是村集体财产，而非国家财产，其与村委会自主经营、管理的其他财产在性质上没有任何区别。

本案所涉及的448万余元款项，虽然来源于代表国家的北京市土地整理储备中心海淀分中心所支付的地上物及其他附属物补偿款，或者说这些被侵吞的款项是海淀土地储备中心支付给村委会的补偿款而被村集体截留的一部分。但是，本案五名被告人商议和实施非法占有448余万元之时，这笔款项已经成为村集体的财产。北京市土地整理储备中心海淀区分中心（甲方）与车耳营村委会（乙方）、苏家坨镇政府（丙方）之间签订的《地上物及其他附属物补偿付款协议书》，以合同的形式明确了补偿范围、付款依据及补偿款金额（171916800元）、补偿款支付办法。按照这份协议，国家需要支付给车耳营村委会的补偿款金额是确定、固定的；国家根据上述协议支付的补偿款先行划拨到苏家坨镇政府账户上，资金到账后几日内从镇政府拨付到车耳营村委会专用的监管账户内。海淀土地储备中心的补偿款划拨到车耳营村委会账户后，村民与村委会开始签订《拆迁补偿及解除合同协议书》，村民从村委会获取征地安置补偿款和地上物及其他附属物补偿款的工作至2009年年底、2010年年初基本完成。这意味着，五被告人商议、实施套取448余万元款项之时，国家向村委会支付土地补偿款的工作早已实施完毕,而且村民与村委会签订《拆迁补偿及解除合同协议书》、按照协议领取补偿款的工作也基本完成。因此,涉案的 448 万余元,实际上系村委会依据其与各村民之间补偿协议支付补偿款完成之后、剩余的村集体经济组织的财产,性质和用途实际上已不再是属于国有财产;这些剩余的款项,既不会作为补偿款支付给村民,依照国土储备中心与车耳营村委会、苏家坨镇政府之间的《地上物及其他附属物补偿付款协议书》,也不可能返还国家(即不是属于应该由国家收回的款项),而是归属于村集体经济组织,理应由村集体支配使用的财产。这笔款项和村集体从事其他经营和管理活动的财产在性质和地位上完全一样。当然,即便是涉案行为发生在村委会补偿村民工作完成之前,也不影响涉案款项 448 万元属于村集体的性质。假如因为被告人侵吞 448 万元后导致村委会无力支付某些村民的补偿款,也只能由村委会承担责任,国家支付补偿款给村委会实际上是根据评估和拆迁协议进行固定、包干的方式,不存在"多退少补"的问题。

值得注意的是,涉案款项的来源是国家财政,并不能成为案发时其属于国家财产的依据。事实上,款项的来源和款项的性质是两个概念,来源于国家的财产并非永远是国有,正如国家财政收入均基本来源于纳税人,但不能说国家的财产属于私有。本案涉案款项 448 万元在源头上是国家,但在五被告人实施行为时性质已经成为村集体所有。作为村干部的樊某华、李某和利用职务便利对自己负有主管、管理职责的村集体财产予以侵吞,属于职务侵占罪的实行犯而非贪污罪的实行犯,法益侵害性质属于对村集体经济组织财产权的侵害而不属于对国家财产的侵害。

在樊某华、李某和成立职务侵占罪的前提下,伙同其侵吞集体财产的张某栋、张某跃、于某强等 3 人,无疑也成为职务侵占罪的共犯而非贪污罪的共犯。

2. 五被告人套取 448 万元款项,并非发生在被告人樊某华、李某和从事《立法解释》规定的"协助人民政府从事行政管理工作"情形下;其利用职务上的便利侵吞 448 万余元,不属于以国家工作人员身份实施的贪污行为。

《刑法》第九十三条所规定的国家工作人员身份,不是一个静态、形而上的范畴;行为人是否国家工作人员,要具体结合涉案行为的性质和内容进行判断——行为人是否属于国家工作人员的标准,是其实施行为的性质是否"从事公务"(即涉案行为在意志上是否代表国家,在工作类型上是否属于从事组织、管理、监督、协调等职能工作)。包括村支部书记、村委会主任等人员在内的基层组织人员是否属于国家工作人员、其利用职务上的便利侵吞公共财物，是成立贪污罪还是职务侵占罪，无法从形式上作出正确判断（更不能脱离案件具体事实，笼统地认定其是国家工作人员或不是国家工作人员），而实质标准仍然为涉案行为是否"从事公务"。

公诉机关指控被告人樊某华、李某和属于国家工作人员、成立贪污罪的依据是《立法解释》规定。但是，《立法解释》规定属于从事公务的村民委员会等基层组织人员协助人民政府从事"土地征收、征用补偿费用的管理"，并不是泛指一切与土地征收、征用补偿费用有关的事务，特别是未将最初来源于补偿款的款项管理事务都认定为从事公务。否则，必然违反《刑法》第九十三条和《立法解释》对相关职务犯罪进行实质区分、区别对待侵害不同法益行为性质的精神。

不可否认，本案中被告人樊某华、李某和在海淀土地整理储备中心将补偿款划拨至苏家坨镇政府账户之前，所从事的土地征用及安置补偿相关工作，都属于协助人民政府从事行政管理工作的从事公务，此时具有国家工作人员身份。当然，被告人张某跃此时作为土地整理储备中心办事员，负责配合办理征地拆迁前期手续及监督检查国家的项目资金，本属国家工作人员；被告人于某强作为镇政府城建科主任科员，负责项目相关部门的对接协调工作及监督补偿款发放，履行职责时当然也属于国家工作人员。因此，假如数被告人在车耳营村委会与北京市土地整理储备中心海淀区分中心签订协议书之前、签订之时，在协助政府开展丈量、核准、测算土地面积，在协助政府清点、确认、统计土地、登记地上附着物时虚构补偿项目或多报土地面积、地上附着物数及青苗补偿亩数等方面弄虚作假，故意虚假评估（高估），欺骗土地整理储备中心等相关部门，从而套取补偿款据为己有，致使国家多出补偿款、遭受损失的，毫无疑问成立以国家工作人员为特殊主体身份的贪污罪。

然而，本案五被告人套取448万余元的行为，发生在国家相关补偿款划拨至村委会之后，甚至都在村民获得补偿款之后，被告人套取款项的行为没有使国家遭受损失、多给付补偿款。五被告人实际上是内外合谋，把村委会账户中来源于国家土地补偿款的、被村委会截留的，或者说在依约补偿农民之后盈余的部分款项，通过利用被告人樊某华、李某和的职务便利据为己有，这无疑属于侵犯集体经济组织财产权的职务侵占罪。而事实上，村委会给农民发放完补偿款后，对补偿款结余部分形成的村集体财产的管理，也已经不属于协助人民政府从事公务的活动，不能认为被告人樊某华、李某和利用了协助人民政府从事公务的职务便利侵吞公共财物。

由于对于涉案448万余元资金,只有被告人樊某华、李某和作为车耳营村干部才具有主管、管理的职务便利,被告人张某跃、于某强两人在补偿款支付到村委会后,则不存在监督发放或主管、管理、经手的职务便利。被告人张某栋更是没有对这些财产的管理支配权力。被告人张某跃、于某强被认定为国家工作人员,只是相对于其配合征地拆迁前期手续、对国家资金核算、支付和国家向村委会发放补偿款的职责而言——如果涉案行为不在其职责范围内、未利用其本人职务便利与他人(利用他人职务便利)共同实施犯罪,行为人并不属于国家工作人员范畴,实际上不构成国家工作人员主体的身份犯。此时,共同犯罪的性质取决于具有职务便利的人员的身份。

6. 杨某虎等贪污案[①]

——如何认定贪污罪的利用职务上的便利

【基本案情】

被告人杨某虎于1996年8月任浙江省义乌市委常委,2003年3月任义乌市人大常委会副主任,2000年8月兼任中国小商品城福田市场(2003年3月改称中国义乌国际商贸城,以下简称国际商贸城)建设领导小组副组长兼指挥部总指挥,主持指挥部全面工作。2002年,杨某虎得知义乌市稠城街道共和村将列入拆迁和旧村改造范围后,决定在该村购买旧房,利用其职务便利,在拆迁安置时骗取非法利益。杨某虎遂与被告人王某芳(杨某虎的妻妹)、被告人郑某潮(王某芳之夫)共谋后,由王、郑二人出面,通过共和村村民王某某,以王某芳的名义在该村购买赵某某的3间旧房(房产证登记面积61.87平方米,发证日期1998年8月3日)。按当地拆迁和旧村改造政策,不论赵某某有无该旧房,其所得安置土地面积均相同,事实上赵某某也按无房户得到了土地安置。2003年3~4月,为使3间旧房所占土地确权到王某芳名下,在杨某虎指使和安排下,郑某潮再次通过共和村王某某,让该村村民委员会及其成员出具了该3间旧房系王某芳1983年所建的虚假证明。杨某虎利用职务便利,要求兼任国际商贸城建设指挥部分管土地确权工作的副总指挥、义乌市国土资源局副局长吴某某和指挥部确权报批科人员,对王某芳拆迁安置、土地确权予以关照。国际商贸城建设指挥部遂将王某芳所购房屋作为有村证明但无产权证的旧房进行确权审核,上报义乌市国土资源局确权,并按丈量结果认定其占地面积64.7平方米。

此后,被告人杨某虎与郑某潮、王某芳等人共谋,在其岳父王某祥在共和

---

① 参见2012年9月18日《最高人民法院关于发布第三批指导性案例的通知》指导案例11号。

村拆迁中可得25.5平方米土地确权的基础上,于2005年1月编造了由王某芳等人签名的申请报告,谎称"王某祥与王某芳共有三间半房屋,占地90.2平方米,二人在1986年分家,王某祥分得36.1平方米,王某芳分得54.1平方米,有关部门确认王某祥房屋25.5平方米、王某芳房屋64平方米有误",要求义乌市国土资源局更正。随后,杨某虎利用职务便利,指使国际商贸城建设指挥部工作人员以该部名义对该申请报告盖章确认,并使该申请报告得到义乌市国土资源局和义乌市政府认可,从而让王某芳、王某祥分别获得72平方米和54平方米(共126平方米)的建设用地审批。按王某祥的土地确权面积仅应得36平方米建设用地审批,其余90平方米系非法所得。2005年5月,杨某虎等人在支付选位费245520元后,在国际商贸城拆迁安置区获得两间店面72平方米土地的拆迁安置补偿(案发后,该72平方米的土地使用权被依法冻结)。该处地块在用作安置前已被国家征用并转为建设用地,属国有划拨土地。经评估,该处每平方米的土地使用权价值35270元。杨某虎等人非法所得的建设用地90平方米,按照当地拆迁安置规定,折合拆迁安置区店面的土地面积为72平方米,价值2539440元,扣除其支付的245520元后,实际非法所得2293920元。

此外,2001年至2007年间,被告人杨某虎利用职务便利,为他人承揽工程、拆迁安置、国有土地受让等谋取利益,先后非法收受或索取57万元,其中索贿5万元。

【裁判理由】

法院生效裁判认为:关于被告人杨某虎的辩护人提出杨某虎没有利用职务便利的辩护意见。经查,义乌国际商贸城指挥部系义乌市委、市政府为确保国际商贸城建设工程顺利进行而设立的机构,指挥部下设确权报批科,工作人员从国土资源局抽调,负责土地确权、建房建设用地的审核及报批工作,分管该科的副总指挥吴某某也是国土资源局的副局长。确权报批科作为指挥部下设机构,同时受指挥部的领导,作为指挥部总指挥的杨某虎具有对该科室的领导职权。贪污罪中的"利用职务上的便利",是指利用职务上主管、管理、经手公共财物的权力及方便条件,既包括利用本人职务上主管、管理公共财物的职务便利,也包括利用职务上有隶属关系的其他国家工作人员的职务便利。本案中,杨某虎正是利用担任义乌市委常委、义乌市人大常委会副主任和兼任指挥部总指挥的职务便利,向下属的土地确权报批科人员及其分管副总指挥打招呼，才使得王某芳等人虚报的拆迁安置补偿得以实现。

关于被告人杨某虎等人及其辩护人提出被告人王某芳应当获得土地安置补偿，涉案土地属于集体土地，不能构成贪污罪的辩护意见。经查，王某芳购房时系居民户口，按照法律规定和义乌市拆迁安置有关规定，不属于拆迁安置对象，不具备获得土地确权的资格，其在共和村所购房屋既不能获得土地确权，又不能得到拆迁安置补偿。杨某虎等人明知王某芳不符合拆迁安置条件，却利用杨某虎的职务便利，通过将王某芳所购房屋谎报为其祖传旧房、虚构王某芳与王某祥分家事实，骗得旧房拆迁安置资格，骗取国有土地确权。同时，由于杨某虎利用职务便利，杨某虎、王某芳等人弄虚作假，既使王某芳所购旧房的房主赵某某按无房户得到了土地安置补偿，又使本来不应获得土地安置补偿的王某芳获得了土地安置补偿。根据《土地管理法》的规定，我国土地实行社会主义公有制，即全民所有制和劳动群众集体所有制，并可以依法确定给单位或者个人使用。对土地进行占有、使用、开发、经营、交易和流转，能够带来相应经济收益。因此，土地使用权自然具有财产性利益，无论国有土地，还是集体土地，都属于《刑法》第三百八十二条第一款规定中的"公共财物"，可以成为贪污的对象。王某芳名下安置的地块已在2002年8月被征为国有并转为建设用地，义乌市政府文件抄告单也明确该处的拆迁安置土地使用权登记核发国有土地使用权证。因此，杨某虎等人及其辩护人所提该项辩护意见，不能成立。

综上，被告人杨某虎作为国家工作人员，利用担任义乌市委常委、义乌市人大常委会副主任和兼任国际商贸城指挥部总指挥的职务便利，伙同被告人郑某潮、王某芳以虚构事实的手段，骗取国有土地使用权，非法占有公共财物，三被告人的行为均已构成贪污罪。杨某虎还利用职务便利，索取或收受他人贿赂，为他人谋取利益，其行为又构成受贿罪，应依法数罪并罚。在共同贪污犯罪中，杨某虎起主要作用，系主犯，应当按照其所参与或者组织、指挥的全部犯罪处罚；郑某潮、王某芳起次要作用，系从犯，应减轻处罚。故一、二审法院依法作出如上裁判。

【裁判结果】

浙江省金华市中级人民法院于2008年12月15日作出（2008）金中刑二初字第30号刑事判决：一、被告人杨某虎犯贪污罪，判处有期徒刑十五年，并处没收财产20万元；犯受贿罪，判处有期徒刑十一年，并处没收财产10万元；决定执行有期徒刑十八年，并处没收财产 30 万元。二、被告人郑某潮犯贪污罪，判处有期徒刑五年。三、被告人王某芳犯贪污罪，判处有期徒刑三年。

宣判后，三被告人均提出上诉。浙江省高级人民法院于 2009 年 3 月 16 日作出（2009）浙刑二终字第 34 号刑事裁定，驳回上诉，维持原判。

【法理评析】

1999 年 9 月 16 日《最高人民检察院关于人民检察院直接受理立案侦查案件中立案标准的规定（试行）》，对于贪污罪中的"利用职务上的便利"解释为："'利用职务上的便利'，是指利用职务上主管、管理、经手公共财物的权力及方便条件。"2012 年 9 月 18 日《最高人民法院关于发布第三批指导性案例的通知》指出：贪污罪中"利用职务上的便利"，是指利用职务上主管、管理、经手公共财物的权力及方便条件，既包括利用本人职务上主管、管理公共财物的职务便利，也包括利用职务上有隶属关系的其他国家工作人员的职务便利。

在内涵上，所谓"主管"，是指行为人本人虽然不具体管理、经手公共财物，但是对公共财物的具有调拨、统筹、处置的决定权、决策权、支配权。比如国家行政机关的市长、县长、处长、科长在一定范围内拥有调配、处置本单位甚至下属单位公共财物的权力。"管理"，是指行为人对公共财物直接负有保管、处理、使用的职权。比如国家机关、国有公司、企业、事业单位、人民团体的会计、出纳具有管理本单位财务、直接掌管资金的权力。"经手"是指行为人虽无决定对公共财物进行调拨、统筹、使用的权力，也不具有管理、处置公共财物的职权，但因为工作需要，公共财物由其过手、领取、使用，行为人对公共财物具有实际控制权。主管、管理的职务便利，既可以是本人职务上的便利，也可以是本人职务上对他人有制约关系的便利。比如，主管部门领导对下属单位的财物，具有通过该下属单位领导职务便利的调拨、处置权。利用这样的职务便利调拨处置下属单位的财物非法占有，也可以成立贪污罪。

本案被告人杨某虎本人虽然不具体管理、经手公共财物，但其作为义乌市委常委、义乌市人大常委会副主任和兼任国际商贸城建设指挥部总指挥，对其下属国际商贸城建设指挥部分管土地确权工作的副总指挥、义乌市国土资源局副局长吴某某和指挥部确权报批科人员具有命令权，其通过命令下级机构及工作人员的方式获得了对公共财物的调拨、处置权，即被告人杨某虎具有主管公共财物的职务便利。被告人杨某虎利用了自己主管公共财物的职务便利，伙同他人非法占有公共财物，其行为应当成立贪污罪。本案在贪污数额方面尚有值得探讨的问题，即杨某虎等人为其非法所得的90平方米建设用地所支付的选位费245520元，应否从贪污数额中予以扣除。笔者认为，选位费应当视为犯罪成本，不应抵销贪污数额，故不应予以扣除。

7. 杜某重、郑某民等盗窃案[①]

——内外勾结窃取单位财物情形下贪污罪与盗窃罪的区分

【基本案情】

被告人杜某重，原系通辽铁路分局通辽房产建筑段保卫科科长（国有企业从事公务，是国家工作人员），2002年5月21日因本案被逮捕。

被告人郑某民，原系通辽铁路分局通辽车务段五道木车站副站长，2002年5月21日因本案被逮捕。

被告人单某双，原系通辽铁路分局通辽房产建筑段保卫科巡守员，2002年5月21日因本案被逮捕。

被告人韩某丰，2002年5月21日因本案被逮捕。

2001年12月的一天，身为通辽铁路房产段保卫科科长的被告人杜某重接到他人电话举报后，凌晨时分在通辽铁路房产段储煤场当场抓获了正在窃煤的被告人郑某民、单某双等人，杜某重遂对他们进行了罚款处理。为了能继续偷煤，郑某民与在储煤场任门卫的舅舅被告人单某双商量，一块请杜某重吃饭。席间，郑某民与杜某重就对外偷运煤炭之事一拍即合，但杜某重提出什么时间偷，偷多少要由他决定，郑某民负责和他联系，并负责联系装运车辆和处理煤炭。尔后，郑某民和家里有汽车的农民被告人韩某丰联系，开始，郑某民称有单位要处理点煤，但韩某丰随郑某民夜晚窜入储煤场拉煤，感到十分恐惧。郑某民安抚韩某丰说有管保卫的杜某重一块干没事，韩某丰继续参与拉煤且每次把煤买下后当场支付现金，然后再销赃得利。在4个月间，由郑某民与杜某重

[①] 最高人民法院中国应用法学研究所编：《人民法院案例选》（总第47辑），人民法院出版社2005年版，第338页。

用手机联络，确定具体偷煤时间后，郑某民再联系韩某丰及张某、杨某恒、靳某（以上三人均不起诉）动用运输工具，在通辽铁路房产建筑段储煤场共同窃煤 13 次，共盗得水洗粒煤 490.425 吨，价值人民币 129960 余元。他们每次窃煤均在午夜前后，杜某重先以值班或蹲坑抓偷煤的为由将与单某双同班的另一巡守员支回家，单某双为郑某民及随行车辆开门，杜某重在院内接应并望风。每次郑某民接到韩某丰等人所付的钱款后，当即与杜某重、单某双瓜分。被告人郑某民、杜某重、单某双个人分别获得 23040 余元；被告人韩某丰参与共同盗窃 10 次，盗窃煤炭 440.425 吨，价值人民币 116710 余元，个人所得 19550 余元。被告人杜某重、单某双、韩某丰于 2002 年 4 月 14 日在盗煤时被公安人员当场抓获；被告人郑某民于当日到公安机关投案自首；韩某丰有揭发他人犯罪事实的行为，属立功。案发后，共收缴煤炭 163.4 吨，从辽河旅社收缴赃款 9880 元，上述款物已返还被盗单位。收缴韩某丰所获的赃款 4280 元、四被告人的手机 4 部，均扣押于通辽铁路运输检察院。

【裁判理由】

通辽铁路运输检察院以被告人杜某重、郑某民、单某双、韩某丰犯贪污罪，向通辽铁路运输法院提起公诉。认为被告人杜某重伙同郑某民、单某双、韩某丰等人，利用杜某重身为国有企业中从事公务人员的职务上的便利，相互勾结，监守自盗，大肆窃取公共财物，数额巨大，其行为均已构成贪污罪。在共同犯罪中，杜某重系主犯，被告人郑某民、单某双、韩某丰均系从犯，被告人郑某民犯罪后自首，被告人韩某丰犯罪后立功。

被告人杜某重提出自己的行为不是贪污，在他人盗煤时没去现场；郑某民、单某双、韩某丰对起诉书指控的犯罪事实供认不讳。韩某丰提出自己是买赃而不是盗窃的辩解；杜某重的辩护人提出杜某重不是主犯的辩护意见。

通辽铁路运输法院经公开审理认为：被告人郑某民、杜某重、单某双、韩某丰相互勾结，共同盗窃公共财物，数额特别巨大，均已构成盗窃罪。公诉机关指控四被告人的犯罪事实成立。杜某重提出盗煤时没去现场的辩解无事实根据，不予采纳。被告人韩某丰提出自己的行为是买赃而非盗窃的辩解与事实不符，不予采纳。被告人杜某重身为通辽铁路房产建筑段保卫科科长，对本段储煤场的取暖用煤负有安全保卫职责，但不具有经营管理职权。杜某重伙同他人肆意秘密窃取煤炭，其行为没有利用职务上的便利，不符合贪污罪的法律特征，检察机关认定被告人犯贪污罪的起诉意见缺少法律依据，予以改正。在共同犯罪中，被告人郑某民、杜某重相互勾结，积极组织实施盗窃，起主要作用，均系主犯，应按其所参与的全部犯罪处罚；被告人杜某重的辩护人提出杜某重不是主犯的辩护意见，理由不充分，不予采纳。被告人郑某民作案后自首，依法予以从轻处罚。被告人单某双、韩某丰在共同犯罪中起次要作用，系从犯，韩某丰有立功表现，对被告人单某双、韩某丰均予以减轻处罚。

【裁判结果】

通辽铁路运输法院依照《刑法》第二百六十四条、第二十五条第一款、第二十六条第一款和第四款、第二十七条、第六十七条第一款、第六十八条、第五十三条、第六十四条的规定，于 2002 年 9 月 11 日作出刑事判决如下：
一、被告人郑某民犯盗窃罪，判处有期徒刑十一年，并处罚金人民币 12 万元。
二、被告人杜某重犯盗窃罪，判处有期徒刑十一年，并处罚金人民币 12 万元。
三、被告人单某双犯盗窃罪，判处有期徒刑八年，并处罚金人民币 7 万元。
四、被告人韩某丰犯盗窃罪，判处有期徒刑六年，并处罚金人民币 5 万元。
五、扣押于通辽铁路运输检察院的赃款 4280 元、用于作案的通讯工具手机 4 部，依法予以收缴，返还通辽铁路房产建筑段。

宣判后，四被告人没有上诉，人民检察院也没有抗诉。

【法理评析】

《刑法》第三百八十二条第三款规定："与前两款所列人员勾结，伙同贪污的，以共犯论处。"这是关于内外勾结成立贪污罪共同犯罪的注意规定。对于此款的理解，必须注意，内外勾结的贪污罪共同犯罪之成立，是以内部人员成立贪污罪为前提的，也就是说，内部人员的行为必须符合贪污罪的构成要件——国家工作人员或者受国家机关、国有公司、企业、事业单位、人民团体委托管理、经营国有财产的人员实施了"利用职务上的便利，侵吞、窃取、骗取或者以其他手段非法占有公共财物"的行为。如果内部人员并无贪污罪职务上的便利，或者所实施的窃取财物行为，并无利用该等职务上的便利，自然不成立贪污罪，与其相勾结的外部人员，自然也不成立贪污罪的共同犯罪。

贪污罪的"利用职务上的便利"，是指行为人利用自己对公共财物（接受国有单位委派到非国有单位从事公务的人员，其贪污的对象当然也包括非国有财物甚至私有财物）的主管、管理、经手的便利条件。行为人是否具有职务上的便利，以及是否利用了职务上的便利条件实施对单位内部财物的盗窃、诈骗、侵占，是决定其行为成立贪污罪还是普通盗窃、诈骗等犯罪的关键。本案中，被告人杜某重在国有企业通辽房产建筑段担任保卫科科长，就其保卫工作职责而言，属于在国有单位中从事公务的人员，根据《刑法》第九十三条第二款的规定，应当以国家工作人员论。如其利用履行通辽房产建筑段安全保卫工作职责的便利条件侵吞本单位公共财物，应当成立贪污罪。但是，建筑段的安全保卫工作职责范围，只是对单位内部生产、生活安全的一般性管理，并不包括对单位内财物主管、管理和经手，被告人杜某重在本案中实施的非法占有本单位财物取暖煤的行为，并非利用其职责范围内的便利条件所为，不符合贪污罪"利用职务上的便利"窃取公共财物的特征，因而不成立贪污罪。就其涉案行为而言，杜某重实际上也不属于国家工作人员，其与外人相互勾结窃取本单位财物，利用的是工作上接近作案目标，作为保卫人员可为外人行窃放任通关的便利，因而成立盗窃罪。法院认定杜某重与郑某民、单某双、韩某丰成立盗窃罪的共同犯罪，是正确的。

8. 朱某岩贪污案[①]

——租赁国有企业期间倒卖国有企业资产的行为应当如何论处

【基本案情】

被告人朱某岩。原系江苏省泗阳县食品总公司肉联厂厂长，因涉嫌犯贪污罪于 2004 年 8 月 6 日被监视居住，8 月 10 日被刑事拘留，8 月 24 日被逮捕。

江苏省泗阳县人民检察院以被告人朱某岩犯贪污罪，向江苏省泗阳县人民法院提起公诉。

被告人朱某岩及其辩护人主要辩称，朱某岩不具备贪污罪的主体资格，其行为构成自首，请求从轻处罚。

江苏省泗阳县人民法院经审理查明：2002 年年底，被告人朱某岩与泗阳县食品总公司破产清算组签订租赁经营泗阳县食品总公司肉联厂（国有企业）的合同，租赁期限为 2003 年 1 月 1 日至 2003 年 12 月 31 日。协议签订前后，由韩某业、王某宇等 9 名股东经营，朱某岩任厂长，韩某业、王某宇任副厂长。由于经营亏损，股东向朱某岩索要股金。2003 年 11 月，被告人朱某岩让王某宇通过马某国联系，与扬州市一名做废旧金属生意的商人蒋某达成协议，将肉联厂一台 12V—135 型柴油发电机和一台 170 型制冷机以 8 万元价格卖给蒋某。2004 年 1 月 2 日深夜，被告人朱某岩及韩某业、王某宇等人将蒋某等人及货车带到肉联厂院内，将两台机器及附属设备（价值 9.4 万余元）拆卸装车运走。被告人朱某岩及韩某业、王某宇等人将蒋某的货车"护送"出泗阳县后，携带蒋某支付的 8 万元返回泗阳县。在王某宇家中，朱某岩从卖机器

[①] 参见中华人民共和国最高人民法院刑事审判第一庭、第二庭编：《刑事审判参考》（总第 45 集），法律出版社 2005 年版，第 31 页。

所得款中取 3 万元给王某宇，让王某宇按股东出资比例予以分配，又取 2000 元交给韩某业，作为泗阳县食品公司破产清算组的诉讼费用。朱某岩携带其余 48000 元潜逃。2004 年 7 月，朱某岩写信给泗阳县反贪局供述自己盗卖机器事实。2004 年 8 月，朱某岩被抓获归案。案发后，朱某岩亲属退回赃款计 65000 元。

【裁判理由】

江苏省宿迁市中级人民法院经审理认为，原判决认定的朱某岩在承租经营国有资产期间盗卖所承租的国有资产的事实，上诉人朱某岩未提出异议，并得到其以往的供述及相关证人证言、书证、价格鉴定等证据证实。原判决认定事实清楚，证据充分。上诉人朱某岩在承包租赁属于国有性质的食品厂厂房机器设备期间，即具备"受委托管理、经营国有财产人员"的贪污罪主体身份，期间利用负责经营管理的职务之便利，盗卖所承租的国有资产，其行为构成贪污罪。原判决定性适当。故上诉人及辩护人提出朱某岩不具备贪污罪主体身份的理由及辩护意见不能成立。朱某岩的辩护人还提出朱某岩不具备非法占有公共财物的故意。经查，上诉人朱某岩为弥补在承租期间的经营亏损，而采取秘密手段将国有资产出卖并进行分配等处置，足以认定其具有非法占有的故意。辩护人还提出价格鉴定不能作为证据使用。经查，原判决所采信的价格鉴定是由法定机关法定人员依法作出，并经一审法庭质证，具备证据效力和证明力。上诉人及辩护人提出朱某岩写信给检察机关的行为构成投案自首。经查，上诉人朱某岩没有主动到案，也非因病因伤或为挽回损失暂无法到案而事先以电、信方式投案，故不能认定为投案自首。朱某岩的上诉理由及其辩护人的辩护意见均不能成立，不予采纳。朱某岩能主动坦白罪行，认罪态度较好，可酌情从轻处罚。原判决量刑并无不当，审判程序合法。

【裁判结果】

江苏省泗阳县人民法院依照《刑法》第三百八十二条第二款、第三百八十三条第一款第二项、第六十四条之规定，于 2005 年 1 月 21 日判决如下：被告人朱某岩犯贪污罪，判处有期徒刑七年，追缴违法所得 8 万元。

一审宣判后，朱某岩不服，以不具备贪污罪的主体身份，其行为构成投案自首等为由，向江苏省宿迁市中级人民法院提出上诉。

江苏省宿迁市中级人民法院依照《刑事诉讼法》第一百八十九条第一项

之规定，于 2005 年 2 月 24 日裁定驳回上诉，维持原判。

【法理评析】

根据《刑法》的规定，贪污罪的主体较受贿罪、挪用公款罪的主体范围更宽泛。除了国家工作人员外，受国家机关、国有公司、企业、事业单位、人民团体委托管理、经营国有财产的人员，也属于贪污罪的主体。本案中，被告人朱某岩接受国有企业的委托，承包租赁属于国有性质的食品厂厂房机器设备，属于"以承包、租赁等方式管理、经营国有财产"，具备"受委托管理、经营国有财产人员"的贪污罪主体身份。此间行为人朱某岩利用负责经营管理的职务之便利，盗卖所承租的国有资产，其行为无疑构成贪污罪。

9. 付某某挪用公款案[①]

——挪用公款罪的对象是否包括非特定公物

【基本案情】

原公诉机关商丘市梁园区人民检察院。

上诉人（原审被告人）付某某。

商丘市梁园区人民法院审理商丘市梁园区人民检察院指控原审被告人付某某犯挪用公款罪一案，于2012年11月23日作出（2012）商梁刑初字第257号刑事判决。被告人付某某不服，提起上诉。法院依法组成合议庭，公开开庭审理了本案。

原判认定，被告人付某某身为中房商丘总公司经理助理兼中房建材公司经理，在负责管理其名下实为总公司所有的位于商丘步行街444.66平方米的房产期间，于2011年12月21日，私自将该房产在商丘东润投资信息咨询有限公司抵押贷款人民币70万元，借给朋友支某某、宋某某做房地产开发生意使用。案发后，贷款偿还。以上事实均有相应证据证明。

【裁判理由】

一审法院认为：被告人付某某身为国家工作人员，违反国家财经管理制度，利用职务上的便利，挪用公款，数额巨大，借给他人进行营利活动，情节严重，其行为已构成挪用公款罪。付某某能认罪，且已将赃款全部退回，得到被害单位的谅解，可酌定从轻处罚。

二审法院认为：第一，关于上诉人及辩护人称付某某行为不构成挪用公款罪的问题。根据《最高人民法院、最高人民检察院关于办理国家出资企业中

[①] 参见河南省商丘市梁园区人民法院（2012）商梁刑初字第257号刑事判决书。

职务犯罪案件具体应用法律若干问题的意见》第三条之规定,"国家出资企业的工作人员在公司、企业改制过程中为购买公司、企业股份,利用职务上的便利,将公司、企业的资金或者金融凭证、有价证券等用于个人贷款担保的,依照刑法第二百七十二条或者第三百八十四条的规定,以挪用资金罪或者挪用公款罪定罪处罚"。最高人民检察院在《关于国家工作人员挪用非特定公物能否定罪的请示》中答复,"刑法第384条规定的挪用公款罪中未包括挪用非特定公物归个人使用的行为,对该行为不以挪用公款罪论处"。根据上述司法解释的规定,挪用公款罪的对象是公款、金融凭证、有价证券等资金凭证,不包括非特定公物。被告人付某某利用单位房产抵押贷款70万元,不能将单位房产认定为挪用公款罪的对象。此外,付某某抵押贷款70万元,其是借款合同的主债务人,需要承担还款责任,且房产与贷款之间不是直接的对价关系,另外付某某抵押房产后,单位对该房屋并没有丧失所有权,因此,付某某抵押的单位房产及所贷款项不是挪用公款罪的犯罪对象,原判决认定付某某的行为构成挪用公款罪不当。被告人上诉理由及辩护人辩护意见成立,予以支持。

第二,关于被告人付某某行为定性问题。中房商丘总公司为贷款方便将单位房产产权办在付某某个人名下,并由付某某配合单位贷款,付某某对该房有一定管理权利,其擅自将单位办理的房产证挂失重新办理房产证,将单位房产置于其控制之下,并将房租据为己有,又将该房产抵押贷款,使单位长期对该房产无法行使占有、使用、收益权利,致使国家利益遭受重大损失,其行为构成国有公司人员滥用职权罪。综上,原判认定事实清楚,证据确实充分,审判程序合法,但适用法律不当,应予纠正。鉴于付某某案发后已将贷款还清,取得单位谅解,付某某认罪悔罪,可对付某某适用缓刑。

【裁判结果】

一审法院依照《刑法》第三百八十四条第一款之规定,认定被告人付某某犯挪用公款罪,判处有期徒刑五年。

一审宣判后,付某某不服,提出上诉。二审法院依照《刑事诉讼法》第二百二十五条第一款第二项、《刑法》第一百六十八条、第七十二条、第七十三条的规定,判决如下:一、撤销商丘市梁园区人民法院(2012)商梁刑初字第257号刑事判决;二、上诉人(原审被告人)付某某犯国有公司人员滥用职权罪,判处有期徒刑三年,缓刑三年(缓刑考验期限自判决确定之日起计算)。

【法理评析】

根据 2000 年 3 月 15 日《最高人民检察院关于国家工作人员挪用非特定公物能否定罪的请示的批复》的规定，挪用公款罪中未包括挪用非特定公物归个人使用的行为，对这种行为不以挪用公款罪定罪处罚；如构成其他犯罪的，依照《刑法》的有关规定定罪处罚。这主要是因为一般的公物虽然与公款都属于公共财物，但两者具有不同的特征，这种特征也决定了挪用公款与挪用一般的公物两者的社会危害性存在很大差别。比如，挪用一台价值 500 万元的机器与挪用 500 万元资金在社会危害性程度上是不同的。因此，对于挪用一般公物的行为不能按挪用公款罪定罪处罚。然而，在司法实践中，如果行为人利用职务上的便利将公物变卖，以使用该变卖款为目的的，就应当以挪用公款罪定罪处罚。从实质上考查，行为人挪用的实际上也不是公物，而是公物的变卖款，或者以公物作为抵押、担保而取得的公款。

在本案中应当注意的是，被告人付某某擅自将单位所办理的其名下的房产证挂失后重新办理房产证，将单位房产置于其控制之下，并将房租据为己有，将房屋作为抵押物进行抵押贷款，虽然房屋的实际所有权归属于公司，但是因为签订贷款合同的是被告人付某某而非公司，故此时贷款应当属于被告人付某某个人，而不属于公司，其性质不是公款，而是个人贷款。被告人付某某的行为属于挪用公物作为抵押物，而不是以挪用公物作为抵押、担保而取得的公款，因此被告人付某某的行为不构成挪用公款罪。假设付某某将单位房产作为抵押物、以单位名义贷款，贷款由单位承担偿还义务，其将所贷款项挪归个人使用，则属于挪用公款罪。

10. 顾某等挪用公款案

——国有证券公司的客户资产是否属于公款

【基本案情】

被告人顾某,男,原系某证券公司上海陕西北路营业部经理。

被告人付某,女,原系某证券公司上海陕西北路营业部会计。

被告人李某,男,原系某证券公司上海陕西北路营业部经纪管理部经理。

国有单位某证券公司在上海市陕西北路设立营业部(以下简称陕证营业部),经营证券经纪类业务。陕证营业部在经营业务活动中,违规向客户提供资金(俗称配资)、收取利息,吸引客户在该营业部买卖股票。

1999年年底,上海某投资管理有限公司(以下简称投资公司)法定代表人厉某向其开设在陕证营业部的"周某源""泰和投资"及"百睿投资"账户投入时值5300万元(以下币种均为人民币)的股票后,要求被告人顾某、付某给予巨额配资进行炒股。顾某、付某经与某银行上海分行外滩支行(以下简称外滩支行)和上海某计算机集团(以下简称计算机集团)协商,于2000年4月至2001年5月,由计算机集团向外滩支行贷款2亿余元后,再以委托办理国债回购名义,将其中1.55亿元转入陕证营业部。然后,连同从客户处融得的3375万元陆续划入厉某的上述账户。扣除厉某预付的部分利息计350万元,实际划入1.8525亿元。为此,顾某、厉某分别代表陕证营业部和投资公司签署了包含上述款项的9份《借款协议》。此后,顾某多次同意厉某将所借公款划出陕证营业部让厉某用于归还欠款和其他投资等。

2001年2月,被告人顾某以其亲属炒股亏损需补仓为由,要求被告人付某设法从陕证营业部筹集100万元。付某从陕证营业部在银行的存款账户中开

---

① 参见上海市第二中级人民法院(2004)沪二中刑初字第73号刑事判决书。

具一张100万元的本票交给了顾某。同年3月22日,顾某、付某以营业部资金周转困难为由从客户周某处借得900万元为期6个月的借款,在该款以"代理国债投资"的名义划至陕证营业部后,顾某让付某将其中的100万元归还陕证营业部,余款由顾某、付某各分400万元用于个人炒股。同年9月24日,付某用陕证营业部利息账户中的资金和以陕证营业部名义向客户处借入的资金计949.5万元归还周某的借款和利息。同年10月16日,顾某再次以陕证营业部名义与周某签订借款协议,借得900万元,还至陕证营业部利息账户和客户账户。同年10月下旬,付某见上级公司派人至陕证营业部查账,即将账户内股票全部出售,提取500万元还给周某,顾某也归还了400万元。

2000年11月至2001年1月间,被告人顾某、付某、李某经合谋从陕证营业部所属的某公司账户内划出500万元资金,与他人合伙炒股,盈利40万元。在支付炒股者收益以及归还营业部本金和利息后,炒股盈利12万元予以私分,各得4万元。2001年3~4月间,顾某、付某、李某又先后用营业部公款1000万元与他人合伙炒股,除归还100万元外,其他款项至案发未予归还;付某还于1999年5月至12月,利用职务之便,挪用某证券公司上海总部遗留账户内等资金1400余万元为个人炒股牟利。

公诉机关指控:被告人顾某、付某、李某的上述行为构成挪用公款罪,应依照刑法的规定追究被告人刑事责任。

被告人顾某辩解:其没有挪用公款的主观故意,否认犯有挪用公款罪。其辩护人认为:厉某以投资公司名义通过向陕证营业部支付利息获得配资,是两个单位之间发生的民事关系,即使违反规定,也不能以挪用公款论处。被告人付某及其辩护人认为:付某与顾某等人用营业部的闲置资金或融入客户资金炒股,目的是营业部和客户的利益,同时提高营业部成交量和增加收益,所分款项是营业部应给予的奖金,其行为不构成挪用公款罪。被告人李某辩解:他是为单位的利益向主管领导顾某提供相关炒股信息,并根据顾某的指令实施股票交易,对股票账户内资金的来源并不知情。其事先没有同他人商量牟取个人利益,对所分得的钱款以为是领导给予的奖励。即使其行为构成犯罪,仅起次要作用,是从犯。其在案发前主动向领导作了汇报,并自动前往检察机关接受讯问,属于自首。其辩护人认为:李某不具备挪用公款犯罪的主体资格,不具有可利用犯罪的职务便利,指控其与他人共谋犯罪的事实不清,证据不足,不能认定为共同犯罪。

【裁判理由】

一审法院经审理认为：被告人顾某利用担任国有证券公司营业部经理的职务便利，伙同他人共同挪用该营业部资金 2400 万元为个人及亲友炒股牟利，其中 1300 万元未予退还；被告人付某利用担任国有证券公司营业部主管会计的职务便利，单独或伙同他人共同挪用该营业部资金 3800 余万元为个人炒股牟利，其中 2700 余万元未予退还；被告人李某在受聘担任国有证券公司营业部经纪管理部经理期间，参与他人共同挪用该营业部资金 1500 万元为个人炒股牟利，其中 900 万元未予退还，三名被告人的行为均已构成挪用公款罪，且数额巨大，依法应予惩处。顾某、付某在共同犯罪中起主要作用，是主犯，鉴于两人均有自首情节，依法可从轻处罚。李某在共同犯罪中处于从属地位，起次要作用，是从犯，又有自首情节，依法可减轻处罚。公诉机关指控该三名被告人犯挪用公款罪的罪名成立。陕证营业部为了本单位的利益，以本单位名义给客户配资，吸引客户投资炒股，违反了《证券法》和证券行业的规定，不属于挪用公款。公诉机关将陕证营业部为厉某配资 1.8 亿余元的行为认定为被告人顾某、付某共同挪用公款不符合事实。

【裁判结果】

一审法院依照《刑法》第三百八十四条第一款，第二十五条第一款，第二十六条第一款、第四款，第二十七条，第六十七条，第六十四条以及《最高人民法院关于处理自首和立功具体应用法律若干问题的解释》第二条之规定，以挪用公款罪，判处被告人顾某有期徒刑十三年，判处被告人付某有期徒刑十五年，判处被告人李某有期徒刑六年；追缴赃款发还被害单位。

一审宣判后，被告人没有上诉，检察院没有抗诉，判决发生法律效力。

【法理评析】

从《刑法》第三百八十四条和第二百七十二条的规定来看，挪用公款罪的对象——"公款"只能是指"本单位"的资金。从所有权意义上分析，国有证券公司客户资金不能被认为属于国有证券公司的资金，因为客户账户上的资金与国有证券公司自营账户上的资金存在根本区别。但是，这并不意味着国有证券公司工作人员挪用客户资金归个人使用的行为不构成挪用公款罪。

《刑法》第一百八十五条第一款规定："商业银行、证券交易所、期货交易所、证券公司、期货经纪公司、保险公司或者其他金融机构的工作人员利用职务上的便利,挪用本单位或者客户资金的,依照本法第二百七十二条的规定定罪处罚。"第二款规定:"国有商业银行、证券交易所、期货交易所、证券公司、期货经纪公司、保险公司或者其他国有金融机构的工作人员和国有商业银行、证券交易所、期货交易所、证券公司、期货经纪公司、保险公司或其他国有金融机构委派到前款规定中的非国有机构从事公务的人员有前款行为的,依照本法第三百八十四条的规定定罪处罚。"根据以上规定,就国有证券公司工作人员而言,不仅挪用"本单位资金"归个人使用构成挪用公款罪,而且挪用客户资金归个人使用的行为也构成挪用公款罪。

就本案而言,1999年年底,被告人顾某、付某为了给厉某配资,将计算机集团向以委托办理国债回购名义转入陕证营业部的1.55亿,连同从客户处融得的3375万元陆续划入厉某在陕证营业部的账户,并扣除厉某预付的部分利息共计350万元。此后,顾某多次同意厉某将所借公款划出陕证营业部让厉某用于归还欠款和其他投资。被告人顾某、付某的上述行为,属于利用职务上的便利挪用客户资金归个人使用。根据上述规定,被告人顾某、付某成立挪用公款罪。

11. 向某兰等挪用公款案[①]

——将公款供亲友或者其他自然人使用与以个人名义将公款供其他单位使用的竞合

【基本案情】

公诉机关：重庆市巫溪县人民检察院。

被告人：向某兰、谭某星。

法院经审理查明：2005年9月至2016年10月，被告人向某兰担任巫溪县胜利乡财政所所长兼出纳，负责胜利乡财政所的全面工作，具有对胜利乡财政资金进行依法管理的职责。2013年12月至2016年12月，被告人谭某星在重庆农村商业银行股份有限公司巫溪支行胜利分理处（以下简称农商行胜利分理处）担任主任。

2014年12月初，被告人谭某星分别找到时任胜利乡分管财务的乡党委委员毕某锋和被告人向某兰，请求借用胜利乡财政所公款用于完成农商行胜利分理处对私存款任务，承诺2015年年初归还。毕某锋和向某兰均表示同意。同月10日，向某兰以津贴和危旧房改造资金的虚假资金用途出具现金支票，从胜利乡财政所账户上提取现金300万元，直接交给谭某星。随后，谭某星将该300万元存入其个人邮政储蓄银行卡。同月23日至29日，谭某星将其中的290万元购买了邮政储蓄银行的"日日升"理财产品，获利1501.04元。2015年1月30日，谭某星通过其个人农商行银行卡转账，向胜利乡财政所归还公款50万元，其余250万元公款一直由其保管、使用，主要用于归还个人债务、家庭开支、转借给他人等用途。后谭某星不能按承诺的时间归还尚欠胜利乡的250万元公款，遂与向某兰共谋，制作虚假银行余额对账单掩盖挪用公款的事

[①] 参见重庆市第二中级人民法院（2019）渝02刑终1号刑事裁定书。

实以逃避财务监管。2015年8月19日和10月15日，谭某星分别转账给胜利乡财政所50万元和200万归还了胜利乡财政所资金。

2015年12月，被告人谭某星找到被告人向某兰，请求挪用胜利乡财政所公款四五百万元以完成对私存款任务，承诺2016年年初归还。向某兰征求分管领导毕某锋同意后，按照谭某星的要求，将胜利乡财政所资金490万元转账到谭某星提供的个人账户。谭某星用于偿还其个人债务、工程项目的资金周转等用途。谭某星由于未能按承诺期限归还财政所公款，遂再次与向某兰共谋，制作虚假银行余额对账单掩盖挪用公款的事实以逃避财务监管。2016年8月12日、8月17日、8月19日，谭某星分别转账给胜利乡财政所200万元、240万元和50万元，归还了胜利乡财政所资金。

2017年上半年，巫溪县审计局对胜利乡进行财政财务收支审计时，向某兰主动向胜利乡负责人报告了上述情况。后巫溪县审计局将本案移送检察机关处理。2017年7月27日，侦查人员将向某兰、谭某星通知到巫溪县人民检察院，二人均如实供述了上述事实。

【裁判理由】

巫溪县人民法院经审理认为，被告人向某兰身为国家工作人员，利用其担任巫溪县胜利乡财政所所长兼出纳的职务之便，违反胜利乡人民政府关于财物管理制度的规定，超出职权范围挪用公款790万元给被告人谭某星使用，情节严重；被告人谭某星同向某兰共谋，参与策划挪用公款790万元归个人使用，进行营利活动，情节严重，二被告人的行为均已构成挪用公款罪，且系共同犯罪，向某兰系主犯，谭某星系从犯。向某兰犯罪后主动向其所在单位负责人报告挪用公款的情况，到案后如实供述犯罪事实，系自首。谭某星到案后能如实供述自己犯罪事实，系坦白。综合考虑本案具体事实、情节、没有对公款造成实际损失等因素，以及二被告人具有的自首、坦白等态度，对其可依法予以减轻处罚并宣告缓刑。

【裁判结果】

巫溪县人民法院依照《刑法》第三百八十四条第一款，第二十五条第一款，第二十六条第一款、第三款，第二十七条，第六十七条第一款、第三款，第七十二条第一款、第二款，第七十三条第一款、第三款，第六十四条，以及《最高人民法院、最高人民检察院关于办理贪污贿赂刑事案件适用法律若干问题的解释》第六条第一款第一项之规定，判决：被告人向某兰犯挪用公款罪，判处有期徒刑三年，缓刑四年；被告人谭某星犯挪用公款罪，判处有期徒刑三年，缓刑四年；对被告人谭某星的违法所得1501.04元予以追缴，上缴国库。

一审宣判后，被告人向某兰、谭某星分别提出上诉。

重庆市第二中级人民法院于2019年6月13日作出裁定，驳回上诉，维持原判。

【法理评析】

《全国人民代表大会常务委员会关于〈中华人民共和国刑法〉第三百八十四条第一款的解释》（以下简称《解释》）规定，有下列情形之一的，属于挪用公款归个人使用：（1）将公款供本人、亲友或者其他自然人使用的；（2）以个人名义将公款供其他单位使用的；（3）个人决定以单位名义将公款供其他单位使用，谋取个人利益的。

本案中，被告人谭某星作为农商行胜利分理处主任，请求巫溪县胜利乡财政所所长兼出纳的向某兰，将胜利乡财政所公款挪用于完成农商行胜利分理处对私存款任务，而分理处对私存款业务中的存款人又是谭某星，因此，被告人向某兰的行为既可以在实质上视为"将公款供亲友或者其他自然人使用"（供谭某星个人使用），也可以在形式上视为"以个人名义将公款供其他单位使用"（通过谭某星供农商行胜利分理处完成对私存款任务）。

根据2003年最高人民法院《全国法院审理经济犯罪案件工作座谈会纪要》的规定，对于将公款供其他单位使用的，认定是否属于"以个人名义"，不能只看形式，要从实质上把握。对于行为人逃避财务监管，或者与使用人约定以个人名义进行，或者借款、还款都以个人名义进行，将公款借给其他单位使用的，应认定为将公款供其他单位使用"以个人名义"。本案中，虽然表面上被告人向某兰是在征求分管领导毕某锋同意后，以胜利乡财政所的名义向谭某星转账汇款，但是向某兰两次挪用公款均没有打到农商行胜利分理处账户，一次是虚构资金用途开具现金支票，从银行支取300万元现金交给谭某星本人，一次是虚构资金用途直接打到谭某星个人账户。向某兰弄虚作假、虚构资金用途支取财政资金，导致财政所账目上无法显示对农商行胜利分理处有应收项目，这表明了其挪用行为的个人性。

尤其需要强调的是，根据胜利乡政府的财务管理制度，凡是大额资金支出均须乡党委会集体研究并经主要领导签署同意方能作出决定并执行，向某兰超越职权范围、违反财务制度作出的行为,不能代表单位意志,只能认定为个人行为。另外,虽然谭某星的借条上记载出借人是胜利乡财政所,但在谭某星违反承诺未能在约定的时间内将挪用款归还财政所的时候,向某兰未向领导报告,也没有向单位会计说明情况,而是先后两次同谭某星共谋,制作虚假的银行余额对账单用于平账,致使财政所的账目上显示挪用给谭某星的资金已经归还,掩盖挪用款仍然在谭某星手中为其所用的事实,更表明将公款挪给谭某星使用完全是其个人行为。尽管向某兰两次挪用公款的理由都是谭某星请求借款完成农商行胜利分理处对私存款任务,借条上记载为"借到财政所资金××万元,用于完成胜利分理处对私存款",表面看来是挪用给了农商行胜利分理处使用。但事实上,向某兰两次挪用都没有将公款交到农商行分理处账户上,而是直接交给了谭某星,而谭某星将这些公款用于家庭开支、归还个人债务、转借给他人、购买理财产品、工程项目的资金周转等个人用途和营利活动。毫无疑问,按照《解释》的规定,向某兰构成挪用公款罪。谭某星作为公款使用人,与挪用人向某兰共谋,积极主动指使向某兰挪用公款,并在无力及时还款时与向某兰共谋采取虚假手段掩盖公款被挪用的真相,按照1998年《最高人民法院关于审理挪用公款案件具体应用法律若干问题的解释》第八条的规定,成立挪用公款罪的共犯。

12. 谢某挪用公款案[①]

——以个人名义将公款供其他单位使用的行为成立挪用公款罪，无需谋取个人利益

【基本案情】

公诉机关：修武县人民检察院。

原审被告：谢某，因涉嫌犯挪用公款罪，于 2013 年 7 月 22 日被刑事拘留，同年 8 月 2 日被逮捕。

修武县人民检察院指控，2007 年 7 月 12 日，被告人谢某利用担任修武县方庄镇财税所所长职务上的便利，擅自将方庄镇财税所代管的村级资金（村财乡管资金）50 万元，借给焦作市南鑫塑业有限公司股东刘某某用于该公司进行营利活动。案发后，该款已退还。为证实其指控向法院提供了书证借条、证人刘某某、范某某等证言、被告人的供述与辩解等证据，并认为被告人谢某的行为已构成挪用公款罪，情节严重。有自首情节。提请依据《刑法》第三百八十四条第一款、第六十七条第一款之规定判处。

法院经审理查明，2007 年 7 月 12 日，被告人谢某利用担任修武县原方庄镇（2011 年 3 月更名为七贤镇）财税所所长职务上的便利，私自签批将方庄镇财税所代管的村级资金（村财乡管资金）50 万元，借给焦作市南鑫塑业有限公司法定代表人刘某某用于该公司进行营利活动。案发后，该款已退还。

【裁判理由】

一审法院认为，被告人谢某身为国家工作人员，利用职务上的便利，将原方庄镇财税所代管的村级账资金（村财乡管资金）50 万元借给焦作市南鑫塑

[①] 参见河南省修武县人民法院（2014）修刑初字第 6 号刑事判决书。

业有限公司用于营利活动，其行为已构成挪用公款罪。数额巨大，属于情节严重，修武县人民检察院指控成立。被告人谢某违反方庄镇财务管理规定，未经审批程序，私自签批将50万元借给南鑫塑业有限公司使用，逃避财务监管不记账，属以个人名义将公款供其他单位使用。故被告人及其辩护人关于被告人借款行为是受领导指派，是职务行为，是公款借贷，不构成挪用公款罪的意见不能成立。挪用公款，情节严重的，处五年以上有期徒刑。被告人谢某主动投案，并如实供述自己的罪行，系自首，可以减轻处罚；且已退还全部赃款，可酌情从轻处罚；被告人谢某确有悔罪表现，可以对其宣告缓刑。

二审法院认为，上诉人谢某某违反方庄镇财务管理规定，未经审批程序，私自签批将50万元借给南鑫塑业有限公司使用，逃避财务监管不记账，属以个人名义将公款供其他单位使用，构成挪用公款罪。原判认定事实清楚，适用法律正确，定罪准确，量刑适当，审判程序合法。谢某某的上诉理由不能成立。

【裁判结果】

一审法院依据《刑法》第三百八十四条第一款，第六十七条第一款，第七十二条第一款，第七十三条第二款、第三款以及《全国人民代表大会常务委员会关于〈中华人民共和国刑法〉第三百八十四条第一款的解释》第二条、《最高人民法院关于审理挪用公款案件具体应用法律若干问题的解释》第三条之规定，判决如下：被告人谢某犯挪用公款罪，判处有期徒刑三年，缓刑五年（缓刑考验期限从判决确定之日起计算）。

一审宣判后，谢某不服，提出上诉。

二审法院依照《刑事诉讼法》第二百二十五条第一款第一项之规定，裁定如下：驳回上诉，维持原判。

【法理评析】

《全国人民代表大会常务委员会关于〈中华人民共和国刑法〉第三百八十四条第一款的解释》（以下简称《解释》）规定，有下列情形之一的，属于挪用公款归个人使用：（1）将公款供本人、亲友或者其他自然人使用的；（2）以个人名义将公款供其他单位使用的；（3）个人决定以单位名义将公款供其他单位使用，谋取个人利益的。

"以个人名义将公款供其他单位使用"，是指打着个人的旗号将公款借给其他单位使用。这种情况下，不要求行为人谋取利益。使用公款的"其他单位"包括各种性质的单位。这种情况在实践中多表现为在单位的出借款条上或者其他提供款项的文件上签的是个人的名字，且无单位的公章。从公款使用者的身份看，虽然是单位，但手续上反映的却是行为人个人把公款借出。

对于将公款供其他单位使用的行为是否属于"以个人名义"，不能只看形式，而要从实质上把握。对于以下几种情况，都应视为"以个人名义将公款供其他单位使用"：（1）行为人逃避财务监管，将公款借给其他单位使用。（2）行为人与使用人约定以个人名义进行的。不论口头还是书面的约定。（3）行为人与使用人没有约定，但借款是以个人名义进行的。

在本案中，按照原方庄镇财务管理规定，如果使用镇里管理的各村资金，应由谢某自己签字，然后由镇长审批。镇党委书记张某某并没有审批权。故谢某及辩护人的"将款借给焦作市南鑫塑业有限公司是张某某决定的，谢某是履行职务行为"这一主张不能成立。谢某违反方庄镇财务管理规定，未经审批程序，私自签批将50万元借给南鑫塑业有限公司使用，此时在单位的出借款条上签的是谢某个人的名字，而无相应的审批签字或者单位公章，故应当认定为"以个人名义将公款供其他单位使用"，被告人谢某的行为应当成立挪用公款罪。

13. 张某同挪用公款案[①]

——个人决定以单位名义将公款借给其他单位使用,没有谋取个人利益的,不构成挪用公款罪

【基本案情】

被告人张某同,原系甘肃省酒泉市肃州区西峰乡新村村委会主任。因涉嫌犯挪用公款罪于 2003 年 10 月 20 日被逮捕。

甘肃省酒泉市肃州区人民检察院以被告人张某同犯挪用公款罪向肃州区人民法院提起公诉。

被告人张某同及其辩护人提出张某同不构成挪用公款罪的辩护意见,理由是:(1)张某同不是国家工作人员或准国家工作人员;(2)向酒泉三正世纪学校借款是经村委会决定的集体行为,绝非张某同利用职务之便的个人行为;(3)酒泉三正世纪学校不是个人,也不是私营企业,而是带有公益性质的、具有社会事业法人资格的全日制学校,新村村委会及张某同没有将款项借给"个人"或"私人"使用;(4)酒泉三正世纪学校借款后既非营利,也未进行非法活动;(5)张某同有为集体谋利之心,并无挪用公款的犯罪故意;(6)张某同在本案中未谋取任何个人物质利益和非物质利益。

肃州区人民法院公开审理查明:2002 年 8 月底,酒泉三正世纪学校(以下简称三正学校)董事长王某红以该校资金紧张为由,向被告人张某同提出想从张某同所在的新村村委会贷款 200 万元,月利息为 0.8%,张某同在未与村委会其他成员商议的情况下,安排村委会文书兼出纳柴某荣将村里的征地补

[①] 中华人民共和国最高人民法院刑事审判第一、二、三、四、五庭主办:《刑事审判参考》(总第 63 集),法律出版社 2008 年版,第 218 页。

偿款共210万元分别于2002年9月2日、10月11日、10月21日3次借给三正学校使用，约定月利息为0.8%。2002年10月，王某红再次找张某同提出向新村村委会借款600万元，包括前面已经借出的210万元，张某同便于2002年10月30日召集村委会委员会议就是否给三正学校借款进行讨论，张某同未将此前已经借款给三正学校210万元向会议说明，会上大家一致同意借款给三正学校600万元，会后新村村委会与三正学校签订了600万元的贷款合同，约定月利息0.6%，于2003年9月30日归还。合同签订后，新村村委会实际只给三正学校借款5315000元，包括开会研究之前借给三正学校的210万元。2003年9月24日三正学校归还220万元，案发时尚未归还的3115000元，通过司法程序大部分借款已经追回。

【裁判理由】

甘肃省酒泉市肃州区人民法院认为，公诉机关指控被告人张某同的犯罪事实清楚，证据确实，罪名成立。张某同作为新村村委会主任，在协助政府从事土地征用补偿费用的管理工作中，超越职权范围，在未经村委会集体讨论的情况下，以个人名义将公款210万元挪给他人使用，数额巨大，情节严重，其行为构成挪用公款罪。案发后被告人挪用的大部分款项已经追回，可酌情从轻处罚。

甘肃省酒泉市中级人民法院经审理认为，原判决认定上诉人张某同利用村委会职务的便利，个人决定向三正学校借款210万元的事实清楚，但原判决将该款认定为"以个人名义将公款挪给他人使用"不当，导致对上诉人定罪及适用法律有误。对于上诉人张某同所提的上诉理由，经查，上诉人张某同在未经村委会讨论的情况下出借公款，但并不是以个人名义进行的；后在与三正学校履行600万元贷款合同时，已实际包含了210万元，且张某同没有谋取个人利益，故上诉人张某同的上诉理由应予采纳。

【裁判结果】

甘肃省酒泉市肃州区人民法院依照《刑法》第三百八十四条第二款之规定，判决如下：被告人张某同犯挪用公款罪，判处有期徒刑八年。

一审宣判后，张某同不服，提出上诉。其上诉称，向三正学校借款210万元，村委会已事后追认，是集体行为，对该借款其本人并未营利，请求宣告无罪。

甘肃省酒泉市中级人民法院依照《刑事诉讼法》第一百八十九条第二项之规定，判决如下：一、撤销酒泉市肃州区人民法院（2006）肃法刑初字第171号刑事判决书；二、宣告上诉人张某同无罪。

【法理评析】

挪用公款罪的法益是公款使用权。防止公款被国家工作人员利用职务上的便利挪归个人使用，是刑法设立此罪的目的。对于何为"归个人使用"，《全国人民代表大会常务委员会关于〈中华人民共和国刑法〉第三百八十四条第一款的解释》（以下简称《解释》）进行了扩大解释和实质解释，规定具有下列情形之一的，均属于挪用公款归个人使用：（1）将公款供本人、亲友或者其他自然人使用的；（2）以个人名义将公款供其他单位使用的；（3）个人决定以单位名义将公款供其他单位使用，谋取个人利益的。上述《解释》的精神在于，只要公款被国家工作人员个人所"利用"，即属于挪用公款归个人使用。就"个人决定以单位名义将公款供其他单位使用"类型而言，必须同时满足"谋取个人利益"这个要素，才能在实质上符合"归个人使用"的要求。否则，即便个人决定以单位名义将公款借给其他单位使用，而没有谋取个人利益的，也不构成挪用公款罪。

"个人决定"泛指单位决策层面集体研究决定以外的，一切体现挪用人个人意志的情况，既包括行为人在职权范围内决定，也包括超越职权范围决定。但是，经单位集体讨论决定的，不属于"个人决定"。

"谋取个人利益"既包括谋取合法利益，也包括谋取非法利益；既包括谋取财产性利益，如钱物，也包括谋取非财产性利益，如解决子女上学、升职、就业、获得荣誉等。"谋取个人利益"只能是指谋取具体的利益，行为人没有具体的利益目标，而纯粹是为了照顾亲友关系情面、讨好他人或者为徇私情，不能认定为"谋取个人利益"。行为人所要谋取的利益是否最终实现或完全实现，不影响"归个人使用"的成立；谋取的个人利益，也未必要最终归属于行为人本人，行为人为其亲属、朋友谋取个人利益，均属此列。

结合本案案情来看，首先，210万元征地补偿款是张某同自行决定借出的，没有向村委会说明。其次，张某同决定出借的210万元征地补偿款，从现有证据上看，是以村委会名义借出的，不是以个人名义借出的。210万元公款虽然是张某同个人决定借出，但不能认定是以个人名义借款。这是因为，从210万元转账的凭证上看，付款人均写明是新村村委会，收款人是三正学校；

从三正学校的收据上看，亦写明收到的是新村村委会借款；从办理借款及还款的程序来看，张某同并不是私下将公款借给三正学校，而是通过村委会成员文书兼出纳的柴某荣经手办理，使该款始终控制在村委会名下，直至到期还款，也是直接将款还给了新村村委会，而不是还给张某同个人。个人决定借出公款和以个人名义将公款借出是完全不同的两回事，二者之间的根本区别在于公款的所有权单位对公款的真实去向是否知情，借款人是否隐瞒了款项的真实用途，借出的款项是由单位直接控制还是由借款人背着单位私下控制，借款人是否利用公款谋取了个人私利。本案中，村委会对210万元公款的去向、用途都是知情的，并且直接控制借据按期收回，因此应当认为该210万元借款是以单位名义借出的。最后，挪用公款的本质是公款私用、谋取私利，而本案张某同借款给三正学校，主要是为了给公款的所有权单位即新村村委会谋取利益，解决村委会4年没有提留资金紧张的问题。而且，张某同决定借出210万元后，经村委会讨论决定，向三正学校借出600万元，张某同虽在村委会研究时对先前借出的210万元未作说明，但在与三正学校履行合同时实际上包含了这210万元，没有任何证据证明张某同主观上是为了谋取个人私利而借出公款，也没有任何证据证明张某同谋取了个人私利，这与公款私用、以公款谋取个人私利的挪用公款行为，具有本质上的区别。其行为虽然属于全国人民代表大会常务委员会《解释》中第三项规定的"个人决定以单位名义将公款供其他单位使用"情形，但是欠缺"谋取个人利益"之要素，不能认定为挪用公款"归个人使用"。二审法院宣告上诉人无罪，是正确的。

14. 万某英受贿、挪用公款案[①]

——挪用公款罪中利用职务上的便利的理解以及挪用人和使用人的共犯认定

【基本案情】

被告人万某英，原系甘肃省白银市白银有色金属公司副经理。因涉嫌犯受贿罪、挪用公款罪、巨额财产来源不明罪，于 1999 年 5 月 28 日被逮捕。2001 年 3 月 28 日被取保候审。

甘肃省兰州市人民检察院以被告人万某英犯受贿罪、挪用公款罪、巨额财产来源不明罪，向兰州市中级人民法院提起公诉。

被告人万某英辩称，被指控受贿犯罪中收受周某成所送的 2 万元是亲属之间的正常经济往来，不构成受贿罪；被指控挪用公款犯罪，其是借下级单位的钱，不构成挪用公款罪；被指控巨额财产来源不明犯罪，公诉机关没有作全面的调查，并非没有合法来源。其辩护人提出：起诉书指控万某英收受有关单位和个人共计 58800 元人民币构成受贿罪，不能成立；万某英向疗养院借款的行为并非利用职务之便，不构成挪用公款罪；指控万某英巨额财产来源不明的数额在减去存款利息、所继承的遗产和接受的赠与后，亦不构成犯罪。

兰州市中级人民法院经公开审理查明：甘肃省白银市白银有色金属公司（以下简称白银公司）是国有公司，被告人万某英系白银公司副总经理。1998 年 3~4 月间，白银公司决定修建安居工程，具体由白银公司下属的建安公司承担，由万某英主管。万某英的妹夫周某成要求万某英帮其承揽部分工程，万某英答应找建安公司经理车某说情。1998 年 5 月，因万某英要出国考察，周某成以出国花费大为由，送给万某英人民币 1 万元。万某英回国后给车某打招

[①] 参见甘肃省兰州市中级人民法院（2000）刑一初字第 018 号刑事判决书。

呼，让车某关照周某成。周某成因此承揽了白银公司7600平方米的安居建筑工程。同年8月，周某成再次找万某英，要求承建白银公司的党校建筑工程。万某英指使周某成直接找白银公司下属的房产公司经理杨某和科长李某。周某成由此又承揽了白银公司党校8400平方米的建筑工程。1999年春节前，周某成送给万某英人民币1万元。

此外，被告人万某英于1994年至1999年间先后9次收受白银公司公安处、劳资处、生活服务公司综合公司、清洁队及6名职工春节期间送的"奖金""红包"等共计3.88万元。

1997年4月，被告人万某英为炒期货向其分管的白银公司疗养院院长李某提出借公款5万元。5月2日，李某让单位财务人员从该院下属的滨河贸易公司开出5万元转账支票，交给万某英。万某英将此5万元及自筹的15万元用于炒期货，后获利7万元。1998年1月4日，万某英归还了上述5万元公款。案发时，被告人万某英家中共有1302289.29元的财产，其中有449082.49元不能说明有合法来源。

【裁判理由】

兰州市中级人民法院认为：被告人万某英利用职务上的便利收受他人财物人民币2万元，并为他人谋取利益，其行为已构成受贿罪；万某英利用主管疗养院职务上的便利，挪用疗养院公款5万元，进行营利活动，其行为构成挪用公款罪；被告人万某英对所拥有的449082.49元的巨额财产不能说明合法来源，构成巨额财产来源不明罪。万某英归案以后，能如实供述所犯罪行，认罪态度较好，且在案发前归还了挪用的全部公款，可以从轻处罚。

【裁判结果】

兰州市中级人民法院依照《刑法》第三百八十五条第一款、第三百八十六条、第三百八十三条第一款第三项、第三百八十四条第一款、第三百九十五条、第六十九条第一款、第七十二条第一款、第七十三条第二款及《最高人民法院关于审理挪用公款案件具体应用法律若干问题的解释》第二条第一项、第二项之规定，于2002年10月12日判决如下：一、被告人万某英犯受贿罪，判处有期徒刑二年；犯挪用公款罪，判处有期徒刑一年；犯巨额财产来源不明罪，判处有期徒刑一年，决定执行有期徒刑三年，缓刑三年。二、来源不明的财产449082.49元、挪用公款的获利17500元，共计466582.49元予以追缴，上缴国库。

宣判后，万某英服判，不上诉，检察机关不抗诉。判决发生法律效力。

【法理评析】

对于被告人万某英向其主管的下属单位（疗养院）借款5万元用于炒期货，是否构成挪用公款罪的问题，笔者认为，答案是肯定的。

从形式上看，白银公司和疗养院及疗养院的下属单位滨河贸易公司都是独立的企业法人，依照《公司法》的规定各自独立经营，万某英分管疗养院，但对疗养院及滨河贸易公司的财物，不能直接依自己的职权经管、支配；万某英作为一个使用人，也没有事先与李某共谋。由此，认定万某英利用职务上的便利挪用公款，形式上似乎存在一定的障碍。但是，"利用职务上的便利"既包括利用本人职务上主管、管理公共财物的职务便利，也包括利用职务上有隶属关系的其他国家工作人员的职务便利，对于是否利用职务上的便利应当进行实质认定而非形式认定。

从我国国有企业的实际情况来看，大量的国有企业是由上级国有企业出资设立的，下级企业的主要领导也是由上级企业任命的，上下级企业虽然都具备《公司法》规定的独立法人资格，但实质上仍有较强的行政领导的特点。这就在上下级企业之间形成了实质的行政隶属关系。担任领导职务的国家工作人员通过属于自己主管的本单位或者下级单位的国家工作人员的职务挪用公款的，应当认定为"利用职务上的便利"。

本案中，被告人万某英不具有直接经管、支配疗养院及滨河贸易公司财产的权力，但是万某英是白银公司主管疗养院的副经理，在职务上对疗养院具有管理职权，二者具有实质上的行政隶属关系。其打电话给疗养院院长李某，提出"借"款5万元供自己使用，正是利用了李某主管疗养院的职权及实质的隶属关系，其行为应当成立挪用公款罪。

需要指出的是，下级单位人员受上级单位的领导指使挪用公款，不一定都构成挪用公款罪的共犯。1998年4月29日《最高人民法院关于审理挪用公款案件具体应用法律若干问题的解释》第八条规定："挪用公款给他人使用，使用人与挪用人共谋，指使或者参与策划取得挪用款的，以挪用公款罪的共犯定罪处罚。"笔者认为，挪用公款罪共犯认定中的关键问题有两个：其一，使用人在主观上与挪用人具有挪用公款罪的共同故意，客观上实施了与挪用人共同商议、策划挪用公款或主动指使挪用人挪用公款时，才能对使用人以挪用公款罪的共犯定罪处罚。其二，当挪用人与使用人对公款具体用途认识不一致时，应当依据共同犯罪原理，站在刑法客观主义的立场，区别情况予以处理：(1) 如果使用人在与挪用人共谋，指使挪用人挪用公款或者参与策划行为时，故意欺骗挪用人、隐瞒其用公款进行非法活动或营利活动的真实意图，以非法活动及营利活动以外的其他用途为名取得公款，在取得公款后却将之用于非法活动或营利活动的；或者使用人确实是为了将公款用于非法活动及营利活动以外的其他用途，只是在取得公款后主观目的及客观行为发生转变，将公款用于非法活动或营利活动的，对使用人应按照"挪用公款进行非法活动"或"进行营利活动"的情形，衡量是否构成犯罪及量刑；对挪用人则应按"挪用公款数额较大、超过三个月未还的"要件衡量是否构成犯罪及量刑。(2) 如果使用人在与挪用人共谋，指使挪用人挪用公款或者参与策划行为时，是为了将公款用于非法活动或营利活动，但使用人在取得公款后实际上将公款用于非法活动及营利活动以外的其他用途，基于刑法客观主义的立场，对使用人和挪用人均应按照公款的实际用途确定是否构成犯罪及量刑。

具体到本案，被告人万某英为炒期货向其分管的白银公司疗养院院长李某提出借公款 5 万元，李某让单位财务人员从该院下属的滨河贸易公司开出 5 万元转账支票，交给万某英。被告人万某英是使用人，疗养院院长李某是挪用人。虽然挪用人李某明知使用人万某英借用公款是为了进行营利活动，但作为下级单位人员疗养院院长李某并没有主动与上级单位领导共谋，为上级领导挪用公款出谋划策，帮助上级单位领导完成挪用公款的行为。李某只是出于下级人员对上级人员命令的遵守，迫于上级单位领导的压力而挪用公款给被告人万某英使用，不宜以挪用公款罪论处。

15. 刘某林等挪用公款案[①]

——挪用公款归个人用于公司、企业注册资本
验资证明是否属于挪用公款进行营利活动

【基本案情】

2003年1月7日，私营业主刘某林为注册成立的宜宾正雄化工有限公司验资，找到何某平要求帮忙。何某平即私自为其办理了一个显示存有298540元人民币的虚假存折交给刘某林，刘某林赶到南溪县鼎盛会计师事务所进行验资未果。当日13时许，刘某林再次到大观营业所，告诉何某平注册公司验资需将钱汇到工商局指定的账户上验一下，要求何某平为其个人账户存入24万元用于个人注册公司验资。何某平则称要空存现金，必须有出纳的许可。刘某林立即找到出纳蔡某学，要求蔡某学帮忙，并一再承诺：保证当天将24万元资金转回大观营业所。蔡某学表示同意。被告人何某平、蔡某学随即在刘某林个人账户上办理了空存现金24万元的业务，该账户余额为266760.38元。操作柜员：何某平，审核：蔡某学。办理此业务后，何某平将刘某林该账户的存折和密码留下，并告诉他当天只能取出1万元现金，在下班银行微机关机之前将钱拿回来。刘某林随即持该账户的储蓄卡到农行南溪支行龙腾营业所办理转账26万元到鼎盛会计师事务所在龙腾营业所的账户上用于验资。2003年1月8日，南溪县鼎盛会计师事务所以"转出验资款"的用途，将上款转给宜宾正雄化工有限公司的预设账户，公司收到款后又将此款以"归还借款"的用途，转到刘某林的储蓄账户。何某平得到被告人刘某林的告知后，持刘某林的存折和密码在大观营业所将空存的24万元划账，归还了1月7日的空库款。未发

[①] 参见四川省南溪县人民法院（2005）南溪刑初字第9号刑事判决书。

生现金交易。

以上行为造成大观营业所一天空库现金24万元。案发后，农业银行南溪县支行对此进行了调查，并于2003年12月2日对蔡某学、何某平作出解除劳动关系的处理。2005年1月15日，被告人何某平主动投案自首。

【裁判理由】

四川省南溪县人民法院认为：被告人何某平、蔡某学原系国有金融机构的工作人员，经与被告人刘某林共谋后，利用职务之便将银行资金转入被告人刘某林的个人账户，供其注册公司验资的行为已构成挪用公款罪。被告人刘某林参与和指使被告人何某平、蔡某学挪用并取得公款用于验资，应以挪用公款罪的共犯定罪处罚。检察机关指控的罪名成立，法院依法予以支持。辩护人提出三被告人没有挪用公款的故意，将银行资金转给被告人刘某林验资仅起证明作用，系骗取验资证明，故不属挪用公款，其辩护意见与事实不符，法院不予采纳。被告人何某平得知检察机关对其立案侦查后，主动投案并如实供述犯罪事实，应认定为自首，可依法从轻或减轻处罚。公诉机关提出鉴于三被告人挪用公款的时间较短，未给国家造成经济损失，且犯罪后认罪态度好，希望酌定从轻处罚的公诉意见符合事实和法律规定，应予以支持和肯定。三被告人挪用公款时间短，主观恶性不大，且未造成严重后果，犯罪后均具有悔罪表现，适用缓刑确实不致再危害社会，可对其减轻处罚，适用缓刑。

【裁判结果】

四川省南溪县人民法院根据《刑法》第一百八十五条第二款、第三百八十四条第一款、第六十三条、第六十七条第一款、第七十二条第一款、《最高人民法院关于审理挪用公款案件具体应用法律若干问题的解释》第二条第二项、第三条第一款、第八条之规定，判决被告人刘某林犯挪用公款罪，判处有期徒刑三年，缓刑四年；被告人何某平犯挪用公款罪，判处有期徒刑二年，缓刑三年；被告人蔡某学犯挪用公款罪，判处有期徒刑三年，缓刑四年。

一审判决后，三被告人均未提出上诉，南溪县人民检察院也未提出抗诉。由于该案特殊情况，对被告人刘某林、蔡某学在法定刑期以下判处刑罚。按照规定，南溪县人民法院在上诉、抗诉期满后3日内报请宜宾市中级人民法院复核。宜宾市中级人民法院同意对刘某林、蔡某学在法定刑期以下判处刑罚，并逐级报请最高人民法院核准。

最高人民法院复核认定的事实和证据与一审认定的事实和证据相同。

【最高人民法院核准结果】

最高人民法院认为：被告人蔡某学系国有金融机构工作人员，利用职务之便，伙同本单位会计何某平擅自将银行人民币 24 万元资金转入被告人刘某林的个人储蓄账户，供刘某林注册公司验资，其行为已构成挪用公款罪，挪用公款数额巨大。被告人刘某林参与和指使蔡某学、何某平挪用公款用于个人注册公司验资，应以挪用公款的共犯论处。鉴于被告人蔡某学、刘某林挪用公款的时间仅有一天，未给国家造成经济损失，且认罪态度较好，对二被告人可在法定刑以下判处刑罚。南溪县人民法院判决认定的事实清楚，证据确实、充分，定罪准确，量刑适当，审判程序合法。

最高人民法院依照《刑法》第六十三条第二款和《最高人民法院关于执行〈中华人民共和国刑事诉讼法〉若干问题的解释》第二百七十条的规定裁定如下：核准四川省南溪县人民法院（2005）南溪刑初字第 9 号认定被告人刘某林、蔡某学犯挪用公款罪，均在法定刑以下判处有期徒刑三年，缓刑四年的刑事判决。

【法理评析】

笔者认为，营利之营，其义为谋求，因此，从一般语义上理解，凡是谋取利益的行为都可以纳入营利活动。但是，这个语词在《刑法》中作为专门术语，无疑应与"挪用公款""非法活动"等用语一起作协调性、体系性的界定。据此，《刑法》第三百八十四条中的营利活动，仅仅是指以合法手段谋取合法经济利益的行为，不包括非法地谋取经济利益或谋取非法经济利益的行为，更不包括谋取非经济利益的行为。

有人认为，营利活动应当是创造经济价值的活动，而挪用公款用于公司、企业注册资金证明的，因经济实体尚未建立，创造经济价值的活动尚未开始，被挪用的公款还没有直接投入营利性的生产经营活动，因而不能认定为一种营利活动。但是，2003 年最高人民法院《全国法院审理经济犯罪工作座谈会纪要》则指出："申报注册资本是为了进行生产经营活动作准备，属于成立公司、企业进行营利活动的组成部分。因此，挪用公款归个人用于公司、企业注册验资证明的,应当认定为挪用公款进行营利活动。"笔者认为,不能孤立地看待注册公司、企业行为的性质,注册公司、企业的直接目的是营利,所以将公款挪用于个人注册公司、企业,应当实质地解释为挪用公款进行营利活动。实务中,对于行为人挪用公款归个人购买可以用来经营的商铺、店面、厂房、土地使用权的情形是否应当参照挪用公款归个人注册公司、企业予以认定,值得研究。

16. 胡某、徐某设贪污、挪用公款案[①]

——挪用公款后平账的，如果不具有非法占有目的，不应认定为贪污罪

【基本案情】

胡某，原系河南证券有限责任公司董事长兼总经理，因涉嫌挪用公款犯罪于2001年8月27日被刑事拘留，同年9月11日，因涉嫌贪污、挪用公款犯罪经河南省鹤壁市人民检察院决定，由鹤壁市公安局对其执行逮捕。

徐某设，原系河南省博弈实业有限公司、博弈文化用品有限公司、森伟有限公司业主，因涉嫌贪污、挪用公款犯罪，于2001年9月12日经河南省鹤壁市人民检察院决定，由鹤壁市公安局对其执行逮捕。

被告人胡某、徐某设贪污、挪用公款一案，由河南省人民检察院指定鹤壁市人民检察院立案侦查。鹤壁市人民检察院侦查终结后，于2001年12月6日依法向鹤壁市中级人民法院提起公诉。

起诉书指控：

1. 1998年9月，被告人胡某得知司法机关对其涉嫌经济犯罪问题进行调查后，先后两次安排他人从河南证券有限责任公司取出现金80万元，作为非法活动经费，欲阻挠司法机关对其调查。

2. 1997年11月，被告人胡某与前夫徐某设（二人于1998年6月离婚）共同挪用河南证券公司资金200万元，用于徐某设开办的河南博弈文化用品有限公司进行营利活动。后胡某为达到占有此款的目的，便安排他人以支付装修款为名将账目作平，从中骗取公司资金156.1万余元，挪用43.8万元。

3. 1998年5月，被告人胡某为帮助徐某设归还欠款，挪用河南证券公司

[①] 参见《中华人民共和国最高人民法院公报》2003年第4期。

资金 200 万元。后被告人胡某为达到占有此款的目的，指使有关人员从河南证券公司自营账户上提款将账目作平，从中侵吞河南证券公司自营账户资金 169.7 万余元，挪用 30.2 万元。

4. 1998 年 9 月，被告人胡某与徐某设共谋用河南证券公司的国库券偿还徐某设欠河南证源公司的借款利息，后被告人胡某以河南证券公司的 20 万元国库券属徐某设所有为由，安排河南证券公司有关人员让徐某设取走此笔国库券据为己有，此笔国库券折合人民币 28.7 万元。

5. 1994 年 9 月，被告人胡某伙同徐某设共同挪用河南证券公司资金 310 万元，用于徐某设开办的河南博弈实业公司进行营利活动，至 1994 年 12 月归还。

6. 1996 年 12 月，被告人胡某伙同徐某设共同挪用河南证券公司资金 300 万元，用于徐某设开办的河南博弈文化用品商场进行营利活动，至 1998 年 7 月归还。

【裁判理由】

河南省鹤壁市中级人民法院经审理认为，被告人胡某身为国家工作人员，利用职务上的便利，单独或伙同徐某设贪污、挪用公款，其行为均构成贪污罪和挪用公款罪。鹤壁市人民检察院指控二被告人的罪名成立，应予支持。关于被告人胡某为帮助徐某设偿还欠款，从上海营业部调取 200 万元资金的问题，鹤壁市中级人民法院认为，胡某指示他人用上海营业部自营账户上的钱填平了借款后，胡某的借款仍然在自营账户上挂着，无充分证据证明胡某对该 200 万元有侵吞的故意，该账户也并非胡某个人控制和占有，故该行为应认定为挪用公款罪。案发后，二被告人已将赃款大部分退出，应酌情从轻处罚。

河南省高级人民法院经审理认为，原审判决定罪准确，量刑适当，审判程序合法，二被告人及其辩护人的辩护意见缺乏事实和法律依据，不予支持。但原审判决追回的赃款全部上缴国库不当。

【裁判结果】

河南省鹤壁市中级人民法院依照《刑法》第三百八十二条第一款、第二款、第三款，第九十三条第二款，第二百七十一条第二款，第三百八十四条第一款，第十二条，第二十五条第一款，第二十六条第一款、第四款，第二十七条第一款、第二款，第五十七条第一款，第五十九条第一款，第六十四条和第六十九条之规定，对二被告人判决如下：一、被告人胡某犯贪污罪，判决死刑，缓期二年执行，并处没收个人全部财产；犯挪用公款罪，判处有期徒刑十三年，数罪并罚，决定执行死刑，缓期二年执行，并处没收个人全部财产。二、被告人徐某设犯贪污罪，判处有期徒刑十二年，并处没收个人财产20万元；犯挪用公款罪判处有期徒刑十年，数罪并罚，决定执行有期徒刑二十年，并处没收个人财产20万元。三、被告人胡某、徐某设违法所得人民币3484000元、美元63669元予以追缴，上交国库。

二被告人不服一审判决，向河南省高级人民法院提出上诉。河南省高级人民法院经审理认为，原审判决定罪准确，量刑适当，审判程序合法，二被告人及其辩护人的辩护意见缺乏事实和法律依据，不予支持。但原审判决追回的赃款全部上缴国库不当。遂于2002年12月18日依照《刑事诉讼法》第六十四条之规定，作出如下判决：一、驳回被告人胡某、徐某设的上诉，维持原审判决定罪量刑部分。二、撤销原审判决中的第三项判决部分。三、被告人胡某、徐某设违法所得人民币3484000元、美元63669元予以追缴，其中，二被告人于案发前未归还的挪用公款部分即人民币1658000元退还给被挪用单位河南证券有限责任公司，其余追缴款上交国库。

【法理评析】

挪用公款罪与贪污罪的根本区别在于前者不具有永久非法占有公款的故意，而后者具有永久地非法占有公共财物的故意。

挪用公款行为存在因为行为人主观故意发生变化而转化为贪污罪的可能性。1998年4月29日《最高人民法院关于审理挪用公款案件具体应用法律若干问题的解释》第六条规定："携带挪用的公款潜逃的，依照刑法第三百八十二条、第三百八十三条的规定定罪处罚。"据此，挪用公款后对公款产生永久非法占有目的的，应当以贪污罪论处。根据2003年11月13日最高人民法院《全国法院审理经济犯罪案件工作座谈会纪要》的精神，除了行为人携带挪用的公款潜逃的情形对所涉及公款部分应当以贪污罪定罪处罚外，具有以下情形之一，均可推定行为人的挪用公款行为转化为贪污罪：（1）行为人挪用公款后，采取虚假发票平账、销毁有关账目等手段，使所挪用的公款已难以在单位财务账目上反映出来，且没有归还行为的；（2）行为人截取单位收入不入账，起先只是暂时非法占有，尔后使所占有的公款难以在单位财务账目上反映出来，且没有归还行为的；（3）有证据证明行为人有能力归还所挪用的公款而拒不归还，并隐瞒挪用的公款去向的；（4）将挪用的公款随意挥霍或不计后果地进行高风险投资，造成公款实际无法返还的。不过，对于上述推定情形，仍应站在以"非法占有目的"构成要件要素为核心的立场上评判贪污罪是否成立。对于挪用公款后实施平账等行为的，如果有相反证据证明平账等行为并非在非法占有之前以被挪用的公款为目的，则不能认定为贪污罪。

具体到本案，被告人胡某为帮助徐某设偿还欠款，从上海营业部调取200万元资金给徐某设使用。之后，胡某指示他人用上海营业部自营账户上的钱填平了借款，但是，胡某的借款记录仍然在自营账户上挂着，不属于"使所挪用的公款已难以在单位财务账目上反映出来"这一情形，且自营账户也并非由胡某个人控制和占有，故不能认定胡某具有非法占有200万借款的故意，该行为应认定为挪用公款罪而非贪污罪。

17. 梁某琦受贿案[1]

——财产性利益能否成为受贿罪的对象

【基本案情】

被告人梁某琦，曾任重庆市规划局总规划师、副局长，原系重庆市江北城开发投资有限公司（国有独资公司）董事长兼党委书记。因涉嫌犯受贿罪于2008年7月9日被逮捕。

重庆市人民检察院第一分院以被告人梁某琦先后利用其担任重庆市规划局总规划师、副局长等职务之便，为他人谋取利益，非法收受财物折合人民币15893836元，其行为已构成受贿罪，向重庆市第一中级人民法院提起公诉。

被告人梁某琦及其辩护人对起诉书指控的事实及罪名无异议。

重庆市第一中级人民法院经公开审理查明：

1. 被告人梁某琦于2002年至2008年1月先后担任重庆市规划局总规划师、副局长和重庆市江北城开发投资有限公司董事长期间，利用审批规划调整、建设工程选址定点和检查董事会决议执行、签署董事会文件文书等职权，27次为请托人谋取利益，非法收受财物折合人民币1370万余元。

2. 2005年年初，梁某琦应重庆国际高尔夫俱乐部有限公司总经理杨某全的请托，调整了国际高尔夫俱乐部的规划，增加了居住用地、商业用地和公共绿地。为此，杨某全送给梁某琦人民币18万元和一张免费高尔夫荣誉会员消费卡，梁某琦使用该卡实际消费人民币12292元。

3. 2005年下半年，梁某琦应重庆浦辉房地产开发公司董事长曾某浦的请托，通过调整规划，将该公司开发的"海棠晓月"商业街二期××号、××号楼，

---

[1] 中华人民共和国最高人民法院刑事审判第一、二、三、四、五庭主办：《刑事审判参考》（总第68集），法律出版社2009年版，第117页。

改建为滨江温泉大酒店，并扩大了"海棠晓月"B区城市之窗滨江花园商务区项目建设用地规模。同年9月，曾某浦将其公司开发的"海棠晓月"B区×号楼2套住宅以每平方米人民币3000元，总价人民币863200元的价格销售给梁某琦。梁某琦安排妻子于2005年9月24日支付了全额房款，重庆浦辉房地产开发公司开具了销售不动产专用发票。经鉴定，该房在价格鉴定基准日（2005年9月24日）的价格为人民币186.5万元。此外，曾某浦还两次送给梁某琦人民币共计21.5万元。

4. 2005年，梁某琦应重庆中渝物业发展有限公司总经理曾某才的请托，通过调整规划，将该公司渝北区新溉路地块内的学校用地规模减小，开发用地增加，容积率上调，满足了该公司的要求，并为曾某才的加州高尔夫练习场搬迁选址提供了帮助。2007年5月，梁某琦得知一支港股要涨一倍多，在没有给付股本金的情况下，让曾某才在香港帮其买100万股，同年7月又让曾某才将该股卖出，获利50万港元，后曾某才将50万港元按照梁某琦的指示换成50万元人民币交给梁某琦。另外，曾某才还先后送给梁某琦人民币20万元和港币5万元。被告人梁某琦将收受他人的财物用于个人购房、购买股票、家庭日常开支、借与他人等，案发后已收缴涉案的款物折合人民币共计900余万元。

【裁判理由】

重庆市第一中级人民法院认为，被告人梁某琦利用其职务上的便利，为他人谋取利益，共计收受他人财物折合人民币15893836元，其行为已构成受贿罪，情节特别严重，依法应予惩处。鉴于其案发后认罪态度较好，积极配合司法机关追回赃款赃物，有一定悔罪表现，可对其判处死刑，不立即执行。

【裁判结果】

重庆市第一中级人民法院依照《刑法》第三百八十五条第一款，第三百八十六条，第三百八十三条第一款第一项、第二款，第四十八条第一款，第五十七条第一款，第六十四条的规定，判决如下：一、被告人梁某琦犯受贿罪，判处死刑，缓期二年执行，剥夺政治权利终身，并处没收个人全部财产。二、对违法所得人民币15893836元予以追缴。

一审宣判后，被告人梁某琦未提出上诉，检察院未提出抗诉，该判决已被重庆市高级人民法院核准生效。

【法理评析】

本案涉及的主要问题包括三个方面：

1. 无具体金额的会员卡是否属于受贿罪中收受财物的"财物"。

由于我国《刑法》没有规定利益罪，因而对"财物"的理解，应当在符合刑法宗旨的前提下进行目的解释、扩张解释，而不能停留在文义解释的范围之内。因此，对于国家工作人员利用职务上的便利，要求或者接受相对人为其本人或者第三人设定的债权股权，免除所欠债务，免费提供劳务或装修房屋，免费旅游，减免贷款借款利息，免费提供住房使用权或高档物品使用权，免费吃喝玩乐消费，购买商品给予明显超出正当范围的优惠等等，均应当实质性地解释为索取或者非法收受财物。因为对于被收买的国家工作人员来说，享受相关权利而节省了一定的金钱或财物代价，在实质上等同于获取了一定的金钱或者财物。

2016年4月18日《最高人民法院、最高人民检察院关于办理贪污贿赂刑事案件适用法律若干问题的解释》（以下简称2016年《办理贪污贿赂刑事案件解释》）第十二条明确规定："贿赂犯罪中的'财物'，包括货币、物品和财产性利益。财产性利益包括可以折算为货币的物质利益如房屋装修、债务免除等，以及需要支付货币的其他利益如会员服务、旅游等。后者的犯罪数额，以实际支付或者应当支付的数额计算。"

本案中，重庆国际高尔夫俱乐部有限公司总经理杨某全送给梁某琦一张该高尔夫俱乐部荣誉会员卡，承诺持卡人所有消费均享受免费待遇。梁某琦享受了会员待遇却没有支付任何对价，实质上等同于获得了与其待遇相应的金钱或者财物，因此，应当认定梁某琦成立受贿罪。即便在2016年《办理贪污贿赂刑事案件解释》施行之前，梁某琦接受会员卡的行为也应当认定为受贿。

2. 低价购买商品房，虽未签订商品房买卖合同且未验收，但买卖双方履行完主要买卖义务的应当认定为受贿。

本案中，虽然梁某琦夫妇与浦辉公司之间未签订房屋买卖合同，也未办理交房手续，但在梁某琦利用职务便利为请托人浦辉公司董事长曾某浦谋取了利益的情况下，其妻子按照低于市场价格即每平方米3000元价格向浦辉公司全额支付了房款，浦辉公司亦向其开具《重庆市销售不动产专用发票》。依据

《合同法》第三十六条①规定："法律、行政法规规定或者当事人约定采用书面形式订立合同，当事人未采用书面形式但一方已经履行主要义务，对方接受的，该合同成立。"据此，被告人梁某琦与浦辉公司之间的房屋买卖关系已经成立。根据《最高人民法院、最高人民检察院关于办理受贿刑事案件适用法律若干问题的意见》（以下简称《办理受贿案件意见》）第一条第一款规定："国家工作人员利用职务上的便利为请托人谋取利益，以下列交易形式收受请托人财物的，以受贿论处：（1）以明显低于市场的价格向请托人购买房屋、汽车等物品的；（2）以明显高于市场的价格向请托人出售房屋、汽车等物品的；（3）以其他交易形式非法收受请托人财物的。"被告人梁某琦在本案中以明显低于市场的价格向请托人浦辉公司购买房屋的行为，应以受贿论处。

3. 未出资而委托他人购买股票获利的应当认定为受贿。

国家工作人员借委托请托人投资证券、期货或者其他委托理财的名义收受请托人财物，《办理受贿案件意见》第四条对此作了规定："国家工作人员利用职务上的便利为请托人谋取利益，以委托请托人投资证券、期货或者其他委托理财的名义，未实际出资而获取'收益'，或者虽然实际出资，但获取'收益'明显高于出资应得收益的，以受贿论处。受贿数额，前一情形，以'收益'额计算；后一情形，以'收益'额与出资应得收益额的差额计算。"

本案中，被告人梁某琦利用职务上的便利，为请托人重庆中渝物业发展有限公司谋取利益，在始终未出资的情况下，委托该公司的总经理曾某才在香港为其购买股票，并获取收益50万元，其行为应以受贿论处。

---

① 对应《民法典》第四百九十条第二款规定，法律、行政法规规定或者当事人约定合同应当采用书面形式订立，当事人未采用书面形式但是一方已经履行主要义务，对方接受时，该合同订立。

18. 王某受贿案[①]

——以收受干股的形式收受贿赂的相关问题

【基本案情】

1999年11月至2008年2月,被告人王某利用担任国家开发银行副行长职务上的便利,接受湖南利联安邵高速公路开发有限公司总经理李某、云南昆钢朝阳钢渣开发有限责任公司(以下简称昆钢朝阳公司)董事长周某(另案处理)和河南中裕煤层气开发利用有限公司北京办事处主任王某甲等人的请托,为相关单位减少支出工程勘察设计费、增加地质勘察进尺量、继续经营钢渣处理业务、贷款申请和发放等事宜提供帮助,索取和非法收受上述3人给予的财物共计折合人民币11968668元。具体包括:

1. 被告人王某于1999年11月至2007年11月,利用担任国家开发银行副行长职务上的便利,接受湖南利联安邵高速公路开发有限公司总经理李某的请托,通过向湖南省人民政府分管国家开发银行贷款业务的副省长打招呼,为该公司减少支出高速公路工程勘察设计费人民币500余万元、增加地质勘察进尺量2万余米提供帮助。为此,王某先后5次索取和非法收受李某为取得和感谢其帮助而给予的人民币400万元、港币100万元、美元1万元,共计折合人民币5238668元。

2. 2005年春节前,周某告知王某甲(王某之弟)昆钢朝阳公司与红河、玉溪两家钢铁公司的钢渣开发协议已经签署,邀请其共同参与,并称他打算成立一家小公司,承包钢渣业务,以获取更大的利润;为了防止昆钢集团阻挠,希望通过其兄王某维持与云南省领导及昆钢的关系,并提出给予其30%的股

[①] 参见《中华人民共和国最高人民检察院公报》2010年第6期。

份，同时承诺无论盈亏，每年均给予其一定数额的款项。王某甲将周某的提议告知王某后，王某对此表示支持，并答应帮助协调省里的关系。2005年4~5月间，王某甲应周某的要求，代表玉溪朝阳公司与昆钢朝阳公司签订了钢渣业务承包合同。2006年5~6月间，王某勇担任昆钢集团董事长后，开始处处为难周某。周某感到昆钢领导已经发现钢渣业务被私人承包一事，担心业务无法继续做下去，于是让王某甲通过王某找云南省副省长李某华帮忙协调，王某甲遂将周某的意思转达王某，王某当即同意。不久，其与李某华见面时，李某华称他已与王某勇打了招呼。随后，其约见王某勇，王某勇表示钢渣处理合同还要继续执行，不会因为领导人的改变而改变。在此后的一段时间里，周某的钢渣业务开展得比较顺利。2005年至2008年年初，周某按照预先承诺，亲自或通过他人先后多次以支付现金、存款或转账等形式给予王某甲钱款共计人民币643万元。王某甲将收受钱款的情况告知王某，并按照王某的要求，用其中的300万元为其父母在云南滇池附近购买了1套别墅。

3. 被告人王某于2000年至2005年3月，利用担任国家开发银行副行长职务上的便利，接受河南中裕煤层气开发利用公司北京办事处主任王某甲的请托，为河南省郑州市经济技术开发区、河南正和实业有限公司向国家开发银行申请贷款人民币3亿元提供帮助，使王某甲从中获得好处费人民币300万元。为此，王某以急需用钱为由向王某甲索取人民币30万元。

案发后，被告人王某及其家属将全部赃款退缴。

【裁判理由】

2010年3月30日，北京市第一中级人民法院经审理认为：被告人王某身为国家工作人员，利用职务上的便利，索取和非法收受他人财物，为他人谋取利益，其行为已构成受贿罪。北京市人民检察院第一分院指控被告人王某犯受贿罪的事实清楚，证据确实、充分，指控罪名成立。王某所犯受贿罪，数额特别巨大，为请托人谋取了不正当利益，且有索贿情节，其行为严重侵害了国家工作人员职务行为的廉洁性，败坏了国家工作人员的声誉，犯罪的情节、后果均特别严重，论罪应当判处死刑。鉴于其归案后能如实交代所犯罪行，认罪态度较好，赃款已全部追缴，对其判处死刑，可不立即执行。

【裁判结果】

2010年4月15日，北京市第一中级人民法院依照《刑法》第三百八十五条第一款，第三百八十六条，第三百八十三条第一款第一项、第二款，第四十八条，第五十一条，第五十七条第一款，第五十九条，第六十一条，第六十四条的规定，作出如下判决：一、被告人王某犯受贿罪，判处死刑，缓期二年执行，剥夺政治权利终身，并处没收个人全部财产。二、在案冻结的昆明市滇池国家旅游度假区海韵枫丹×幢房产一套变价后清偿银行贷款余额和利息，剩余的款项连同在案冻结的其他款项及房产的变价款抵偿受贿赃款予以追缴，上缴国库。余款退回北京市人民检察院第一分院处理。

一审宣判后，被告人王某在法定期限内没有提出上诉，检察机关也没有提起抗诉，北京市第一中级人民法院将该案报送北京市高级人民法院核准。

北京市高级人民法院依法组成合议庭对案件进行了复核。法庭认为：北京市第一中级人民法院根据王某犯罪的事实，犯罪的性质、情节及对于社会的危害程度所做的判决，事实清楚，证据确实充分，定罪及适用法律正确，量刑适当，审判程序合法，应予核准。

2010年5月25日，北京市高级人民法院依照《刑事诉讼法》第二百零一条的规定，作出裁定：核准北京市第一中级人民法院（2010）一中刑初字第355号以受贿罪判处王某死刑，缓期二年执行，剥夺政治权利终身，并处没收个人全部财产的刑事判决。该裁定送达后即发生法律效力。

【法理评析】

针对干股受贿问题，2007年7月8日《最高人民法院、最高人民检察院关于办理受贿刑事案件适用法律若干问题的意见》在第二条专门指出："干股是指未出资而获得的股份。国家工作人员利用职务上的便利为请托人谋取利益，收受请托人提供的干股的，以受贿论处。进行了股权转让登记，或者相关证据证明股份发生了实际转让的，受贿数额按转让行为时股份价值计算，所分红利按受贿孳息处理。股份未实际转让，以股份分红名义获取利益的，实际获利数额应当认定为受贿数额。"

具体到本案，周某为了防止昆钢集团阻挠，希望通过王某维持与云南省领导及昆钢的关系，并提出给予其30%的股份，同时承诺无论盈亏，每年均给予其一定数额的款项。王某甲（王某之弟）将周某的提议告知王某后，王某对此表示支持，并答应帮助协调省里的关系。王某在周某之后的经营过程中确实帮忙找云南省副省长李某华协调关系，为周某的经营保驾护航。周某也按照预先承诺，亲自或通过他人先后多次以支付现金、存款或转账等形式给予王某钱款共计人民币643万元。王某利用职务上的便利，为周某疏通关系，接受周某给予的干股并获得分红，其行为应当认定为受贿罪。

值得研究的是，国家工作人员只要接受了股份作为其职务行为的对价，是否一律构成受贿罪？笔者认为，接受干股或虚价股份属于受贿罪的对象，前者是未出资而获得的股份，后者是以远低于市场的价格获得的股份；而实价股份则不属于受贿罪的对象。司法实践中，一些国家工作人员以职务行为为对价，要求或者收受以实际交纳财物的形式入股效益较好的企业或公司，从而获取较大收益。这种实际交纳了相应对价而获得的股份就是实价股份。国家工作人员以实价股份的形式获取物质利益，虽然利用了职务上的便利，但毕竟存在实际出资，体现了出资与分红的市场关系，而不是以职权换取财物，而虚价股份则是以股份名义行行贿之实，属于变相的贿赂。换言之，实价入股的行为实际上获取的是一种获利机会。对此，也可以参照2003年11月13日最高人民法院《全国法院审理经济犯罪案件工作座谈会纪要》有关受贿罪问题的"（七）涉及股票受贿案件的认定"之规定予以理解。该《纪要》针对国家工作人员利用职务便利买卖股票的行为性质问题指出："……（2）行为人支付本金而购买较有可能升值的股票，由于不是无偿收受请托人财物，不以受贿罪论处。"同样道理，实价入股和支付本金购买股票，在本质上一样，自然也不应当以受贿罪定罪处罚。

19. 阎某民、钱某芳贪污、受贿案[①]

——国家工作人员以单位的名义向有关下属会员单位索要赞助款入账后继而占为己有的行为是索贿还是贪污（贪污与受贿的区分）

【基本案情】

被告人阎某民。2002年4月17日因涉嫌犯受贿罪被刑事拘留，同年4月29日被逮捕。

被告人钱某芳。2002年3月19日被监视居住，4月26日因涉嫌犯贪污罪被刑事拘留，同年4月30日被逮捕。

江苏省南京市人民检察院以被告人阎某民犯受贿罪、滥用职权罪，被告人钱某芳犯受贿罪，向江苏省南京市中级人民法院提起公诉。

江苏省南京市中级人民法院经公开审理查明：1996年1月，被告人阎某民利用担任江苏省体制改革委员会（以下简称体改委）副主任、江苏省市场协会（体改委下设机构，以下简称市场协会）理事长的职务便利，以市场协会投资需要为由，向其下属的苏州商品交易所（以下简称苏交所）索要80万元的"赞助"。由于苏交所是市场协会的会员，且阎某民作为体改委的领导及市场协会的理事长，对苏交所多次给予关照，故苏交所按阎某民的要求为市场协会办理了80万元的付款转账手续。该款汇入被告人阎某民、钱某芳私设的账户后，钱某芳按照阎某民的要求提现，并交给阎50万元现金及99904元国库券。其后，因群众举报，江苏省纪委对此事进行调查。阎某民经与钱某芳及钱的丈夫谷某（另案处理）共谋，由钱某芳、谷某伪造了虚假的投资协议及

[①] 中华人民共和国最高人民法院刑事审判第一庭、第二庭编：《刑事审判参考》（总第42集），法律出版社2005年版，第97页。

账目凭证，被告人钱某芳并向江苏省纪委调查人员提供了虚假证言，以掩盖阎某民非法索取 80 万元的犯罪事实。

1998 年，被告人阎某民利用职务便利，收受苏交所装修好的位于苏州市桐泾路锦绣新苑的住宅一套，价值人民币 388100 元。

1996 年 11 月至 1998 年 12 月间，被告人阎某民利用职务便利，先后 17 次将本人及家庭成员的各类消费发票拿到苏交所报销，金额共计人民币 48628.1 元。

【裁判理由】

江苏省南京市中级人民法院认为，被告人阎某民利用职务上的便利，索取和非法收受他人财物，共计价值人民币 1236728.1 元，为他人谋取利益，其行为已构成受贿罪。被告人钱某芳明知被告人阎某民非法索取他人财物占为己有而伪造证据，提供虚假证言，意图掩盖阎某民的犯罪事实，其行为已构成包庇罪。公诉机关指控被告人阎某民犯受贿罪，罪名成立，但指控被告人阎某民犯滥用职权罪、被告人钱某芳犯受贿罪，证据不足，不予采纳。被告人阎某民受贿数额巨大，其中人民币 80 万元是索贿，依法应从重处罚；案发后，赃款未能全部退清，酌情予以从重处罚。

江苏省高级人民法院认为：案发前上诉人阎某民担任的市场协会法定代表人系受国家机关委派，同时其仍任省体改委副主任，市场协会亦由其分管，故符合国家工作人员的主体身份，上诉人阎某民提出原判决认定其为受贿罪主体不当的上诉理由不能成立，不予采纳。

上诉人以市场协会名义向苏交所索要 80 万元赞助款后，虽应苏交所的要求以市场协会名义出具的收据系借款手续，但根据阎某民向苏交所虚构要款事由，"借"款主体为单位，阎某民、钱某芳二人另开账户秘密私分，至案发前数年未还，苏交所亦从未催要，得知有关部门查处后阎、钱二人共谋伪造证据等事实，应当认定阎某民在取得该款时没有归还的意图，具有个人占有性质。阎某民与钱某芳在得知有关部门查处后，以不成对价之货物向苏交所抵"债"的行为，系在上述犯罪既遂后，为掩盖其犯罪事实之行为，不能改变原犯罪行为的性质。上诉人阎某民对原判认定其索要 80 万元事实的辩解不能成立，不予采纳。

上诉人阎某民以单位名义向苏交所要款，以其法定代表人的职权开设账户，并将苏交所汇至其单位账户中的款项与他人秘密私分的行为，缺乏索贿行为中被索贿人对索贿人行为性质的认知和向索贿人付款之行为指向的目的特征,故不属于受贿罪的性质,原判决对此节事实的定性不当,出庭检察员、上诉人阎某民及其辩护人就此节事实之定性提出的意见和辩解均成立,予以采纳。

原审被告人钱某芳为顺利取得苏交所赞助市场协会的款项,利用上诉人阎某民的职务之便,伙同阎某民实施了开设市场协会账户,持市场协会介绍信至苏交所办理80万元转账手续,提现后与阎某民私分,填写阎某民交付的空白单位收据后交给苏交所冲账,向有关部门作假证明等。其虽曾辩解其所得本案之款项已用于市场协会出资的昊宇公司之经营活动,但由于其与阎某民系秘密取得市场协会公款,即使其将该款项已用于昊宇公司,在市场协会和昊宇公司分别未作相应账务反映的情况下,市场协会作为昊宇公司出资单位之一,对该款项仍然没有出资单位应有的主张权利、取得收益的依据,显然其辩解不能改变市场协会公款被其个人实际控制支配的状态。据此,原判决对钱某芳犯罪事实和性质的认定不当,出庭检察员提出原判决对原审被告人钱某芳以包庇罪定性不当的意见与事实和法律相符,予以采纳。

在上诉人阎某民的职权对苏交所具有制约关系的情形下,阎某民之子仅在苏交所之下属单位短暂工作,苏交所以其子名义购买房产并耗资装修,并在其子离开苏交所后以为其子发工资的名义冲抵购房费用,案发前阎某民的家人一直在该处住宅内居住等事实表明:以阎某民之子名义购房,以阎某民本人的名义向苏交所出具虚假借条的行为,均系规避违法事实的行为,应当认定该房产的取得系阎某民接受苏交所财物的受贿行为。尽管案发前上述住房屋产权证尚存放于苏交所,但根据房屋产权以房产管理机关登记为准的规定,房屋产权证持有人与所有人的不一致不影响房屋的权属性质,亦不影响阎某民此节受贿行为的既遂形态。故上诉人阎某民及其辩护人以未实际取得产权证为由,对原判决认定阎某民此节受贿的事实及定性提出异议,与事实和法律不符,不能成立,不予采纳。

上诉人阎某民利用职务便利,伙同原审被告人钱某芳共同非法占有苏交所赞助市场协会80万元的行为,已构成贪污罪,且数额巨大,属于共同犯罪。上诉人阎某民利用职务便利,非法收受他人财物计价值人民币436728.1元,并为他人谋取利益,其行为已构成受贿罪,且数额巨大。在阎某民、钱某芳的共同贪污犯罪中,上诉人阎某民起主要作用,系主犯,依法应按照其所参与的全部犯罪处罚;原审被告人钱某芳起次要作用,系从犯,依法应当减轻处罚。

上诉人阎某民犯有数罪,应数罪并罚。上诉人及其辩护人关于原判决部分事实定性不当的辩解和意见、江苏省人民检察院出庭检察员就原判决认定本案部分事实定性问题当庭发表的意见正确,予以采纳。原判决对上诉人阎某民部分犯罪事实及原审被告人钱某芳包庇罪的定性不当,应予改判。

【裁判结果】

江苏省南京市中级人民法院依照《刑法》第十二条第一款、第三百八十五条第一款、第三百八十六条、第三百八十三条第一款第一项、第三百一十条第一款、第五十七条第一款、第五十九条、第六十四条的规定,于2003年11月18日判决如下:一、被告人阎某民犯受贿罪,判处无期徒刑,剥夺政治权利终身,没收个人全部财产;二、被告人钱某芳犯包庇罪,判处有期徒刑二年六个月;三、被告人阎某民受贿赃款1236728.1元予以追缴。

一审宣判后,阎某民不服,上诉于江苏省高级人民法院。2004年12月16日,江苏省高级人民法院依照《刑事诉讼法》第一百八十九条第二项、第三项及《刑法》第十二条第一款,第三百八十二条,第三百八十三条第一款第一项,第三百八十五条第一款,第三百八十六条,第二十五条第一款,第二十六条第一款、第四款,第二十七条,第五十九条,第六十四条和第六十九条的规定,判决如下:一、撤销江苏省南京市中级人民法院的刑事判决。二、上诉人(原审被告人)阎某民犯贪污罪,判处有期徒刑十四年,没收财产人民币15万元;犯受贿罪,判处有期徒刑十二年,没收财产人民币10万元。决定执行有期徒刑十八年,没收财产人民币25万元。三、原审被告人钱某芳犯贪污罪,判处有期徒刑二年六个月。四、案发后扣押的上诉人阎某民、原审被告人钱某芳的赃款赃物依法追缴;对违法所得不足部分继续予以追缴。

【法理评析】

对于本案中被告人阎某民、钱某芳的行为定性,公诉机关的起诉意见、一审法院裁判结果、二审法院的裁判结果之间均存在分歧。一审阶段,公诉机关指控被告人阎某民犯受贿罪、滥用职权罪,被告人钱某芳犯受贿罪。一审法院裁判采纳公诉机关对被告人阎某民受贿罪的意见,认定受贿数额为1236728.1元,包括阎某民以市场协会需投资为由向苏交所索要80万元,收受苏交所赠送装修好的住宅一套(价值人民币388100元),以及其通过以各类消费发票拿到苏交所报销所收受的48628.1元。但是,对于公诉机关指控阎某民的滥用职权罪不予认可；同时认为钱某芳犯受贿罪的事实不清、证据不足，但对于钱某芳掩盖其伙同阎某民非法占有80万元事实的行为，定性为包庇罪。二审法院经审理后，改变了一审判决对阎某民实施的部分事实（即阎某民以市场协会需投资为由向苏交所索要80万元一节事实）的定性，对该部分事实认定为贪污罪，以贪污罪和受贿罪（数额为436728.1元）对阎某民实行数罪并罚；认定钱某芳伙同阎某民非法占有80万元的行为系贪污罪（共犯），而非包庇罪。另外，本案二审阶段，辩护人提出阎某民接受苏交所一套房屋，由于房屋产权在案发时产权证尚存放于苏交所，故不应认定为受贿的意见，二审法院未予采纳，理由是房屋产权证持有人与所有人的不一致不影响房屋的权属性质，亦不影响阎某民此节受贿行为的既遂形态。

笔者认为，二审法院判决是正确的。本案值得研究的主要问题是：

1. 国家工作人员利用职务上的便利，以本单位名义向与自己具有制约关系的其他单位或个人索要财物后据为己有的行为，是受贿罪还是贪污罪？

从理论上讲，受贿罪与贪污罪两罪的构成要件显著不同，前者是出卖职权获取他人贿赂的犯罪，后者是以职权为依托非法占有本人管控（主管、管理、经手）的财物的犯罪，一般不会发生混淆。但是，司法实践中存在一种现象：行为人利用职务上的便利向下属单位或其他与自己单位、自己职权具有制约关系的单位或个人索取财物，且以单位收取这些财物为名进行，索取财物后，行为人又继而非法占为己有。对此种行为如何定性，存在争论。有人主张认定为索贿类型的受贿罪，有人认为应当认定为贪污罪，还有人主张认定为单位受贿罪和贪污罪、实行数罪并罚。

笔者认为，对于上述情形的定性，关键是看行为人获取的财物究竟是行为人主管、管理、经手的财物，还是出卖自己职权的"对价"财物（贿赂）。具体而言，应当关注两个因素：一是财物的归属，即财物究竟是行为人所管控的公共财物，还是收买其职权的单位或个人的财物（贿赂）；二是行为人职权发生作用的指向究竟是占有本人具有管控力的财物，还是出卖职权以换取他人收买其职权的财物。如果行为人出卖自己的职权收受或索取归属于他人的财物，为受贿性质；如果行为人利用管控财物的职权将财物非法占有，则为贪污。值得注意的是，财物的归属与财物的来源并非等同概念，财物来源于何人，并不意味着其所有权及其他本权亦属于该人。受贿罪中财物（贿赂）归属于行贿人、行贿单位，贪污罪中的财物属于行为人所在单位（扩大解释可以包括其下属单位）。

本案中，阎某民作为原江苏省体改委原副主任、江苏省市场协会理事长，以市场协会需投资为由，向下属的单位苏交所索要 80 万元，并最终为其本人及钱某芳所有，在形式上似乎符合索贿的特征。一审法院正是从形式上将阎某民实施的该节索要 80 万元的事实认定为受贿罪，并适用法定从重情节予以处罚。然而，一审法院忽略的因素是：阎某民不仅以单位名义索要 80 万元，而且事实上也将 80 万元存入了市场协会的银行临时账户，该 80 万元无论从被索要单位苏交所的认识还是客观事实判断，均最终归属于市场协会，应视为市场协会的公共财产。况且，没有证据证明阎某民索要 80 万元系假借单位需要投资为名，由个人获取 80 万元作为出卖权力的对价，行为不具备受贿罪的本质特征。阎某民实际上是将来源于苏交所、归属于市场协会的 80 万元公款非法占有，将其定性为贪污是准确的。钱某芳负责提供市场协会相关证件、办理存取 80 万元的账户事宜，且在该 80 万元转至市场协会上述临时账户后，按照阎某民的要求提现，为阎某民和自己非法占有，其行为与阎某民成立贪污罪的共同犯罪。至于钱某芳后期实施掩盖本人与阎某民共同非法占有 80 万元事实的行为，属于事后不可罚的行为，不应认定为包庇罪。

2. 对于行为人利用职务上的便利收受他人房屋的，如何把握受贿罪的既遂未遂？

受贿罪的既遂未遂以行为人索取或收受财物的实现为区分标志，在刑法理论界和实务界都是共识。那么，对于以房屋为对象的受贿罪，如何判断既遂未遂？有人认为，不动产转移适用登记制度，如果涉案房屋由行为人控制，但没有转移登记于行为人名下，则不成立受贿罪既遂，而只是未遂。笔者认为，对于以房屋为对象的受贿罪既遂与未遂的区分，应当以行为人是否实际控制房屋为标准。只要行为人在事实上控制了房屋，即使没有就所有权的取得进行了变更登记，也应当认定为受贿罪的既遂。这是因为民法上的不动产登记制度，目的在于确权，而刑法上既遂未遂的区分实质在于行为对法益侵害程度的权衡。就索取或收受房屋形式的受贿而言，只要行为人实际控制了他人所送予的房屋，即可认定行为人取得了贿赂。本案中，阎某民利用职务便利收受苏交所赠送价值人民币 388100 元的住宅一套，但房屋并未过户给阎某民，而阎某民对此房屋已实际持有，二审法院认定其受贿既遂，是正确的。

20. 黄某受贿案[1]

——受贿罪中利用职务上的便利和利用本人职权或者地位形成的便利条件之区分

【基本案情】

被告人黄某，原系山东省人民政府副省长。曾任山东省德州市人民政府市长、中共德州市委书记。2012年6月27日，因涉嫌受贿罪被逮捕。

被告人黄某受贿一案，经最高人民检察院指定，由江苏省人民检察院于2012年6月13日立案侦查。侦查终结后，于2012年9月24日由江苏省人民检察院将该案依法交由江苏省南京市人民检察院审查起诉。江苏省南京市人民检察院受理后，在法定期限内告知了黄某有权委托辩护人等诉讼权利，讯问了黄某，审查了全部案件材料。因案情重大复杂，案件二次退回补充侦查、二次延长审查起诉期限各半个月。2013年2月1日，江苏省南京市人民检察院依法向南京市中级人民法院提起公诉。被告人黄某的犯罪事实如下：

1998年下半年至2011年8月，被告人黄某利用其担任山东省德州市人民政府市长、中共德州市委书记，山东省人民政府副省长等职务上的便利，在企业经营、职务晋升等方面为他人谋取利益，或者利用其担任山东省人民政府副省长职务形成的便利条件，通过其他国家工作人员职务上的行为，为他人谋取不正当利益，具体犯罪事实如下：

1. 2002年年底至2011年3月，被告人黄某利用其担任中共德州市委书记、山东省人民政府副省长职务上的便利，接受德百公司法定代表人杨某星的请托，为德百公司百货大楼费用减免及排除竞争，天衢购物中心、澳德乐时代广

---

[1] 参见《中华人民共和国最高人民检察院公报》2014年第2期。

场建设项目的相关费用减免以及杨某星之弟职务晋升等事项提供了帮助。为此，黄某于2007年年初至2010年年初，黄某通过其弟黄某东收受杨某星给予的医疗设备款人民币280万元，收受杨某星给予的价值人民币2367826.83元的住房一套（含契税）、人民币40万元，共计折合人民币5567826.83元。2011年8月，黄某得知与其受贿有关联的人被调查，遂将该住房及280万元设备款退还给杨某星。

2. 2002年年初至2011年7月，被告人黄某利用其担任中共德州市委书记、山东省人民政府副省长职务上的便利，为山东省大同宏业投资集团法定代表人张某之弟职务晋升提供了帮助，并接受张某的请托，为该集团下属企业开发的"枣山家园"项目缓缴城市基础设施配套费和排除施工干扰，张某朋友之女报考山东警察学院等事项提供了帮助。为此，黄某分别于2004年下半年和2008年上半年，收受张某给予的价值人民币1045450元的住房一套（含契税）、英镑3万元，共计折合人民币1448512元。2011年9月，黄某得知与其受贿有关联的人被调查，遂将该住房退还给张某。

3. 2006年5月至9月，被告人黄某利用其担任中共德州市委书记职务上的便利，接受德州天宇化学工业有限公司投资人王某宇的请托，为该公司获取企业搬迁补偿费提供了帮助。为此，黄某分别于2006年下半年和2009年春节前，收受王某宇给予的人民币982470元的购房款（含契税）、价值人民币11万元的车位一个及人民币5万元，共计折合人民币1142470元。

4. 2003年年底至2009年夏天，被告人黄某利用其担任中共德州市委书记、山东省人民政府副省长职务上的便利，接受国科投资有限公司法定代表人蔡某军的请托，为该公司免除行政罚款、获得商业贷款、逃避税务稽查、筹建高尔夫球场项目等事项提供了帮助。为此，黄某于2005年秋天至2011年元旦前，先后10次收受蔡某军给予的人民币22万元、美元2万元及价值人民币29万元的购物卡，共计折合人民币670196元。

5. 2003年1月至2011年3月，被告人黄某利用其担任中共德州市委书记、山东省人民政府副省长职务上的便利，为中共禹城市委原副书记杨某军担任宁津县人民政府县长、中共夏津县委书记提供了帮助；并接受杨某军的请托，为夏津县计划生育工作、夏津县特殊教育学校解决用地指标等事项提供了帮助。为此，黄某于2007年夏天至2011年年初，先后4次收受杨某军给予的共计存有人民币40万元的银行卡。

6. 2007年年初至2010年1月，被告人黄某利用其担任中共德州市委书记、山东省人民政府副省长职务上的便利,接受山东德州科技职业学院院长朱某材的请托,为该学院获取教育经费、申请恢复招生指标及筹建青岛校区等事项提供了帮助。为此,黄某分别于2007年中秋节前和2008年下半年,先后收受朱某材给予的人民币10万元和存有人民币30万元的银行卡,共计人民币40万元。

7. 2011年3月,被告人黄某利用其担任山东省人民政府副省长职务上的便利,接受济南善智投资咨询有限公司法定代表人温某铧的请托,为该公司参与汇胜集团股份有限公司收购平原县翔龙纸业有限公司并能享受税收优惠政策提供了帮助。为此,黄某于2011年4月,通过其子黄某严收受温某铧给予的人民币40万元。

8. 1998年下半年至2007年2月,被告人黄某利用其担任德州市人民政府市长、中共德州市委书记职务上的便利,接受德州市人民政府驻北京办事处原主任、德州大酒店有限责任公司原董事长白某冰的请托,为该办事处下属企业建设项目土地出让金的减免、德州大酒店国有股减持以及综合改造项目城市基础设施配套费的减免等事项提供了帮助。为此,黄某于2002年3月至2011年春节前,先后6次收受白某冰给予的美元2000元、人民币18万元、英镑1万元及价值人民币3万元的商场购物卡,共计折合人民币332354元。

9. 2006年6月至2009年11月,被告人黄某利用其担任中共德州市委书记、山东省人民政府副省长职务上的便利,接受皇明太阳能集团有限公司董事长黄某甲的请托,为该公司下属企业承揽工程和下属职业中专学校升格等事项提供了帮助。为此,黄某于2008年夏天,收受黄某甲给予的人民币30万元。2011年9月,黄某得知与其受贿有关联的人被调查后,遂将人民币30万元退还给黄某甲。

10. 2009年春节前至2011年8月,被告人黄某利用其担任山东省人民政府副省长职务上的便利,接受德州学院党委书记任某河、院长贺某玉的请托,为德州学院获得高校专项资金、申请硕士研究生试点等事项提供了帮助。为此,黄某先后2次收受任某河、贺某玉给予的价值人民币3万元和20万元的商场购物卡,共计人民币23万元。

11. 2007年11月至2009年8月,被告人黄某利用其担任山东省人民政府副省长职务上的便利,接受泰山体育产业集团有限公司法定代表人卞某良的请托,为该公司的业务发展、产品推介等事项提供了帮助。为此,黄某于2008年2月至2009年上半年,先后3次收受卞某良给予的美元3万元,共计折合人民币 207499 元。

12. 1999 年下半年至 2011 年 8 月，被告人黄某利用其担任德州市人民政府市长、中共德州市委书记、山东省人民政府副省长职务上的便利，接受古贝春集团有限公司法定代表人周某峰的请托，为该公司的业务发展、形象提升等事项提供了帮助。为此，黄某先后 4 次收受周某峰给予的人民币 18 万元。

13. 2003 年年底至 2004 年下半年，被告人黄某利用其担任中共德州市委书记职务上的便利，接受山东莱钢永锋钢铁有限公司法定代表人刘某的请托，为该公司获取财政借款提供了帮助。为此，黄某于 2006 年年初，通过其弟黄某东收受刘某给予的价值人民币 107134 元的钢材；于 2010 年 3~4 月，收受刘某给予的存有人民币 5 万元的银行卡，共计折合人民币 157134 元。

14. 2001 年 5 月至 2007 年 3 月，被告人黄某利用其担任中共德州市委书记职务上的便利，接受德州市公安局交警支队原副支队长王某的请托，为其担任交警支队支队长、德州市公安局副局长、正县级侦查员以及王某女儿工作调动等事项提供了帮助。为此，黄某于 2007 年下半年至 2009 年上半年，先后 3 次共收受王某给予的人民币 13 万元。

15. 2008 年下半年至 2011 年 7 月，被告人黄某利用其担任山东省人民政府副省长的职权或者地位形成的便利条件，接受中澳控股集团有限公司法定代表人张某波的请托，通过向中共山东省委统战部有关领导打招呼，为张某波担任山东省工商业联合会副主席和德州市工商业联合会主席提供了帮助。为此，黄某于 2008 年年底至 2011 年 5 月，先后 3 次收受张某波给予的价值人民币 7.5 万元的商场购物卡和人民币 5 万元，共计人民币 12.5 万元。

16. 2002 年 6 月至 2003 年 12 月，被告人黄某利用其担任中共德州市委书记职务上的便利，接受德州市公路局原副局长孙某斌的请托，为其担任德州市交通局副局长、局长等职务提供了帮助。为此，黄某分别于 2002 年 6~7 月和 2006 年中秋节前，先后 2 次共收受孙某斌给予的人民币 12 万元。

17. 2010 年 4 月至 6 月，被告人黄某利用其担任山东省人民政府副省长职务上的便利，接受中天建设集团有限公司山东分公司项目部负责人于某阳的请托，为该分公司办理外地企业进济施工备案等事项提供了帮助。为此，黄某分别于 2010 年和 2011 年春节期间，收受于某阳给予的人民币各 5 万元，共计人民币 10 万元。

18. 2010 年 10 月至 2011 年 4 月，被告人黄某利用其担任山东省人民政府副省长职务上的便利，接受古贝春集团有限公司法定代表人周某峰的请托，为山东新明玻璃钢制品有限公司获取生产资质提供了帮助。为此，黄某于2010年10月，收受周某峰转交的山东新明玻璃钢制品有限公司法定代表人商某新给予的人民币10万元。

19. 2001年1月至2011年1月，被告人黄某利用其担任中共德州市委书记、山东省人民政府副省长职务上的便利，为中共禹城市委原副书记杨某先后担任临邑县人民政府县长、中共临邑县委书记提供了帮助；并接受杨某的请托，为其任职的德州经济开发区由省级升级为国家级提供了帮助。为此，黄某分别于2008年9月和2010年11月，收受杨某给予的美元8000元和欧元5000元，共计折合人民币98229.7元。

20. 2003年年底至2005年11月，被告人黄某利用其担任中共德州市委书记职务上的便利，接受德州商贸开发区管委会原主任张某廷的请托，为该开发区干部的提拔任用提供了帮助。为此，黄某分别于2003年年底和2005年下半年，收受张某廷给予的人民币3万元和5万元，共计人民币8万元。

21. 2006年5月至12月，被告人黄某利用其担任中共德州市委书记职务上的便利，接受山东黑马集团有限公司董事长刘某江的请托，为该集团下属公司获取土地补偿款提供了帮助。为此，黄某分别于2007年春节前和中秋节前，收受刘某江给予的人民币4万元和1万元，共计人民币5万元。

被告人黄某通过上述行为直接或通过其亲属先后61次非法收受山东德州百货大楼（集团）有限责任公司（以下简称德百公司）法定代表人杨某星、国科投资有限公司法定代表人蔡某军等21个单位和个人给予的财物，共计折合人民币12239221.53元。

案发后，被告人黄某主动交代了办案机关尚未掌握的大部分受贿犯罪事实，并积极配合办案机关退缴了全部赃款赃物。

【裁判理由】

2013年4月8日，江苏省南京市中级人民法院依法组成合议庭公开审理了此案。法庭审理认为：被告人黄某身为国家工作人员，利用职务上的便利，为他人谋取利益，以及利用本人职权或者地位形成的便利条件，通过其他国家工作人员职务上的行为，为他人谋取不正当利益，直接或通过其亲属非法收受他人财物，其行为已构成受贿罪。公诉机关指控的事实清楚，证据确实、充分，指控罪名成立。根据黄某受贿的数额和情节，考虑到其在归案后主动交代办案机关尚未掌握的大部分受贿犯罪事实，具有坦白情节，认罪、悔罪，并退缴了全部赃款赃物。

【裁判结果】

2013年5月3日，江苏省南京市中级人民法院依照《刑法》第三百八十五条第一款，第三百八十八条，第三百八十六条，第三百八十三条第一款一项、第二款，第六十七条第三款，第五十七条第一款，第五十九条，第六十四条，及《最高人民法院关于处理自首和立功具体应用法律若干问题的解释》第四条之规定，作出判决如下：一、被告人黄某犯受贿罪，判处无期徒刑，剥夺政治权利终身，并处没收个人全部财产。二、受贿犯罪所得赃款人民币12239221.53元及孳息予以追缴，上交国库。

一审宣判后，被告人黄某在法定期限内没有提出上诉，检察机关也没有提出抗诉，判决发生法律效力。

【法理评析】

根据《刑法》的规定，受贿罪包括两种类型：一是《刑法》第三百八十五条规定的"利用职务上的便利"成立的直接受贿；二是《刑法》第三百八十八条规定的"利用本人职权或者地位形成的便利条件"成立的间接受贿。这两者在成立受贿罪的条件上存在的区别是：前者行为人索贿的不必以为他人谋取利益为必要，非法收受贿赂的则必须以为他人谋取利益为前提，但为他人谋取的利益正当与否在所不论；后者为请托人谋取的必须是不正当利益，且无论是索贿还是非法收受贿赂均以谋取不正当利益为必要。因此，区分行为人索贿、收受他人财物究竟是"利用职务上的便利"还是"利用本人职权或者地位形成的便利条件"，具有重要意义。特别是当行为人为他人谋取的利益正当时，涉及罪与非罪的问题。

1999年9月16日公布施行的《最高人民检察院关于人民检察院直接受理立案侦查案件立案标准的规定（试行）》（以下简称《立案标准（试行）》）规定：受贿罪中的"'利用职务上的便利'，是指利用本人职务范围内的权力，即自己职务上主管、负责或者承办某项公共事务的职权及其所形成的便利条件"。然而，如果将《刑法》第三百八十五条中"利用职务上的便利"仅仅理解为"行为人本人职权范围"内的便利，而不包括本人的职权可以制约他人特别是行为人与他人之间具有隶属关系而所形成的便利条件，就会过分地限制直接受贿的成立范围。从理论上分析，强调行为人直接受贿之"直接"的实质根据，并不在于其与送财物者之间"直接"而没有中间人（其他国家工作人员及其职务行为），而在于行为人的索取或者非法收受贿赂行为可以直接通过自己的职权达到——这才是直接受贿危害总体上要大于间接受贿的关键所在。因此，如果行为人完全可以自己职权制约其他国家工作人员而通过该国家工作人员的职务行为为他人谋利，其利用其他国家工作人员为他人谋利，就与利用本人主管、负责或者承办某项公共事务的职权及其所形成的便利条件为他人谋利没有实质的区别。

2003年11月13日最高人民法院下发的《全国法院审理经济犯罪案件工作座谈会纪要》对受贿罪中的"利用职务上的便利"重新作出解释，指出："刑法第三百八十五条第一款规定的'利用职务上的便利'，既包括利用本人职务上主管、负责、承办某项公共事务的职权，也包括利用职务上有隶属、制约关系的其他国家工作人员的职权。担任单位领导职务的国家工作人员通过不属自己主管的下级部门的国家工作人员的职务为他人谋取利益的，应当认定为'利用职务上的便利'为他人谋取利益。"

本案中，黄某既有利用本人职权非法收受他人财物、为他人谋取利益的直接受贿，包括利用其作为山东省政府副省长对山东省委统战部领导具有的制约关系便利条件受贿，也有利用本人职权或者地位形成的便利条件、通过其他国家工作人员职务行为为他人谋取利益的间接受贿情形，此种情形下黄某为他人谋取的利益均为不正当利益。

21. 吴某某受贿案[①]

——索贿行为的认定

【基本案情】

上诉人（原审被告人）吴某某，原系湖南省某高速公路建设开发有限公司经理，副处级干部。2006年至2013年期间，其利用职务上的便利先后26次收受或索取他人财物共计折合人民币12230789元。其中，2010年下半年，吴某某担任该高速公路建设开发有限公司经理期间，衡阳市某有限公司股东徐某某多次找吴某某，要求承接某高速公路建设所需钢绞线全部供应业务。吴某某原计划安排其特定关系人赵某某承接该业务，便以"让领导的朋友退出"为由，要徐某某给予"领导的朋友""好处费"人民币100万元，徐某某表示同意。之后，吴某某利用职权，决定徐某某以河南某钢缆有限公司、江阴某钢缆有限公司和无锡某钢缆有限公司名义承接了该高速公路建设中价值7000余万元的钢绞线供应业务。2010年9月底，徐某某按约定准备将100万元人民币交由吴某某转交给"领导的朋友"。吴某某让赵某某及赵某某的弟弟在长沙市区某处等候。徐某某与吴某某同车前往与赵某某约定的地点，吴某某对徐某某谎称赵某某的弟弟系领导的朋友。随后，吴某某将徐某某所送的装有人民币100万元的黑色纸袋交给了赵某某的弟弟，赵某某的弟弟随即将财物转交给了赵某某。

【裁判理由】

法院认为，被告人吴某某作为国家工作人员，在收受徐某某100万元贿赂

[①] 中华人民共和国最高人民法院刑事审判第一、二、三、四、五庭主办：《刑事审判参考》（总第106集），法律出版社2017年版，第103页。

过程中，虽然徐某某首先提出愿意出钱让"竞争对手"退出竞争，但实际上吴某某所说的竞争对手系其情妇赵某某联系的单位。为获取非法利益，吴某某假称领导朋友要介入钢绞线业务并以此为由收受徐某某 100 万元作为"领导朋友"退出竞争的对价，还安排赵某某的弟弟冒充领导朋友，最终使赵某某实际收受贿款。吴某某并非单纯利用职务便利为他人谋取利益，而是通过虚构事实、隐瞒真相向行贿人索取财物，其情节比单纯的受贿更加严重。一审法院就该笔犯罪事实认定吴某某构成索贿并无不妥。吴某某及其辩护人所提相关意见不成立。原审判决认定的事实清楚，证据确实、充分，定罪准确，量刑适当，审判程序合法。

【裁判结果】

湖南省岳阳市中级人民法院审理认为，被告人吴某某行为构成受贿罪，具有索贿的从重情节，根据吴某某的犯罪数额和情节，于 2014 年 6 月 16 日作出一审判决：被告人吴某某犯受贿罪，判处无期徒刑，剥夺政治权利终身，并处没收个人全部财产。

被告人吴某某不服，上诉至湖南省高级人民法院。湖南省高级人民法院经开庭审理，于 2015 年 7 月 13 日裁定驳回其上诉，维持原判。

【法理评析】

本案争议的问题即吴某某收受行贿人徐某某财物的行为是否系索贿。

笔者认为，索贿行为作为与"非法收受他人财物"相并列的一种受贿方式，应当具有以下特征：

1. 索取他人财物或者索贿行为，是以语言、文字或眼神、手势等动作形式向相对人（财物送予人）表现出来的主动、积极要求给予财物的作为。索贿在形式上、外在特征上首先表现为行为人向财物送予人在财物方面的主动的积极要求。反过来说，如果财物的收取不是因为行为人的主动积极作为所引起与推进的结果，就不可能成立索贿。

需要强调的是，所谓"主动积极性"是就获得一定数额的财物的行为的进程和结果而言，即由国家工作人员一手促成了"权钱交易"，不能单纯地从权钱交易的意思表示在时间上是由行为人还是送予人率先发出来认定行为人的行为是否属于"索贿"。

2. 索贿行为具有压制或影响相对人自主性的特征。在非法收受财物型的受贿中，就一定数额的财物送予和收取而言，要么是送予人积极主动，要么是双方完全自愿合意，没有明显的"谁主动、谁被动"。但在索贿的情况下，行为人在意志上则具有对财物送予人（相对人）的压制性或影响性，送予财物不具有完全平等自愿性。此时，行为人的主动积极作为在送予、收取财物的起因和推进过程中起了引导和支配作用。

由于索贿既可以是压制相对人送予财物的自主性，也可以是影响相对人送予财物的自主性，因此，索贿的行为方式不只限于勒索这一种，还可以是胁迫、敲诈等影响相对人送予财物自主性的其他行为方式。

3. 索贿具有职务性，或者说行为人索取他人财物以职权或者职权或地位形成的便利条件为依托。行为人之所以主动积极地就一定数额财物向相对人表示索要，最为关键的是以其职权或者职权、地位形成的影响为依托作为威慑、引诱相对人送予财物的"筹码"，一旦相对人不送予财物，可能面临不利后果。当索贿采取胁迫、勒索形式实施时，有无职务性是区分受贿与敲诈勒索的标志性要素。

具体到本案，第一，虽然从表面上看，吴某某并未直接向行贿人索要财物，而是以要给领导的朋友好处费的名义主动要求行贿人交付财物给第三人，该第三人实际上是吴某某的特定关系人，吴某某的上述行为属于"积极主动要求给予财物"的行为，符合上述索贿的第一个特征。第二，吴某某基于其身份地位，以让领导的朋友退出为由，要徐某某给领导的朋友好处费人民币100万元，其中暗含的意思就是：如果徐某某不给予100万元好处费，相关业务就会由领导的朋友承接。吴某某的这一行为具有对财物送予人（相对人）的压制性或影响性，此时徐某某送予财物的行为不具有完全平等自愿性，即徐某某想拿到业务就必须送。第三，对索贿行为的认定不能超出利用职务上的便利这一构成要件的限定。吴某某实施上述行为时充分利用了职务上的便利，且徐某某在交付财物后，在吴某某的帮助下实现了承接相关业务的目的。因而，从整体上看，吴某某与徐某某各取所需，虽吴某某在收受财物时采取了欺骗的手段，但其对行为的目的即对非法占有徐某某的财物有明确的认识；徐某某虽然误以为其所送财物系交给了所谓领导的朋友，但徐某某对其送出财物行为的目的即谋取不正当利益有清晰的认识。因此，徐某某的行为完全符合索贿行为的相关特征，应当对其以受贿罪定罪从重处罚。

22. 姜某受贿案[①]

——逢年过节收受下级单位慰问金的
行为如何定性

【基本案情】

被告人姜某，原系江苏省淮安市公安局清浦区分局局长。江苏省淮安市人民检察院以被告人姜某犯受贿罪、私藏弹药罪，向淮安市中级人民法院提起公诉。

淮安市中级人民法院经公开审理查明：1999年7月至2001年春节期间，被告人姜某多次利用职务之便，索取他人财物或非法收受他人财物，共计折合人民币21660元和日产学习机1台，并为他人谋取利益。

被告人姜某在从事公安工作期间，利用打靶之机多次违反规定，夹带各种型号的子弹回家。2001年4月，公安系统开展的"治爆缉枪"行动开始后，姜某想到自己家中可能有枪支和子弹，便回家查找准备上缴。枪支找到后已及时上缴，但暂未找到子弹，姜某便将子弹暂未找到的事实向分管"治爆缉枪"专项工作的清浦区公安局副局长杨某泉作了说明，向清浦区委副书记、政法委书记熊某明作了汇报。2001年7月27日，检察机关在被告人姜某家中搜查时，查获各种型号军用子弹161发。

另查明，被告人姜某于1998年和1999年春节前的一天，先后两次收受时任清浦公安局闸口派出所所长唐某东所送的共计人民币1800元以及于2000年和2001年春节前一天，先后两次收受时任清浦公安局盐河派出所所长陈某中所送共计人民币2500元。此外，被告人姜某利用职务上的便利收受他人共计

[①] 中华人民共和国最高人民法院刑事审判第一庭、第二庭编：《刑事审判参考》2002年第6集（总第29集），法律出版社2003年版，第78页。

人民币 13500 元，为他人谋取利益。

【裁判理由】

江苏省淮安市中级人民法院认为，被告人姜某身为国家工作人员，利用职务便利，索取他人财物及非法收受他人财物，为他人谋取利益，其行为已构成受贿罪。公诉机关关于受贿罪的指控，罪名成立，予以支持，但是对所指控的部分数额（即春节期间四次收受的礼金）不予采信；关于私藏弹药罪的指控缺乏事实和法律依据，不予支持。

【裁判结果】

法院综合考虑被告人姜某受贿犯罪的事实、犯罪性质、情节和对社会的危害程度及其归案后能退清赃款、如实供述司法机关尚未掌握的同种较重罪行等情节，依照《刑法》第三百八十五条第一款，第三百八十六条，第三百八十三条第一款第三项，第七十二条第一款，第七十三条第二款、第三款，第六十四条和《最高人民法院关于处理自首和立功具体应用法律若干问题的解释》第四条的规定，判决如下：一、被告人姜某犯受贿罪，判处有期徒刑二年，缓刑三年；二、被告人姜某受贿所得计人民币 21660 元和日产学习机一台，非法所得计人民币 13500 元，予以没收，上缴国库。

一审宣判后，被告人姜某未上诉，检察机关亦未抗诉，判决发生法律效力。

【法理评析】

本案涉及的主要是人情往来中的受贿案件认定问题。下级单位逢年过节期间出于各种不同的目的，以给上级单位及其工作人员发放所谓的"奖金""福利""慰问金"等名义送钱送物的行为如何定性，一般来说，人情往来包括正常馈赠与接受礼金两种情况，其中对于受贿与受礼的界限问题，应当以受贿罪的犯罪构成为标准，结合社会的通常观念予以掌握。具体而言，可以采取分析比较法和综合分析法。

1. 分解比较法。将受礼与受贿主、客观两方面的要素分解后，运用比较分析的方法进行研究，从中找出它们之间的差异性，即区分界限。

第一，从主体关系上进行比较分析：（1）受礼与受贿主体关系的性质不同。受礼主体双方的关系是私人感情关系。一般来说，受礼双方是亲朋好友或者具有其他特殊亲密的私人关系。亲属的范围可界定为：直系血亲（包括拟制血亲）、三代以内旁系血亲、直系姻亲、三代以内旁系姻亲。对好友和有特殊感情关系的范围界定相对要复杂一些，标准不好把握。总的原则是从严掌握。好友包括在同乡、同学、同事中关系比较好的人，还包括同外界有关人员中感情比较深的人。有特殊感情的私人关系中包括教师、领导等。受贿主体双方的关系是利害关系，其实质是权钱交换关系。（2）受礼与受贿主体关系产生的基础不同。受礼主体双方关系产生的基础是血缘关系、婚姻关系和私人感情关系。受贿主体双方关系产生的基础是受贿人特定的身份而享有特定权力。（3）受礼与受贿主体关系维系的时间不同。一般来说，受礼主体双方关系维系的时间比较长，具有长期性的特征，并且有的在受礼者具有特定的身份之前就建立了这种私人关系。受贿主体双方关系维持的时间比较短，具有临时性的特征。

第二，从主观上进行比较分析。（1）受礼与受贿的动机、目的不同。送礼方的动机目的是基于亲友情义或主要是因为亲友情，而将财物无偿送予他人，并不要求得到回报。而受贿的对方是以利用他人职权为自己谋取利益或请托解决某一问题为目的，而将财物给予他人，送财物是要求得到报偿的。（2）受礼人与受贿人对送财物的意义认识不同。受礼者知道送财物是出于亲朋好友之间特殊的私人感情，其目的是互相帮助、解决自难，或是进一步加深感情。受贿者知道或应当知道送财物是出于某种利害关系，或谋取某种利益的要求。

第三，从客观方面进行比较分析：（1）受礼与受贿的行为方式不同。受礼一般是公开进行的，而受贿则总是在秘密状态下进行的。（2）受礼与受贿的时间契机不同。受礼的对方一般是以逢年过节、生病住院、婚丧嫁娶、子女升学等家庭有关的重要问题为契机，而受贿的对方一般是在谋取利益前夕与谋取利益的过程，或取得利益之后不久的时间段等三个阶段进行。（3）受礼与受贿的财物数额大小不同一般来说，礼品的数额比较小。（4）受礼者与受贿者为对方谋取利益的方式不同，一般情况下送礼者不要求受礼者为其谋取特定的利益。但在特殊情况下，送礼者也要求受礼者为其谋取特定的利益。但不同的是，送礼与谋取利益之间没有必然的逻辑联系，即送礼与否及其数额大小都不会影响受礼者为送礼者谋取利益；而受贿者为对方谋取利益的方式，则是以收受财物及其数额的大小，作为为其谋取利益的对价。

2. 综合分析法。综合受礼与受贿的要素进行分析研究，作出判断。对利用职权为亲朋好友谋取利益（包括合法利益与非法利益）而收受了财物的，既不能仅仅从主体双方关系的特殊性上理解，也不简单地从法条的形式规定上理解，而应把两者结合起来进行分析研究，根据不同的情况作出不同的判断：一是看是否具有排除因素。对直系血亲、三代以内旁系血亲、直系姻亲、三代以内旁系姻亲所给予的较小财物适用排除原则，即利用职务上的便利，为直系血亲、三代以内旁系血亲、直系姻亲、三代以内旁系姻亲谋取利益的，而收受较小财物的，一般认定为受礼，而不宜认定为受贿；如果数额较大的，除共同共有关系的直系亲属送的财物之外，只要有对价关系一般应认定为受贿。二是看是否有职务行为为对价。利用职权为他人谋取利益而收受了数额较小的财物的，应认为是受礼；如果利用职权为他人谋取利益而收受了财物，数额较大的，应认定为受贿。三是看数额。数额是衡量受贿与受礼的一个重要因素，一般来说，所送财物价值如果明显超出社会一般观念，则就有受贿的嫌疑，如果以职务行为为对价就应以受贿论处。如果数额较小，在社会一般观念之下能够接受，就不能以受贿处理。

本案中，被告人姜某作为江苏省淮安市公安局清浦区分局局长，于1998年和1999年春节前的一天，先后两次收受时任清浦公安局闸口派出所所长唐某东所送的慰问金共计人民币1800元，以及于2000年和2001年春节前的一天，先后两次收受时任清浦公安局盐河派出所所长陈某中所送慰问金共计人民币2500元。被告人姜某连续四年在相同的时间点（春节前一天）接受来自派出所的慰问金，具有长期性及时间固定性，而受贿行为通常具有临时性和时间不确定性的特征。需要指出的是，考虑到从严惩治贿赂犯罪的需要，2016年4月18日《最高人民法院、最高人民检察院关于办理贪污贿赂刑事案件适用法律若干问题的解释》第十三条第二款规定："国家工作人员索取、收受具有上下级关系的下属或者具有行政管理关系的被管理人员的财物价值3万元以上，可能影响职权行使的，视为承诺为他人谋取利益"。

23. 蒋某、唐某受贿案[①]

——如何认定国家工作人员与特定关系人的共同受贿行为

【基本案情】

被告人蒋某,原系重庆市规划局局长。因涉嫌犯受贿罪于 2008 年 9 月 13 日被逮捕。

被告人唐某,原系重庆久源商品信息咨询有限公司、重庆嘉汇置业顾问有限公司及重庆瑜然房地产开发有限公司法定代表人。因涉嫌犯受贿罪于 2008 年 6 月 27 日被逮捕。

重庆市人民检察院第一分院以被告人蒋某、唐某犯受贿罪,向重庆市第一中级人民法院提起公诉。

被告人蒋某、唐某对被指控的犯罪事实及罪名无异议,提出归案后如实供述全部罪行,退出大部分赃款,认罪态度好,请求从轻处罚。

二被告人辩护人的辩护意见主要是:(1)唐某直接联系调规业务并收受费用,蒋某不知情,二人没有共谋和共同行为,未共同占有钱财,不构成共同受贿;(2)蒋某对唐某利用职务便利办理调规业务不知情,未利用蒋某本人的职务便利,不构成共同受贿;(3)柏某福未请托蒋某为"瑜然星座"项目提供帮助,蒋某未持有干股,唐某有实际投入,约定的利润分配比例系双方自愿,不是对蒋某的感谢费;(4)"瑜然星座"项目的利润尚未分配,应认定为犯罪未遂。

重庆市第一中级人民法院经公开审理查明:2002 年上半年,被告人蒋某、

[①] 中华人民共和国最高人民法院刑事审判第一、二、三、四、五庭主办:《刑事审判参考》(总第 70 集),法律出版社 2010 年版,第 137 页。

唐某确立情人关系后，共谋由唐某出面为开发商办理规划手续和规划调整业务并收受钱财，利用蒋某担任重庆市规划局领导的职务之便协调关系，解决调规问题。2004年11月，唐某在蒋某的帮助下成立重庆嘉汇置业顾问有限公司，取得丙级城市规划资质等级。为了让该公司顺利开展代办规划业务，蒋某要求下属市规划局用地处原处长陈某关照唐某的业务，陈某表示同意。

第一，被告人蒋某、唐某共同收受16150367元的事实。

1. 2004~2007年，重庆长安房地产开发有限公司薛某、重庆市锦天集团卢某红、重庆金鹏物业（集团）有限公司戴某超、重庆市沙坪坝区覃家岗塑料制品有限公司徐某荣、重庆三木实业有限公司范某琴、重庆佰富实业有限公司李某旗、重庆天龙房地产开发有限公司叶某均、中国四联仪器仪表集团有限公司卿某玲、四川省成都市华瑞实业有限公司刘某臻、重庆市沙坪坝联芳园区管委会徐某明，为相关项目规划事宜，请托唐某到市规划局协调关系，唐某接受请托后告知蒋某，蒋某利用自己的职务行为或安排下属予以关照，以及蒋某接受重庆鲁能开发（集团）有限公司孙某有关项目规划事宜的请托，通过唐某共收受6873016元。

2. 2004~2005年，重庆艺洲生态农业发展有限公司张某荣、重庆金鹏物业（集团）有限公司戴某超、重庆才宇房地产开发有限公司通过李某、重庆都市房屋开发有限公司周某刚、重庆华辰物业发展有限公司林某、重庆市卢山房地产开发有限公司王某贤，为相关项目规划事宜，请托唐某到市规划局协调关系，陈某利用职务上的便利予以关照，唐某共收受273.84万元。

3. 2005年7月，蒋某、唐某商议后成立重庆瑜然房地产开发有限公司，并在蒋某的帮助下取得房地产开发资质。后蒋某向唐某提出将位于重庆市江北区花果小区一地块性质由绿化用地调整为居住用地后，供该公司进行房地产开发。唐某找到重庆市利丰达房地产开发公司柏某福，提议合作开发。2006年5月，唐某与柏某福签订合同，约定唐某出资100万元，柏某福出资1900万元；唐某负责该地块的取得、地块性质调整等，柏某福负责项目资金的筹措、项目建设和销售策划；项目利润分配由唐某占49%，柏某福占51%。后唐某为调整该项目规划事宜找到蒋某，蒋某利用职务之便协调相关单位和职能部门，办理了相关规划手续。至2008年12月，该项目完成一期工程，净利润为人民币14861253元，扣除实际投入的本金折合股份，唐某应当分得利润人民币6538951元。

第二，被告人蒋某个人受贿的事实。

2001~2008年，重庆麦迪绅投资有限公司、重庆市明瑜实业有限公司委托的王某庆，重庆庆业置业有限公司王某燕，重庆富洲房地产开发有限公司林某清，重庆协信城市建设发展有限公司吴某，重庆市国际高尔夫俱乐部有限公司杨某全，重庆美心房地产开发有限公司夏某宪，重庆浦辉房地产开发有限公司曾某浦，重庆中研房地产开发有限公司陆某等人，因有关项目规划事宜，请蒋某关照，蒋某予以支持，共收受财物折合人民币1812517元。

被告人蒋某、唐某共同受贿赃款由唐某保管，并主要用于购买房产、汽车，投资股票、房地产等。蒋某将个人受贿赃款用于个人或家庭消费。案发后，蒋某亲属为其退出赃款70万元，检察机关从唐某处追回赃款9793789.09元，二者共计10493789.09元。检察机关还从唐某处查扣其用赃款购置的部分房产。

【裁判理由】

重庆市第一中级人民法院认为，被告人蒋某身为国家工作人员，利用职务上的便利，为他人谋取利益，单独或伙同被告人唐某非法收受他人财物共计折合人民币17962840元；唐某伙同蒋某共同收受贿赂16150367元，二人的行为均已构成受贿罪，且情节特别严重。鉴于二人归案后能如实供述自己的全部罪行，且能积极退出大部分赃款，具有悔罪表现，可依法予以从轻处罚。公诉机关指控的基本事实和罪名成立。蒋某、唐某的其他辩解及其辩护人提出的其他辩护意见均不能成立，不予采纳。

【裁判结果】

重庆市第一中级人民法院依照《刑法》第三百八十五条第一款，第三百八十六条，第三百八十三条第一款第一项、第二款，第二十五条第一款，第四十八条第一款，第五十七条第一款，第六十四条的规定，判决如下：一、被告人蒋某犯受贿罪，判处死刑，缓期二年执行，剥夺政治权利终身，并处没收个人全部财产；二、被告人唐某犯受贿罪，判处有期徒刑十五年；三、对被告人蒋某、唐某共同受贿所得赃款人民币16150367元继续予以追缴，对被告人蒋某个人受贿所得除案发前已退出的赃款赃物外，其余赃款共计人民币1677803元继续予以追缴。

一审宣判后，本案在法定期限内没有上诉、抗诉，重庆市第一中级人民法院依法报送重庆市高级人民法院核准。

重庆市高级人民法院经复核认为，原判认定事实和适用法律正确，量刑适当，审判程序合法。依法裁定核准重庆市第一中级人民法院以受贿罪判处被告人蒋某死刑，缓期二年执行，剥夺政治权利终身，并处没收个人全部财产的刑事判决。

【法理评析】

本案的主要问题在于被告人蒋某、唐某共同受贿的部分应该如何定性。受贿罪是特殊主体身份的犯罪，如同任何特殊主体身份的犯罪一样，根据《刑法》总则关于共同犯罪的规定，无身份人都可以和有身份人成立以特殊身份为要件的犯罪之共同犯罪，其中无身份人成立共犯。受贿罪的共同犯罪当然也不例外。依据共同犯罪的刑法理论，非国家工作人员与国家工作人员是否成立受贿罪的共同犯罪，取决于他们之间是否具有共同的受贿犯罪故意和体现共同受贿的行为。这种共同犯罪的故意和行为，必须结合受贿罪的法益特征和行为特征予以把握。

2003年11月13日最高人民法院《全国法院审理经济犯罪案件座谈会工作纪要》指出："根据刑法关于共同犯罪的规定，非国家工作人员与国家工作人员勾结，伙同受贿的，应当以受贿罪的共犯追究刑事责任。非国家工作人员是否构成受贿罪的共犯，取决于双方有无共同受贿的故意和行为。国家工作人员的近亲属向国家工作人员代为转达请托事项，收受请托人财物并告知该国家工作人员，或者国家工作人员明知其近亲属收受了他人财物，仍按照近亲属的要求利用职权为他人谋取利益的，对该国家工作人员应认定为受贿罪，其近亲属以受贿罪的共犯论处。近亲属以外的其他人与国家工作人员通谋，由国家工作人员利用职务上的便利为请托人谋取利益，收受请托人财物后双方共同占有的，构成受贿罪共犯。国家工作人员利用职务上的便利为他人谋取利益，并指定他人将财物送给其他人，构成犯罪的，应以受贿罪定罪处罚。"

2007年7月8日《最高人民法院、最高人民检察院关于办理受贿刑事案件适用法律若干问题的意见》（以下简称《意见》）第七条第一款规定："国家工作人员利用职务上的便利为请托人谋取利益，授意请托人以本意见所列形式，将有关财物给予特定关系人的，以受贿论处。"第七条第二款规定"特定关系人与国家工作人员通谋，共同实施前款项行为的，对特定关系人以受贿罪的共犯论处。特定关系人以外的其他人与国家工作人员通谋，由国家工作人员利用职务上的便利为请托人谋取利益，收受请托人财物后双方共同占有的，以受贿罪的共犯论处。"按照第十一条规定,"特定关系人"是指与国家工作人员有近亲属、情妇(夫)以及其他共同利益关系的人。

笔者认为,受贿罪的共同故意,表现为非国家工作人员与国家工作人员之间在"请托人送予财物、国家工作人员以此作为交换利用职务上的便利为请托人谋取利益"这一点上存在共同的认识和意志,达成了共谋;受贿罪的共同行为,表现为非国家工作人员参与了受贿行为的组织、教唆国家工作人员索取、非法收受请托人财物而为请托人谋取利益的行为,或者帮助或实行索取、非法收受请托人财物的行为。当非国家工作人员和国家工作人员同时具备共同故意和共同行为时,才能认定非国家工作人员成立受贿罪的共犯。

从案件事实来看,蒋某、唐某共同受贿的具体行为方式主要有两种:一是唐某接受请托事项并收受财物,由蒋某利用职务之便或指示下属为请托人谋取利益;二是唐某与他人合作投资项目,蒋某利用职务之便为该项目的实施提供便利,以较少出资获得高额利润的方式收受贿赂。

本案被告人唐某系被告人蒋某的情妇,根据《意见》规定的"特定关系人"范围,唐某属于蒋某的"特定关系人"。蒋某、唐某确立情人关系后,经过共谋,由唐某出面接受请托人有关规划方面的请托事项,并告知蒋某,由蒋某利用职务之便为他人谋取利益,最后由唐某收受财物。这种由特定关系人直接出面接受请托事项,并由特定关系人直接收受财物的方式,虽然形式上不属于国家工作人员直接收受财物,但蒋某与唐某有共同的受贿故意,客观上相互配合实施了为他人谋取利益和收受贿赂的行为,二人之间既有共同故意又有共同行为,故二人的行为应当认定为共同受贿。

《意见》根据司法实践中审理受贿案件遇到的一些新情况,明确列举了受贿罪中国家工作人员直接收受财物的具体方式,但这些收受财物的具体方式也可能通过特定关系人和第三人来实施,如收受干股,以开办公司等合作投资名义受贿,以委托请托人投资证券、期货或者其他委托理财的名义受贿,以赌博形式受贿等。本案中,唐某与柏某福合作开发经济适用房"瑜然星座"项目获取利润,蒋某利用职务之便为该项目的实施提供便利,主要涉及是否符合《意见》规定的以开办公司等合作投资名义收受贿赂问题。

《意见》明确了"以开办公司等合作投资名义收受贿赂"的两种行为:一是国家工作人员利用职务上的便利为请托人谋取利益,由请托人出资,合作开办公司或者进行其他合作投资的,以受贿论处。受贿数额为请托人给国家工作人员的出资额。二是国家工作人员利用职务上的便利为请托人谋取利益,以合作开办公司或者其他合作投资的名义获取利润,没有实际出资和参与管理、经营的,以受贿论处。也就是说,国家工作人员没有实际出资或参与管理、经营的,应当将接受出资额或利润认定为受贿中国家工作人员收受财物的方式。本案中,被告人蒋某、唐某在共谋后,由唐某与他人合作开发项目,蒋某为该项目提供便利。被告人唐某与他人合作开发经济适用房"瑜然星座"项目,约定唐某除出资100万元,享有49%的利润分配比例。唐某以实际占该项目5%的出资比例却获取49%的利润,明显不合常理,而之所以柏某福同意并与唐某签订该合同,就是其明知唐某是蒋某情人,希望借助其特殊身份取得蒋某的支持,在联系项目、土地及办理项目有关手续等方面得到蒋某的职务帮助,才与唐某合作开发"瑜然星座"项目,并违反常理约定唐某以较少出资而获得高额利润。这所有的行为都经过了蒋某和唐某的共谋,蒋某和唐某在受贿罪上明显具有共同故意。此外,虽然项目的合作是由唐某出面,蒋某作为"幕后者"利用自己职务上的便利,为项目扫清障碍,二人表面上看,没有共同做一件事而是各司其职,但事实上唐某参与项目并和蒋某利用职务上的便利为项目提供帮助是一个不可分割的整体,其二人之所以能获取非法利益离不开二人的分工合作。因此,应当认定蒋某和唐某之间存在共同行为。最后,由唐某与他人合作开发项目,蒋某利用职务为该项目的实施提供便利,并由唐某获得高额利润的行为符合受贿罪权钱交易的本质,因此应当认定为二人成立受贿共犯。

需要注意的是,如果特定关系人事先与国家工作人员存在受贿通谋(包括通过请托人、行贿人从中沟通),彼此分工,特定关系人负责收受财物、国家工作人员负责为请托人谋取利益的,那么,对特定关系人与国家工作人员应当以受贿罪的共同犯罪追究责任。此时,既不需要特定关系人在形式上具有向国家工作人员转达请托人请托事项、提出要求的行为,也不需要特定关系人以自己名义上占有贿赂款物,因为特定关系人和国家工作人员彼此对在受贿罪中的各自分工"心照不宣",无论贿赂款物名义上是由国家工作人员还是由国家工作人员指定的其他人占有,只要能为特定关系人或国家工作人员所实际控制,即不影响受贿罪的共同犯罪的认定。本案中蒋某和唐某即属于互相通谋、各自分工的情形,对其二人应当以受贿罪的共同犯罪追究责任。

24. 丹阳市人民医院骨科、王某金单位受贿案[①]

——国有单位内设机构属于单位受贿罪的主体

【基本案情】

王某金，原江苏省丹阳市人民医院骨科主任。2004年10月22日因涉嫌犯受贿罪被丹阳市人民检察院监视居住，10月24日被刑事拘留，11月6日被逮捕。2005年1月10日由丹阳市人民检察院决定取保候审。

江苏省丹阳市人民检察院指控称：被告单位丹阳市人民医院骨科于2000年11月至2004年9月间，收受业务单位医疗器械回扣共计人民币196200元。在此期间，被告人王某金系该科主任。被告单位丹阳市人民医院骨科及该科室直接责任人员被告人王某金的行为均已触犯刑律，构成单位受贿罪，依法应予惩处。

被告单位丹阳市人民医院骨科的诉讼代表人李某龙、被告人王某金及其辩护人对公诉机关的指控均无异议。

江苏省丹阳市人民法院经公开审理查明：被告单位丹阳市人民医院骨科于2000年11月至2004年9月间以丹阳市人民医院的名义从常州市武进第三医疗器械厂及其经销商常州市创生医疗器械有限公司、上海熙可实业有限公司南京分公司、苏州双羊医疗器械有限公司、常州市卓阳医疗器械有限公司、常州市康辉医疗器械有限公司等六家业务单位购进医疗器械时，由时任该科室主任的被告人王某金与对方业务员约定好回扣比例，并由其经手收受业务单位医疗器械回扣共计人民币196200元。其所收回扣，用于该科室医疗事故的赔偿、日常支出及福利发放。

[①] 参见江苏省丹阳市人民法院（2005）丹刑初字第60号刑事判决书。

【裁判理由】

江苏省丹阳市人民法院经公开审理认为：被告单位丹阳市人民医院骨科非法收受业务单位医疗器械回扣共计人民币 196200 元，所收回扣，用于该科室医疗事故的赔偿、日常支出及福利发放，并为业务单位谋取利益，且受贿数额在 10 万元以上，也达到了立案标准，属于情节严重。被告单位丹阳市人民医院骨科的行为构成单位受贿罪。

被告人王某金作为被告单位丹阳市人民医院骨科直接负责的主管人员，又直接参与和业务单位回扣比例的约定，并经手收受业务单位的回扣，其行为亦已触犯刑律，构成单位受贿罪。

被告人王某金认罪态度较好，并在被采取强制措施期间，如实供述了司法机关尚未掌握的同种罪行，且被告人王某金犯罪情节轻微，依法可以免予刑事处罚。

【裁判结果】

江苏省丹阳市人民法院依照《刑法》第三百八十七条第一款、第三十条、第三十一条、第三七条、第六十四条以及《最高人民法院关于处理自首和立功具体应用法律若干问题的解释》第四条的规定，判决如下：被告单位丹阳市人民医院骨科犯单位受贿罪，判处罚金 10 万元。被告人王某金犯单位受贿罪，免予刑事处罚。现暂扣于丹阳市人民检察院的非法所得予以没收，上缴国库。

【法理评析】

《刑法》第三百八十七条规定的单位受贿罪，是指国家机关、国有公司、企业、事业单位、人民团体，索取、非法收受他人财物，为他人谋取利益，情节严重，或者在经济往来中，在账外暗中收受各种名义的回扣、手续费的行为。单位受贿罪是纯正的单位犯罪，其主体仅限于国家机关等国有单位，非国有单位不成立本罪。

根据 2006 年 9 月 12 日《最高人民检察院研究室关于国有单位的内设机构能否构成单位受贿罪主体问题的答复》，国有单位的内设机构利用其行使职权的便利，索取、非法收受他人财物并归该内设机构所有或者支配，为他人谋取利益，情节严重的，依照《刑法》第三百八十七条的规定以单位受贿罪追究刑事责任；上述内设机构在经济往来中，在账外暗中收受各种名义的回扣、手续费，以受贿论处。据此，就单位受贿罪而言，凡是以单位名义实施的受贿犯罪，违法所得归单位所有的，就是单位受贿罪；以单位的内部职能部门、下属部门或者分支机构名义实施受贿犯罪，违法所得亦归单位的内部职能部门、下属部门或者分支机构所有的，亦应认定为单位受贿罪；不能因为单位的下属部门（内部职能部门）或者分支机构没有可供执行罚金的财产，就不将其认定为单位受贿罪而按照这些内部职能部门、下属部门或者分支机构的相关责任人员个人的受贿罪之共同犯罪处理。据此，就单位受贿罪而言，凡是以单位名义实施的受贿犯罪，违法所得归单位所有的，就是单位受贿罪；以单位的内部职能部门、下属部门或者分支机构名义实施受贿犯罪，违法所得亦归单位的内部职能部门、下属部门或者分支机构所有的，亦应认定为单位受贿罪；不能因为单位的下属部门（内部职能部门）或者分支机构没有可供执行罚金的财产，就不将其认定为单位受贿罪而按照这些内部职能部门、下属部门或者分支机构的相关责任人员个人的受贿罪之共同犯罪处理。

本案中，被告单位丹阳市人民医院骨科属于单位的下属部门，其以丹阳市人民医院的名义在从常州市武进第三医疗器械厂及其经销商常州市创生医疗器械有限公司等六家业务单位购进医疗器械时，由被告人王某金与对方业务员约定好回扣比例，并收受回扣。所收回扣用于该科室医疗事故的赔偿、日常支出及福利发放。被告单位丹阳市人民医院骨科以单位名义，收取回扣，并将回扣用于单位支出，其行为已经构成单位受贿罪。

25. 倪某民等受贿案[①]

——单位受贿罪和受贿罪的区分

【基本案情】

2006年1月至2009年1月，被告人倪某民先后担任上海外高桥造船有限公司（简称外高桥造船公司）品质保证部检测技术室副主任、退休返聘专家，被告人顾某兵先后担任该室探伤员、副主任，被告人刘某明、钱某铭担任该室的探伤员。四名被告人在对本单位新建H1058号船无损检测工作进行监督管理过程中，利用职务之便，共同收受承接本单位无损检测业务的上海基实无损检测技术有限公司（简称基实公司）总经理钟某定以及上海船舶检测公司（简称船舶检测公司）焊接室主任陈某康按业务量的比例给予的回扣费，包括：多次收受钟某定给予的回扣费计人民币72万元，其中16万元4人均分，6万元私下分给科室其他工作人员，50万元用于共同炒股；共同或单独收受陈某康给予的回扣费70余万元，部分钱款归入被告人个人账户，部分用于共同炒股。案发时，上述共同炒股的钱款尚未予以私分。

案发后，倪某民、刘某明、顾某兵、钱某铭的家属分别帮助退还9.5万元、12.3万元、8万元、3万元。

【裁判理由】

上海市浦东新区人民法院经审理认为，被告人倪某民、刘某明、顾某兵、钱某铭身为国家工作人员，在经济往来中，违反国家规定，共同收受回扣归个人所有，其行为均已构成受贿罪，应依法处罚。倪某民、刘某明、钱某铭归案

[①] 参见上海市浦东新区人民法院（2009）浦刑初字第894号刑事判决书，上海市第一中级人民法院（2009）沪一中刑终字第557号刑事裁定书。

后，能主动交代司法机关尚未掌握的同种罪行，而倪某民、刘某明、顾某兵、钱某铭的家属分别帮助退出了部分钱款，应酌情从轻处罚。

上海市第一中级人民法院经审理认为，上诉人倪某民、刘某明、顾某兵、钱某铭利用职务上的便利，共同收受其他单位回扣费，因其行为既没有体现单位意志，所受钱款又未归单位所有，不构成单位受贿罪，而应认定为个人共同受贿。

【裁判结果】

上海市浦东新区人民法院依据《刑法》第三百八十五条第二款、第三百八十六条、第三百八十三条第一款第一项、第五十五条、第五十六条、第二十五条、第六十四条及《最高人民法院关于处理自首和立功具体应用法律若干问题的解释》第四条的规定，判决如下：一、被告人倪某民犯受贿罪，判处有期徒刑十一年六个月，剥夺政治权利三年，没收财产人民币3万元；二、被告人刘某明犯受贿罪，判处有期徒刑十一年六个月，剥夺政治权利三年，没收财产人民币3万元；三、被告人顾某兵犯受贿罪，判处有期徒刑十二年，剥夺政治权利三年，没收财产人民币3万元；四、被告人钱某铭犯受贿罪，判处有期徒刑十一年六个月，剥夺政治权利三年，没收财产人民币3万元。

一审宣判后，被告人倪某民、刘某明、顾某兵、钱某铭分别提出上诉。其辩护人均认为被告人的行为应定性为单位受贿罪，而非个人共同受贿。

上海市第一中级人民法院依照《刑事诉讼法》第一百八十九条第一项的规定，裁定如下：驳回倪某民、刘某明、顾某兵、钱某铭的上诉，维持原判。

【法理评析】

本案的核心问题是如何区分单位受贿罪与个人共同受贿。

笔者认为，从刑法规范的目的出发，单位受贿罪与受贿罪的区别在于受贿的犯罪意志主体究竟是国有单位还是该国有单位中的国家工作人员个人，即受贿行为体现的是国有单位还是国家工作人员的犯罪意志，即行为人受贿是在单位意志的支配下实施还是出于个人的意志。

具体而言，单位受贿罪体现的是国有单位的受贿犯罪意志，这种犯罪意志具有整体性，即必须反映单位整体的意志，而受贿罪体现的是国家工作人员的个人意志。在形式上，国有单位的受贿犯罪意志表现为：国有单位索取、非法收受他人财物，是经过国有单位集体研究决定的，或者由有权决定的单位负责人员代表单位所决定、决策的。国有单位的负责人一般都能够代表本单位作出决定，或者说其决定可以体现单位意志，因而如果国有单位的负责人为了本单位利益收受他人财物归单位所有的，应当认定为单位受贿罪。即使国有单位的负责人超越职权或违反程序作出受贿的决定，不影响单位受贿罪的成立，因为单位实施受贿行为本身就是违反法律的。

另外，在特殊情况下，单位受贿的犯罪意志也可能是单位在行使管理、监督等权力过程中形成惯例而得以体现，实质上也是由单位集体或负责人员予以默认的。总而言之，要判断犯罪行为是否体现了单位的集体意志，首先考查的是犯罪行为是否经单位集体研究决定或者由有关负责人员决定的，或者是单位集体或负责人员对惯常做法的默认。当然，对于受贿行为而言，利益的归属也是判断有无单位整体意志的一个重要参考因素，但其并非全部依据。

本案中，被告人倪某民系上海外高桥造船有限公司（简称外高桥造船公司）品质保证部检测技术室副主任、退休返聘专家，被告人顾某兵系该室探伤员、副主任，被告人刘某明、钱某铭则担任该室的探伤员。四个被告人均不是检测技术室的负责人员，且四人收受其他单位的回扣的行为并不是通过单位集体研究之后作出的，收受回扣也不是涉案单位的惯常做法，因此，不应当认定其收受回扣费代表的是单位意志。此外，大部分回扣费都被四被告人私分，虽然有少数财物（6万元）是和科室的其他工作人员私分的，但笔者认为，利益的归属只是判断有无单位整体意志的一个参考因素，并非全部依据，何况本案中大部分财物都归属于被告人个人。因此，本案中四被告人应当成立受贿罪的共同犯罪，而非单位受贿罪。

26. 邓某良单位行贿案[①]

——对不正当利益如何理解

【基本案情】

邓某良,北京兴瑞丰电子科技开发有限责任公司(2003年9月20日被吊销营业执照)法定代表人,因本案于2004年8月11日被刑事羁押,同年8月25日被逮捕。

公诉机关指控称:原北京兴瑞丰电子科技开发有限责任公司(以下简称北京兴瑞丰公司)于2000年年初,指派被告人邓某良在中国农业发展银行(以下简称农发行)财务会计部购买其公司点钞机、票据打印机等设备后,给予该行财务会计部主任于某路回扣人民币100万元。

被告人邓某良及其辩护人辩称:(1)邓某良主观上想将该款交由于某路交易股票盈利后,再将本金收回,并非给予于某路回扣款。(2)公诉机关指控邓某良给予于某路人民币100万元系回扣款的证据不足。(3)邓某良所在的涉案公司没有违反国家规定,也没有谋取不正当利益的主观故意和客观事实,故指控邓某良犯单位行贿罪的定性不准,证据不足。

北京市第一中级人民法院经公开审理查明:1997年,被告人邓某良在担任北京兴瑞丰公司法定代表人期间,为了承揽农发行购置会计档案柜业务,通过农发行财务会计部陈某林的引荐,与具体负责决定供货商及执行购销合同的农发行财务会计部主任于某路结识。1997年11月和1998年12月,邓某良分别以海南瑞丰实业投资有限公司(以下简称海南瑞丰公司)、北京兴瑞丰公司的名义,与农发行财务会计部签订了会计档案柜、点钞机、捆钞机、票据打印机等设备的购销合同。为了感谢于某路的帮助,邓某良于2000年年初,给予

[①] 参见北京市第一中级人民法院(2006)一中刑初字第1739号刑事判决书。

于某路人民币 100 万元。被告人邓某良于 2004 年 8 月 11 日被查获归案。上述事实均有充足证据证明。

【裁判理由】

北京市第一中级人民法院经审理认为：被告人邓某良身为公司直接负责的主管人员，为谋取不正当利益而行贿，其行为已构成单位行贿罪，依法应予惩处。北京市人民检察院第一分院指控邓某良犯单位行贿罪的事实清楚，证据确实、充分，指控罪名成立，但认定邓某良行贿系其违反国家规定，给予国家工作人员以回扣，情节严重的指控不当，其行为应认定为单位为谋取不正当利益而行贿，故法院予以纠正。邓某良被查获归案后，能够如实供述犯罪事实，认罪、悔罪，依法可予从轻处罚，并适用缓刑。

【裁判结果】

北京市第一中级人民法院依照《刑法》第三百九十三条、第三十条、第七十二条第一款之规定，作出如下判决：被告人邓某良犯单位行贿罪，判处有期徒刑三年，缓刑四年。

一审判决后，被告人没有上诉，该判决已生效。

【法理评析】

为了便于司法实践中正确区分受贿行为人为他人所谋取的利益是否正当、行贿人谋取的利益是否正当的问题，最高人民法院、最高人民检察院先后出台了多个司法解释：（1）1999 年 3 月 4 日《最高人民法院、最高人民检察院关于在办理受贿犯罪大要案的同时要严肃查处严重行贿犯罪分子的通知》，对于行贿罪、单位行贿罪、对单位行贿罪中的"谋取不正当利益"，解释为"是指谋取违反法律、法规、国家政策和国务院各部门规章规定的利益，以及要求国家工作人员或者有关单位提供违反法律、法规、国家政策和国务院各部门规章规定的帮助或者方便条件"。（2）1999 年 9 月 16 日《最高人民检察院关于人民检察院直接受理立案侦查案件立案标准（试行）》[（以下简称《立案标准》（试行）] 的规定与上述解释相同。（3）2003 年 11 月 13 日最高人民法院《全国法院审理经济犯罪案件工作座谈会纪要》（以下简称《纪要》）的肯定这一规定 [《纪要》对"不正当利益"的解释与上述《立案标准》（试行）] 完全相同。（4）2012 年 12 月 26 日《最高人民法院、最高人民检察院关于办理行贿刑事案件具体应用法律若干问题的解释》第十二条规定：行贿犯罪中的"谋取不正当利益"，是指行贿人谋取的利益违反法律、法规、规章、政策规定，或者要求国家工作人员违反法律、法规、规章、政策、行业规范的规定，为自己提供帮助或者方便条件。违背公平、公正原则，在经济、组织人事管理等活动中，谋取竞争优势的，应当认定为"谋取不正当利益"。

笔者认为，对不正当利益的最好理解，就是包括非法利益和不法手段谋取的不确定合法利益。不确定的合法利益，是指当事人谋取的利益虽然符合法律、法规、规章、政策和行业规范的规定，但是在能否取得、取得多少等方面处于不确定的状态。之所以说是可得利益或不确定利益，是因为这种利益的取得存在竞争性或者受自由裁量权的影响处于不确定状态。国家工作人员间接受贿，通过其他国家工作人员的职务行为为请托人谋取这种利益的，便属于谋取不正当利益。如果利益合法且确定，则不能因为该利益的取得采取了行贿手段而被认为属于不正当利益。这也就是《最高人民法院、最高人民检察院关于办理行贿刑事案件具体应用法律若干问题的解释》强调违背公平、公正原则，在经济、组织人事管理等活动中，谋取竞争优势的，也应当认定为"谋取不正当利益"的正当根据所在。

本案被告人邓某良在担任北京兴瑞丰公司法定代表人期间，为了承揽农发行购置会计档案柜业务，向具体负责决定供货商及执行购销合同的农发行财务会计部主任于某路寻求帮助，并在成功签订会计档案柜、点钞机等设备的购销合同后给予其100万元作为答谢。被告人邓某良为谋取竞争优势，给予国家工作人员财物的行为应当认定为单位为谋取不正当利益而行贿，构成单位行贿罪。

27. 大通回族土族自治县社会主义新农村建设工作领导小组办公室等单位受贿案[①]

——单位受贿与单位接受捐赠的区分

【基本案情】

大通回族土族自治县人民检察院以通检公诉刑诉（2014）221号起诉书指控被告单位大通回族土族自治县新农村建设领导小组办公室犯单位受贿罪，被告人刘某某犯单位受贿罪，于2014年12月16日向大通县人民法院提起公诉。大通县人民法院依法组成合议庭，23日依法公开开庭审理了本案。被告单位诉讼代表人王某，被告人刘某某及其辩护人赵某、周某到庭参加诉讼。

大通回族土族自治县人民检察院指控称，2012年8月至2013年1月18日期间，被告单位大通回族土族自治县新农村建设领导小组办公室（大通县党政军企共建示范村活动领导小组办公室）（以下简称新农办），在实施党政军企共建示范村项目期间，身为该办公室主任的被告人刘某某与其他工作人员商议后，以管理费名义分别收受实施党政军企共建示范村项目的鼎力公司、大通富康砖厂、严某某等9个承揽方现金共计239850元，后将此款计入"小金库"中，以单位车辆加油费、招待费、发放下乡补助等名义进行开支。

公诉机关认为被告单位新农办及被告人刘某某的行为已构成单位受贿罪，提请法院依法惩处，并就认定上述事实当庭出示了受案登记表、立案决定书、证人证言、被告人供述、户籍证明等证据予以证实。

被告单位大通县新农办对指控的罪名及犯罪事实无异议，但辩称对于判处罚金，该单位无法支付。

[①] 参见大通回族土族自治县人民法院（2015）大刑初字第1号刑事判决书。

被告人刘某某对指控的罪名、犯罪事实及所出示的证据不持异议，但辩称：一是赞助费全部用于单位开支；二是赞助费给有关领导汇报过，领导同意；三是案发后其对赃款全部进行了退赔，对其应从轻处罚。

辩护人辩称：一是被告单位及被告人刘某某所收受的赞助费是一种捐赠行为，并不违法，并且是赞助人自愿的；二是被告人刘某某案发后全部退回了赞助费，主观危害性不大；三是取得赞助款时已集体商议并向有关领导汇报同意，且用在了公务开支上，社会危害性小；四是退赔了赃款，没造成危害，且被告人认罪态度好，应免予刑事处罚。

经审理查明，大通县新农办成立于2006年12月12日，时任主任为喇某某，其工作职责是通过县委各部门协调，以建设社会主义新农村为目标。2012年3月14日县委大委干字（2012）第27号文件任命刘某某为新农办主任。2012年3月16日大通县人民政府大政（2012）第44号文件任命刘某某为新农办主任。2012年3月20县委办以大委办字（2012）第32号文件成立了大通县"党政军企共建示范村"（以下简称示范村）活动领导小组，韩某某为组长，冯某某为办公室主任，刘某某为副主任，其工作职责为建设社会主义新农村在资金保障、规划建设、项目方面开展协调工作。示范村和新农办是两块牌子，一套人马。2013年1月30日县委办以大委办字（2013）5号文件，调整冯某某为新农办主任，周某某、马某某为副主任、刘某某专职副主任。被告人刘某某在任职期间，因办公经费紧张，在2012年4月新农办开会研究其他工作时，刘某某提出向承揽项目的老板收取"赞助费"，参会人员都表示同意，后刘某某安排会计阿某某，出纳马某某具体负责此项工作。同时，向冯某某、周某某、马某某分别口头汇报了办公经费紧张，能否收取赞助费，三人同意了口头汇报，但同时表示，赞助费必须是自愿给付并用于新农村建设工作。新农办于2012年9月12日至12月30日以管理费名义分别收受郭某某、严某甲、张某某等9人现金共计239850元，这些赞助款计入新农办账外账中，用于本单位车辆加油、维修、招待、办公用品耗材、司机工资、年度表彰费等支出。案发后，将赞助赃款全部返还赞助人。上述犯罪事实均有相应证据证明。

【裁判理由】

大通回族土族自治县人民法院认为，被告单位大通县新农办及被告人刘某某在新农村建设项目经济来往中收受与本单位有利益关系的企业、承包人财物，数额达239850元，情节严重，其行为均已构成单位受贿罪，应予惩处。

公诉机关指控的罪名成立，应予支持。被告单位诉讼代表人的辩解意见，以本单位无从来钱的辩解意见不符合法律规定，不予采纳。被告人刘某某辩解的意见符合本案的事实，应予采纳。辩护人辩护的第一条意见无据可依，不予采纳，其余辩护意见符合本案的事实，应予采纳。考虑被告人刘某某案发后认罪态度好，收受他人财物经集体研究决定，并向有关领导进行了汇报，其所收赃款用于单位开支，赃款全部退回，社会危害性较小，犯罪情节轻微可免除处罚。

【裁判结果】

大通回族土族自治县人民法院依照《刑法》第三十条、第三十一条、第三百八十七条、第五十二条、第五十三条、第三十七条之规定，判决如下：一、被告单位大通县新农办犯单位受贿罪，判处罚金10万元，于本判决生效后15日内缴纳。二、被告人刘某某犯单位受贿罪，免予刑事处罚。

【法理评析】

本案涉及的主要问题在于如何区分社会捐助和以接受捐助为名的受贿。

笔者认为，国有单位正当、合法地接受捐助与单位受贿的界限，应当在准确把握单位受贿罪的法益的基础上进行区分。单位受贿罪侵害的法益，是国有单位代表国家履行职责、从事经营及其他活动的不可收买性，包括代表国家履行职责、从事经营及其他活动的廉洁性和公众对国有单位履行职责、从事相关活动的信赖。而判断国有单位接受捐助究竟正当合法还是属于以接受捐助为名的受贿，除了以刑法规范为依据外，还需要结合国家其他法律法规、政策来对相关行为进行甄别、对刑法规定的构成要件进行解释。具体分析如下：

1. 对于具有公益性质的捐助行为，不得认定为单位行贿行为，接受捐助的国有单位也不成立单位受贿罪。捐助包括捐赠和赞助。"捐赠"是指向国家、集体或个人无偿地赠送金钱或实物，公益性和无偿性是捐赠的根本特征。赞助从字面意思来说，是指赞同和资助。笔者认为，狭义的赞助应当有别于捐赠，具有有偿性。具有公益性非营利的事业单位是指依法成立的，从事公益事业的不以营利为目的的教育机构、科学研究机构、医疗卫生机构、社会公共文化机构、社会公共体育机构和社会福利机构等。另外，公益捐赠应当是自愿和无偿的，捐赠财产必须用于公益事业，符合公益目的。因此，企业向高校、非营利性医疗机构自愿、无偿地提供资金或实物等财产用于公益事业的，都是合法捐助。无论是以捐赠还是以赞助之名义，只要符合公益捐赠的性质，都受法律保护。

2. 对于赞助或者以捐赠为名的有偿赞助，应当具体分析，对于赞助行为附加或者伴随损害国有单位履行职责廉洁性和公众信赖的条件的，应当认定为贿赂行为。但是，不能仅仅从观念上判断是否存在"利益交换"或"互利性"，而必须看是否存在有损国有单位职责廉洁性和公众对其信赖的具体交易行为。

本案中，被告单位大通县新农办，在实施党政军企共建示范村项目期间，先后身为该办公室主任、专职副主任的被告人刘某某与其他工作人员商议并报新农办主任冯某某，副主任周某某、马某某同意后，以管理费名义分别收受实施党政军企共建示范村项目的鼎力公司、大通富康砖厂、严某某等 9 个承揽方现金共计 239850 元。这些赞助款计入新农办账外账中，用于本单位车辆加油、维修、招待、办公用品耗材、司机工资、年度表彰费等支出。

笔者认为，首先，新农办收取承揽方的赞助款是刘某某与参会人员商议并经过新农办负责人同意的，该行为体现的是单位意志而非刘某某的个人意志。其次，相关企业对新农办的赞助属于有偿赞助，承揽项目的老板通常会为了和新农办达成更长远、更紧密的合作而进行赞助。表面上看各企业和新农办之间存在互利，但是认定新农办成立单位受贿罪的关键之处不是二者之间的互利，而是新农办将所有赞助款储存在账外账户，且将赞助款用于新农村建设工作之外的招待、支付司机工资等其他地方，这损害了国有单位的廉洁性和公众的信赖。

28. 祝某忠受贿案[①]
——与国家工作人员关系密切的人的认定

【基本案情】

2007年4月至2011年11月,被告人祝某忠与南汇交通协管服务社签订劳动协定,先后担任原上海市公安局南汇分局、上海市公安局浦东分局的交通协管员,协助上海市公安局浦东分局交警二支队高速大队的民警在上海市浦东新区临港产业区进行事故勘查、排堵疏导以及工作记录等辅助性工作。期间被告人祝某忠接受上海喜华集装箱储运有限公司、上海港航集装箱有限公司、上海逸祝恒物流有限公司等单位人员的请托,通过转账汇款及现金给予的方式收受贿赂款共计人民币100余万元。

被告人祝某忠收受上述钱款后,为使上述公司的违法超载运输车辆在查处中能予以减轻处罚或者不作处罚,多次向上海市公安局浦东分局交警二支队高速大队的民警康某、唐某、朱某荣、季某等人行贿253000元,另有部分用于请民警吃饭、娱乐等,被告人祝某忠个人实际占有21万余元。

上海市浦东新区人民检察院指控,被告人祝某忠身为交通协管员,利用其地位形成的便利条件,通过其他国家工作人员职务上的行为,为请托人谋取不正当利益,收受请托人财物达21万余元,应当以受贿罪(斡旋受贿)追究其刑事责任。被告人祝某忠身为交通协管员,为谋取不正当利益,向多名司法工作人员行贿25万余元,情节特别严重,应当以行贿罪追究其刑事责任。被告人祝某忠一人犯两罪,应当数罪并罚。

【裁判理由】

上海市浦东新区人民法院经审理认为,交通协管员通过与协管服务社签订

[①] 参见上海市浦东新区人民法院(2012)浦刑初字第2441号刑事判决书。

劳务派遣合同进入国家机关工作，不享有独立的执法权和处罚权，其工作的性质是劳务而非公务，不应当认定为国家工作人员。交通协管员从请托人处收受财物后，再将部分钱款用于向关系密切的交警行贿的行为，应当分别以利用影响力受贿罪和行贿罪两罪并罚。被告人祝某忠身为与国家工作人员即交通执法民警关系密切的交通协管员，通过民警在交通执法过程中职务上的行为，为请托人谋取不正当利益，收受请托人财物，数额较大，依照《刑法》第三百八十八条之一第一款的规定，已构成利用影响力受贿罪，应处三年以下有期徒刑或者拘役，并处罚金。被告人祝某忠为谋取不正当利益，向多名国家工作人员行贿，情节严重，依照《刑法》第三百八十九条、第三百九十条的规定，其行为又构成行贿罪，应处五年以上十年以下有期徒刑，对被告人祝某忠应予以两罪并罚。公诉机关指控的受贿罪罪名不当，法院予以更正，公诉机关指控的行贿罪成立，予以支持。

【裁判结果】

上海市浦东新区人民法院认为，被告人祝某忠对于利用影响力受贿犯罪具有自首情节，对于行贿犯罪具有坦白情节，对其所犯两罪依法分别从轻处罚。据此判决：一、被告人祝某忠犯利用影响力受贿罪，判处有期徒刑二年，罚金人民币2000元；犯行贿罪，判处有期徒刑五年六个月；决定执行有期徒刑六年六个月，罚金人民币2000元。二、违法所得责令退赔或追缴。

一审宣判后，被告人未提出上诉，检察院亦未提出抗诉，该案判决已经生效。

【法理评析】

本案存在争议的是被告人祝某忠身份性质及其非法收受他人财物的行为定性。法院作出上述判决思路：首先，判断被告人祝某忠不属于国家工作人员，不构成受贿罪；其次，认定被告人祝某忠属于与国家工作人员关系密切的人，成立利用影响力受贿罪；最后，认定被告人祝某忠先从请托人处受贿后再对国家工作人员行贿的行为，另行成立行贿罪，对其应两罪并罚。笔者认为，法院的裁判正确。兹详细评析：

1. 被告人祝某忠系交通协管员，不属于国家工作人员。

根据《刑法》第九十三条的规定，国家工作人员，是指国家机关、国有公司、企业、事业单位、人民团体中从事公务的人员和国家机关、国有公司、企业、事业单位委派到非国有公司、企业、事业单位、社会团体从事公务的人员，以及其他依照法律从事公务的人员。判断行为人是否属于国家工作人员，关键要抓住从事公务这一本质特征。

首先，南汇交通协管服务社是非正规就业劳动组织，并不是国家机关或国有企事业单位，故被告人祝某忠不属于国家机关、国有公司、企业、事业单位、人民团体中从事公务的人员。其次，被告人祝某忠是因为劳务派遣才得以进入交警部门工作，其职责是协助民警进行事故勘查、排堵疏导以及工作记录等辅助性工作，不具有独立的执法权和处罚权，不能参与、干涉、影响民警的执法活动。民警康某等人的证言也证实祝某忠在管理者交警的领导、监督、管理之下从事的是具有社会服务性质的劳务、勤务活动，而非公务活动，不具有公务活动所要求的国家权力性、职能性和公共管理性的特征，行使的非国家管理职能。因此可以判断，被告人祝某忠是与交警具有同事关系的协管人员，并不属于国家工作人员。

2. 如何认定关系密切的人及利用影响力受贿罪。

在出现"关系密切的人"这一词之前，在2007年8月出台的《最高人民法院、最高人民检察院关于办理受贿刑事案件适用法律若干问题的意见》（以下简称2007年《办理受贿案件适用法律意见》）曾使用特定关系人一词，即与国家工作人员有近亲属、情妇（夫）以及其他共同利益关系的人。关系密切的人与特定关系人不同，特定关系人这一概念比较明确，范围相对确定，但仅限定在近亲属、情人、有共同财产、共同利益这样的关系，而关系密切的人是一个包含范围更广的概念，它涵盖了全部特定关系人在内，但不限于此。只要有人利用其自身与国家工作人员或者离职国家工作人员的密切关系，进行权钱交易，从国家公权力中寻租获利，就可能成立利用影响力受贿罪。

司法实践中，对行为人是否属于国家工作人员（下同，仅以国家工作人员为例）或者离职国家工作人员，近亲属之外的其他关系密切的人，从立法宗旨出发，应当把握以下因素予以综合评判：

（1）考查行为人与国家工作人员之间是否存在基于性的情感关系。基于性而形成的亲密情感关系，都应当归结为密切的关系。情人关系一般表现为情夫、情妇关系，也不排除暧昧关系。由于情人关系的影响力比较特殊，因此，在个案中，也不限于稳定的情人关系。

（2）考查行为人与国家工作人员之间是否存在远亲或曾经的姻亲及其形成的亲戚关系、同事、同乡、师生、上下级、同学、战友、旅友、球友、牌友等关系，并在此基础上联系较多、存在利益关系。

（3）考查行为人与国家工作人员接触、交往的时间长短和交往频繁程度。对于接触、认识时间较长，平时个人之间特别是家庭之间保持日常往来、具有较好关系的，一般可以认定为关系密切。

（4）考查行为人与国家工作人员对二者之间关系的认知状况，以及国家工作人员对是否愿意为请托人谋利的态度。

综上所述，对于行为人是否与国家工作人员关系密切，应当针对个案的具体情况，从双方认识时间长短、结交程度、感情深浅程度、利益关联程度等多方面、多角度进行综合判断。

具体到本案，首先，工作上被告人祝某忠长期跟随民警执法，与民警具有支持、配合的工作联系。生活中祝某忠经常请民警吃饭、娱乐，与民警建立了密切的私人关系。由此看出，祝某忠与民警交往频繁，交往时间长，对民警具有一定的影响力。其次，祝某忠不是国家工作人员，没有独立的执法权和处罚权，其自身并无对违章车辆进行处罚的职权。被告人祝某忠是通过其与民警的紧密关系，据此利用民警在道路交通执法过程中的职务行为，为请托人谋取请托事项，借机向请托人收取好处费。再次，祝某忠为请托人谋取的是不正当利益。祝某忠接受车老板的请托，向各个民警打招呼、说情，使民警违反执法规定，不顾道路交通安全，对理应处罚的违章车辆不处罚或减轻处罚。

综上所述，应当认定被告人祝某忠为与民警关系密切的人，其利用自己与民警的密切关系，收取请托人财物，构成利用影响力受贿罪。

29. 付某生行贿罪[①]

——对于谋取利益是否属于"不正当利益"的认识错误，是否影响行贿罪的认定

【基本案情】

上诉人（原审被告人）付某生，因涉嫌犯行贿罪，于2017年10月8日被刑事拘留，次日被监视居住，2017年11月25日，2018年2月1日、6月7日被取保候审，同年12月8日被柳州市城中区人民法院取保候审。

广西壮族自治区柳州市城中区人民法院审理柳州市城中区人民检察院指控原审被告人付某生犯行贿罪一案，于2019年11月28日作出（2019）桂0202刑初6号刑事判决。原审被告人付某生不服，提出上诉。二审法院即广西壮族自治区柳州市中级人民法院受理后，依法组成合议庭审理了本案，经过阅卷，讯问了上诉人，听取了辩护人意见，认为案件事实清楚，依法决定不开庭审理。

原判决根据批准指定管辖决定书、立案决定书，抓获经过、破案经过、关于将犯罪嫌疑人付某生列为网上追逃人员的说明，户籍证明，城投公司营业执照，柳州市人民政府的任职通知（柳政干通字〔2009〕6号）、城投公司关于公司领导成员分工的通知等（城投政字〔2009〕6号），承包经营协议书，建设转让合同及补充协议、回购协议、银行转账凭证、聘任职务的通知等，现金交款单、内部转账通知单、收款收据、报告，五建公司第二十二分公司明细分类账、银行进账单、汇款单、收款收据、收款通知书，五建公司纪律检查委员

[①] 参见广西壮族自治区柳州市城中区人民法院（2019）桂0202刑初6号刑事判决书，广西壮族自治区柳州市中级人民法院（2020）桂02刑终30号刑事裁定书。

会出具的证明，收条，项目经营责任承包合同、承包人确认及委托书，合作协议书，施工合同回购协议履约承诺书，通讯记录查询单、起诉意见书、刑事判决书，五建公司第二十二分公司内部存款-结算户明细分类账、银行承兑汇票、签批意见、申请使用银行专项贷款承诺书，证人赵某的证言及自书材料，证人张某的证言，被告人付某生的供述及自书材料等证据认定以下事实：

2009年下半年，被告人付某生从时任城投公司（系国有独资有限责任公司）副总经理、负责柳州市风情港项目招商引资及前期推介工作的赵某处了解到风情港酒店及商务楼工程项目将以BT方式开发，遂请托赵某帮助其承接该项目。

2009年12月1日，被告人付某生与五建公司签订《承包经营协议书》，约定付某生缴纳固定费用承包经营五建公司下设的第二十二分公司，承包期间付某生开展经营活动所发生的全部费用由自己承担。承接的工程自行组织施工及经营管理；五建公司对生产经营活动（如投标、施工承包等）给予付某生支持等内容。2010年4月、8月，五建公司先后发出聘任付某生为五建公司第二十二分公司经理、五建公司董事长助理的通知，但未支付其工资、缴纳社保。

此后，付某生以五建公司名义竞投风情港项目。在赵某的帮助下，五建公司入围投资建设主体名单。2010年1月20日，五建公司与城投公司签订《风情港酒店、商务楼BT项目建设转让合同》，约定五建公司为项目投资建设主体，并自筹项目工程建设资金，项目竣工验收合格后由城投公司予以回购；后付某生以五建公司第二十二分公司的名义将该项目转包给金某，并于2010年2月12日从金某处收取抵押金、保证金共计300万元现金。付某生为感谢赵某并为了日后能继续受到关照，分别于2010年6月、2010年年底、2011年8月在其第二十二分公司办公室向赵某贿送现金30万元、35万元、25万元，共计90万元。

2017年10月8日16时许，公安机关将付某生抓获归案。2018年3月5日，付某生提供线索协助公安机关抓获容留他人吸毒罪的犯罪嫌疑人。

二审审理查明的事实和据以定案的证据与一审相同，相关证据均经一审法庭举证、质证属实，二审法院予以确认。

【裁判理由】

一审法院认为，关于被告人付某生在侦查机关的供述问题，经查，付某生的有罪供述笔录 2 份,自书的认罪材料 3 份系侦查机关依法收集,上述材料内容逻辑正常、内容稳定,且与证人赵某的证言相符,亦与其他证据相互吻合。辩护人提交的相关疾病材料系付某生作出上述供述之后的诊断,且诊断中明确写有其系不伴有精神病性症状的重度抑郁发作。故对辩护人的意见不予采纳。

关于付某生是否谋取不正当利益问题。根据《最高人民法院、最高人民检察院关于办理行贿刑事案件具体应用法律若干问题的解释》第十二条的规定,"谋取不正当利益"是指"行贿人谋取的利益违反法律、法规、规章、政策规定,或者要求国家工作人员违反法律、法规、规章、政策、行业规范的规定,为自己提供帮助或者方便条件",同时还规定,"违背公平、公正原则,在经济、组织人事管理活动中,谋取竞争优势的,应当认定为'谋取不正当利益'"。本案被告人付某生从时任城投公司副总经理、负责柳州风情港项目招商引资、前期推介工作的赵某处了解到风情港酒店及商务楼工程项目将以BT 形式开发,为了承接该项目而给予赵某好处费,就是为谋取不正当利益。辩护人提出没有谋取不正当利益的相关意见,与查明的事实和相关法律规定相悖,不予采纳。

关于被告人付某生行为的定性及赵某是否索贿的问题。经查,付某生与五建公司签订的《承包经营协议书》《施工合同回购协议履约承诺书》均约定,其向五建公司缴纳固定的承包金,负责风情港项目所需资金,一切债务纠纷结果均由其承担;付某生(五建公司第二十二分公司)还与金某签订《合作协议书》《转包风情港项目的承包人确认及委托书》,由其将风情港项目转包给金某,同时收取至少 3000 万元的管理费;付某生收取金某风情港项目保证金现金 300 万元的收条(未入五建公司第二十二分公司的财务账目),现有证据足以认定付某生系以挂靠方式运营五建公司第二十二分公司,自筹资金承接工程项目,自负盈亏;且付某生行贿的款项来源于其个人钱款,承接工程收益由其个人享有;故此行贿系其个人行为。

赵某作为风情港项目的业主单位(城投公司)的副总经理,其有权推荐项目承包人,且城投公司还是风情港项目的回购方、工程款支付方,赵某作为该公司分管财务、资产管理等方面的副总经理与此有直接的关系;故付某生为获取竞争优势等,直接向国家工作人员行贿,构成行贿罪。且付某生在侦查阶段多次稳定供述系其约赵某到办公室,为感谢及日后受到关照而主动行贿赵某,此供述与赵某的证言一致,综合在案其他证据,不能认定赵某系索贿。故被告人及辩护人的该意见不能成立,不予采纳。

二审法院认为，关于付某生及其辩护人提出付某生没有谋取不正当利益，且系职务行为，不构成个人行贿罪；付某生由于身体原因，作出与赵某相同供述等相关意见，经查，该意见在一审中已提出，一审判决根据付某生的供述、证人赵某的证言和相关书证等证据，已予以详细论述，依法所作的认定是正确的，法院不再赘述。付某生及其辩护人所提该意见不能成立，法院不予采纳。

关于辩护人提出一审法院违反规定超过二次补充证据，且所补充的证据与在案证据矛盾的意见，经查，侦查机关就原有的证据进行补强，与原有证据并无矛盾之处，辩护人所提意见无事实依据，法院不予采纳。

关于付某生及其辩护人提出付某生与五建公司系劳动关系等的相关意见，经查，付某生与五建公司签订有承包经营协议、施工合同回购协议履约承诺书等，并已向五建公司缴纳了承包金，付某生还与金某签订了转包风情港项目的承包人确认及委托书、合作协议书以及相关账户的往来情况等，足以认定付某生以挂靠方式经营五建公司第二十二分公司，且是自负盈亏的，五建公司无需负责付某生的工资及缴纳社会保险，双方并不是实质上的劳动关系。付某生及其辩护人的该节意见不能成立，法院不予采纳。

关于辩护人提出付某生构成对有影响力的人行贿罪的意见，经查，城投公司是风情港项目的回购方，赵某作为城投公司的副总经理，分管财务、资产管理等，其是有权推荐项目的承包人的，对工程款的拨付也是有直接的决定权。不属于法律规定的与国家工作人员有密切关系的人。辩护人的该节意见与法律规定相悖，法院不予采纳。

综上所述，法院认为，上诉人（原审被告人）付某生为谋取不正当利益，给予国家工作人员财物，其行为已构成行贿罪。原判认定的事实清楚，证据确实、充分，定罪准确；并根据付某生行贿的数额、性质、情节和对于社会的危害程度，有立功等的具体情节，在法定刑幅度内予以从轻处罚，量刑适当。

【裁判结果】

一审法院根据付某生犯罪的事实、性质、情节和对于社会的危害程度，依照1997年修正的《刑法》第三百八十九条、第三百九十条、《刑法》第十二条第一款、《最高人民法院、最高人民检察院关于办理贪污贿赂刑事案件适用法律若干问题的解释》第七条第一款，作出判决：被告人付某生犯行贿罪，判处有期徒刑二年十个月。

一审宣判后，付某生提出上诉。二审法院依照《刑事诉讼法》第二百三十六条第一款第一项之规定，裁定如下：驳回上诉，维持原判。

【法理评析】

《刑法》第三百八十九条规定，为谋取不正当利益，给予国家工作人员以财物的，是行贿罪。本案中，付某生辩称自己没有谋取不正当利益，其给予赵某财物是出于职务要求，不是为个人利益。根据《最高人民法院、最高人民检察院关于办理行贿刑事案件具体应用法律若干问题的解释》第十二条的规定，"谋取不正当利益"是指行贿人谋取的利益违反法律、法规、规章、政策规定，或者要求国家工作人员违反法律、法规、规章、政策、行业规范的规定，为自己提供帮助或者方便条件。违背公平、公正原则，在经济、组织人事管理活动中，谋取竞争优势的，应当认定为谋取不正当利益。付某生为了获得承接风情港项目的竞争优势而给予赵某好处费的行为，属于谋取不正当利益。

值得研究的是，当行为人对不正当利益发生错误认识的时候，应当如何评价行为人的行为？具体而言，当行为人或行为单位主观上认为自己谋取的是不正当利益并向国家工作人员送予财物，而事实上谋取的是正当利益；当行为人或者行为单位以谋取正当利益为目的给予国家工作人员以财物，而实际上其谋取的是不正当利益时，行为人或行为单位是否构成行贿罪或单位行贿罪？

笔者认为，以上两种情况都不宜以犯罪论处。当行为人或行为单位事实上谋取的利益是正当利益时，即便其主观上是为了谋取不正当利益，但毕竟谋取的利益在客观属性上是正当的，而受贿罪和单位受贿罪的构成要件明确要求行为人谋取的应该是不正当利益，此时行为人或者行为单位的行为并不符合受贿罪或者单位受贿罪的构成要件，行为人或者行为单位自然也就不构成受贿罪或者单位受贿罪。当行为人主观上为了谋取正当利益、误认为谋取的是不正当利益乃至正当利益时，是因为缺乏对违法性认识进而阻却了行贿罪、单位行贿罪的犯罪故意的实现，丧失了归责的主观基础，如果认定其行贿罪、单位行贿罪，显然有客观归责之嫌疑。

当然，实务当中不能仅仅依据行为人的供述和辩解来认定行为人是否对于利益的不正当性缺乏认识。当行为人谋取的利益在客观上是不正当时，原则上应当推定行为人主观上对利益的不正当性有正确的认识，除非被告人有证据证明其对于利益的不正当性确实无法认识，此时才可以根据违法性认识错误阻却行为人或者行为单位的犯罪故意的实现，认定其不成立受贿罪或者单位受贿罪。

本案中的被告人谋取的利益是客观上的不正当利益，虽然其辩称自己没有谋取不正当利益，是代表公司的合理职务行为，但是正如笔者所说，当行为人谋取的利益在客观上是不正当的时候，原则上应当推定行为人主观上对利益的不正当性有正确的认识，因此，判定被告人付某生谋取的是不正当的利益，成立行贿罪是合理的。

30. 卢某华行贿案[①]

——单位负责人为单位谋取不正当利益而向国家工作人员行贿的，成立单位行贿罪而非行贿罪

【基本案情】

福建省龙岩市上杭县人民法院经公开审理查明：福建省永定县华厦建筑工程有限公司（以下简称华厦建筑公司）成立于2001年12月，被告人卢某华出资608万元，胡某昌出资10万元，卢某华为法定代表人、董事长；2011年11月，公司名称变更为福建省土圆楼建设集团有限公司（以下简称土圆楼建设公司），股东出资变更为卢某华3008万元、胡某昌10万元。永定县华泰房地产开发有限公司（以下简称华泰房地产公司）成立于2003年6月，卢某华出资80万元，其妻吴某贞出资120万元，法定代表人为吴某贞，卢某华为实际控制人。2002年至2014年间，在经营开发永定县泰华大厦、永定县古镇安置房等工程项目中，为在工程承揽、容积率调整、工程验收等方面谋取不正当利益，卢某华未经单位集体研究决定，以个人款项先后向永定县城乡规划建设局原规划股股长肖某强、原副局长吴某宏、原局长林某河、郑某淼、永定县人民政府原副县长郑某文、范某荣，永定县人大常委会原主任吴某林等人行贿，共计3429900元。被告人卢某华在纪检监察机关调查期间，主动交代了办案机关尚未掌握的大部分犯罪事实，其家属在审查起诉期间代为退赃200万元。

一审期间，龙岩市上杭县人民法院建议公诉机关对土圆楼建设公司、华泰房地产公司补充起诉。公诉机关仍以自然人犯罪起诉，并请法院依据查明的事实依法裁判。

[①] 参见福建省龙岩市中级人民法院（2017）闽08刑终258号刑事判决书。

【裁判理由】

福建省龙岩市上杭县人民法院认为，被告人卢某华为谋取不正当利益，多次给予多名国家工作人员财物，共计3429900元，构成行贿罪，且属于情节特别严重。对于辩护人提出的本案属于单位行贿的意见，被告人卢某华为谋取不正当利益，以其个人意志向国家工作人员行贿，而非经公司决策机构授权或同意，不符合单位行贿罪的构成要件，该辩护意见不予支持。被告人卢某华在被追诉之前如实供述，并主动交代办案机关尚未掌握的大部分同种犯罪事实，对其减轻处罚，在法定量刑幅度的下一个量刑幅度，即在五年以上十年以下有期徒刑的幅度内量刑。对于辩护人提出的对被告人卢某华适用缓刑或免予刑事处罚的意见，卢某华向多名国家工作人员行贿且属于情节特别严重，不符合适用缓刑或免予刑事处罚的法定条件。本案犯罪行为发生在《刑法修正案（九）》实施之前，根据从旧兼从轻原则，应适用修正前的刑法。

福建省龙岩市中级人民法院经审理认为，卢某华身为华厦建筑公司、土圆楼建设公司、华泰房地产建设公司的负责人，为公司谋取不正当利益，向国家工作人员行贿，其行为构成单位行贿罪，且属于情节严重。原判定性错误，应予纠正。原公诉机关未指控单位行贿，并不影响按照单位行贿罪中直接负责的主管人员对卢某华追究刑事责任。本案犯罪行为发生在《刑法修正案（九）》实施之前，根据从旧兼从轻原则，应适用修正前的《刑法》。卢某华作为单位负责人，主动交代办案机关大部分未掌握的同种犯罪事实，可以从轻处罚，原判决予以减轻处罚不当，但其多次向多人行贿，不符合缓刑的适用条件。

【裁判结果】

福建省龙岩市上杭县人民法院依照1997年《刑法》第三百八十九条第一款、第三百九十条、第六十七条第三款、第六十一条、第六十三条、第六十四条，及《最高人民法院、最高人民检察院关于办理贪污贿赂刑事案件适用法律若干问题的解释》第七条第二款第一项、第九条第一款第二项之规定，判决如下：被告人卢某华犯行贿罪，判处有期徒刑五年三个月。

一审宣判后，被告人卢某华以原判定性错误，其具有自首情节、原判量刑过重等为由，向龙岩市中级人民法院提出上诉，建议二审改判其构成单位行贿罪，并对其减轻处罚、适用缓刑。

福建省龙岩市中级人民法院依照1997年《刑法》第三百九十三条、第十二条、第四十五条、第四十七条、第六十一条、第六十四条,及《刑事诉讼法》第二百三十六条第一款第二项之规定,改判卢某华犯单位行贿罪,判处有期徒刑三年七个月,对扣押在案的赃款200万元予以没收,上缴国库。

【法理评析】

我国《刑法》第三百八十九条第一款、第二款规定:"为谋取不正当利益,给予国家工作人员以财物的,是行贿罪。在经济往来中,违反国家规定,给予国家工作人员以财物,数额较大的,或者违反国家规定,给予国家工作人员以各种名义的回扣、手续费的,以行贿论处。"而根据《刑法》第三百九十三条的规定,单位行贿罪,系指单位为谋取不正当利益而行贿,或者违反国家规定,给予国家工作人员以回扣、手续费,情节严重的行为。从刑法规范上讲,二者具有明显不同类型的构成要件。两罪的区别主要体现在犯罪主体、行为意志和利益归属方面,即实施行贿行为的主体是否独立合法的单位,体现的究竟是个人的犯罪意志还是单位的意志,以及所得利益是归属于个人还是单位。

笔者认为,按照区分个人犯罪与单位犯罪的一般原则,以下两种情况应当认定为行贿罪,而非单位行贿罪:(1)个人为了进行违法犯罪活动设立公司、企业、事业单位而实施的行贿,或者公司、企业、事业单位设立后,以实施包括行贿在内的犯罪为主要活动的,其向国家工作人员行贿行为(包括违反国家规定给予国家工作人员以回扣、手续费,下同),均不得以单位行贿罪定罪处罚,而应当按照行贿罪定罪处罚。(2)单位内部人员盗用单位名义向国家工作人员行贿,其行贿所获得的不正当利益全部或主要归个人所有的,也应当认定为个人的行贿罪。这是因为单位行贿罪的实质特征在于体现单位的行贿意志,这种意志原本系通过单位内部有关人员(代表)具体实施行贿行为而体现,但如果说单位内部有关人员以单位名义行贿的目的是自己和单位内部其他个人获取不正当利益,那么实质上在利益归属上判断就没有体现单位的行贿意志,将其认定为单位行贿罪,不符合责任主义原则,使无辜被假借名义的单位不恰当地承担了刑事责任。当然,需要注意的是,如果在单位集体研究决定或者单位主要负责人代表单位实施行贿之时,确实出于为单位谋取不正当利益的目的,并无主要为个人谋取不正当利益的目的,仍应认定单位行贿罪。

上述成立个人受贿罪的第一种情况说明,并不是任何单位实施行贿行为都能成立单位受贿罪。成立单位受贿罪,要求单位本身依法成立和合法存在,实质上具备独立人格，具有独立的财产或经费、能够独立承担刑事责任。个人为了进行违法犯罪活动而设立的公司、企业、事业单位只是个人的犯罪工具，实质上并不存在合法的独立单位，单位实施的犯罪行为本质上是个人实施的犯罪行为。在这种情况下，单位实施行贿行为的，应当认定为个人行贿罪。

本案中，华厦建筑公司、土圆楼建设公司以及华泰房地产公司均为合法注册成立或变更的有限责任公司。成立之后，公司根据章程运转，有固定的办公场所，并聘用相关从业人员，设有合理的财务、劳动制度，长期从事工程建设方面的经营活动，且都是以公司名义进行签约和履约，履约款项也是以公司名义支取，公司财产可以与股东个人财产进行区分，具备独立的财产和经费，能够以单位名义承担刑事责任。因此，上述公司虽然系"夫妻公司"或者为卢某华个人实际控制的公司，但不能将其认定为为了实施违法犯罪活动而设立的公司，也不能据此否认其独立的法人人格，而认定为自然人犯罪。

卢某华作为华厦建筑公司和土圆楼建设公司的法定代表人和华泰房地产公司的实际控制人，且从上述公司情况来看，卢某华为公司的实际决策权人，其行贿行为是为了让公司在工程承揽、验收等方面获得利益，其行为不违背公司经营的根本宗旨，应认定为代表单位意志。

在利益归属方面，卢某华于2001年至2011年春节，多次以拜年为名给付吴某林、吴某宏、范某荣等人财物共计12万元，当时卢某华并没有提出具体的请托事项，但现有证据证明的事实表明，卢某华的行贿对象均为华厦建筑公司、土圆楼建设公司和华泰房地产公司的相关项目予以帮助，使卢某华的公司在工程承揽、容积率调整、工程验收等方面谋取了不正当利益，这些利益都是为了公司能够更好地经营，在无证据表明的前提下，卢某华有为了公司经营之外的其他个人事项请托，故上述卢某华的行贿行为应认定为为单位谋取不正当利益，涉案公司应该构成单位行贿罪，卢某华作为上述公司的直接责任人员，应当承担相应的刑事责任。

31. 帅某受贿、介绍贿赂案[①]

——介绍贿赂罪与行贿罪的帮助行为之间的关系

【基本案情】

公诉机关指控称：被告人帅某身为国家工作人员，利用职务上的便利，为他人谋取利益，收受他人钱财25万元；为谋取不正当利益，给予国家工作人员钱财11万元；徇私舞弊，滥用职权，致使国家利益遭受重大损失，其行为已触犯国家刑律，应以受贿罪、行贿罪和滥用职权罪数罪并罚追究其刑事责任。

被告人帅某辩称：对公诉机关指控的基本事实和滥用职权罪无异议，但对受贿罪和行贿罪有异议。其理由有二：一是被告人帅某不构成受贿罪，因其无受贿的意图，帮忙办证完全是碍于战友之情，虽有6万余元钱一直存放在帅某处，但其没有非法占有的目的，只是为了等机会补缴税费。二是被告人帅某不构成行贿罪，当初核定的包干办证的费用是25万元，帅某先拿了14万元缴税费，剩余的就交给了其领导黄某。

重庆市合川区人民法院公开审理查明：2009年9月至11月，被告人帅某在合川区房地产产权产籍监理所负责土地房屋权属登记初审工作期间，接受其战友尹某某为其少缴税费的请托，利用职务便利，在为尹某某等人办理房屋权属变更登记过程中，违规为尹某某等人少缴税费提供帮助，为其谋取不正当利益，先后两次收受尹某某给予的钱财共计人民币25万元，除了实际缴纳税费77553.50元，给予其领导黄某11万元外，将剩余的62446.50元据为己有。同时，被告人帅某在为尹某某等人办理房屋权属变更登记过程中，违反《重庆市土地房屋权属登记条例》等相关规定，采取只实际缴纳房产税费77553.50

[①] 参见重庆市合川区人民法院（2012）合法刑初字第606号刑事判决书。

元,其他以已缴纳税费凭证的复印件冒充缴税费依据的手段,违规签注同意办理房地产权证的初审意见,致使国家利益遭受损失。另查明,被告人帅某主动到案,如实供述了其介绍贿赂的犯罪事实。上述事实均有相应证据证明。

【裁判理由】

重庆市合川区人民法院经审理认为:被告人帅某身为国家机关工作人员,利用职务便利,非法收受他人钱财 62446.50 元,为他人谋取利益,其行为构成受贿罪,依法应在五年以上有期徒刑,可并处没收财产的幅度内处以刑罚。被告人帅某向国家机关工作人员介绍贿赂 11 万元,情节严重,其行为构成介绍贿赂罪,依法应在三年以下有期徒刑或者拘役幅度内处以刑罚。被告人帅某一人犯数罪,应数罪并罚。被告人帅某主动到案,如实供述其介绍贿赂的犯罪事实,系自首,依法可对其介绍贿赂罪减轻处罚。被告人积极退赃,可酌情对其从轻处罚。

关于被告人帅某受贿金额的认定。公诉机关指控其共收受贿赂款 25 万元。而从查明的事实看,帅某在收取 25 万元时已向尹某某说明此款将用于打点关系和缴纳税费,尹某某对此明知,并表示此款系包干费用,若有剩余则归帅某所有,若不够也不再增补。事实上,被告人帅某给予其领导黄某 11 万元,缴纳税费 77553.50 元,仅将余下的 62446.50 元据为己有,因此,不宜将 25 万元全部认定为被告人帅某的受贿金额,而只应将 62446.50 元认定为其受贿金额。

关于被告人帅某受贿罪的认定。虽然被告人及其辩护人辩称帅某主观上无受贿之意图,其完全只是碍于战友之情才帮忙办证,且将剩余的 62446.50 元留在手中也是为了找机会补缴税费,并不是想据为己有。然而,被告人帅某在接受尹某某给的 25 万元包干办证的请托时就已知道,按照正规途径办证需 35 万元,在给予黄某 11 万元和缴纳税费 77553.50 元后剩余的 62446.50 元根本不足以补缴税费,且被告人帅某也一直将 62446.50 元存在自己的银行卡里,并没有去补缴税费,期间还使用过该款,事实上已对该款据为己有。加之尹某某事前已明示被告人帅某如果此款有剩余就归其所有,被告人帅某对此没有表示反对。因此,被告人帅某主观上具有非法占有之目的,客观上实施了收取他人钱财为他人谋取非法利益之行为,其行为构成受贿罪。

关于被告人帅某介绍贿赂罪的认定。公诉机关指控被告人帅某给予黄某 11 万元的行为构成行贿罪,而从查明的事实来看,被告人帅某在收取 25 万元前已向尹某某讲明，此款有一部分将用于打点关系，尹某某对此知晓并默许；同时，被告人帅某在给予黄某 11 万元前明确告诉黄某其战友事后会对他进行感谢。虽然尹某某和被告人帅某虽没有商定要给予黄某钱款的具体金额，但只要是不超过 25 万元，都在尹某某允许范围之内。在黄某收受尹某某 11 万元贿赂款的过程中，被告人帅某只起到居间沟通作用，并非先实际占有后再向黄某行贿，其一开始就没有占有此款的犯意，因此，被告人帅某的行为应认定为介绍贿赂罪。

关于被告人帅某滥用职权罪的认定。公诉机关指控被告人帅某徇私舞弊、滥用职权，致使国家利益遭受损失。然而，公诉机关指控被告人滥用职权所造成的损失是按照该房产最后一次实际交易金额计算所得，并未扣除该房产前次交易所缴纳的营业税，而该营业税又应在计算损失时予以扣除，同时，公诉机关未能提供前次交易所缴纳的营业税的具体金额，致使无法确定被告人的行为给国家利益造成损失的具体金额。此外，政府对该房屋交易的指导价格亦不能准确反映被告人滥用职权的行为对国家利益所造成的损失。因此，公诉机关指控该项犯罪事实的证据不足，其对被告人帅某滥用职权罪的指控不能成立。

【裁判结果】

重庆市合川区人民法院依照《刑法》第三百八十五条第一款、第三百八十六条、第三百八十三条第一款第二项、第三百九十二条、第六十九条第一款、第六十七条第一款、第六十四条，《刑事诉讼法》第一百九十五条第三项，作出如下判决：帅某犯受贿罪，判处有期徒刑五年；犯介绍贿赂罪，判处有期徒刑六个月；数罪并罚，决定执行有期徒刑五年。对扣押在检察机关的帅某犯罪所得赃款 62446.50 元予以追缴，上缴国库。

【法理评析】

介绍贿赂罪，是指介绍个人或者单位向国家工作人员行贿，情节严重的行为。所谓"介绍"，就是在送予财物者与国家工作人员之间进行引荐、沟通、撮合，使送予财物行为与受贿行为的内容得以实现的行为。从上述规定可以看出，介绍贿赂罪的行为方式在客观上对行贿、受贿行为的实施和完成起到了一定的帮助作用。这就引发一个具有争议的问题：介绍贿赂罪与受贿罪的教唆犯、帮助犯以及行贿罪的教唆犯、帮助犯具有什么关系？

笔者认为，在犯罪者之间进行介绍，不论其表现形式如何，毫无疑问，其本身就是一种犯罪的帮助行为。但是，《刑法》既然已经基于刑事政策的考虑将个人向国家工作人员介绍贿赂的行为独立为罪名，就意味着在解释论上应当将这部分行为从受贿罪和行贿罪的共犯中予以剔除。换言之，凡是行为人的行为，属于具有撮合、沟通性质的行贿、受贿帮助行为，原则上都应认定为介绍贿赂罪，但是，如果实施介绍行为中，行为人故意实施引起他人受贿或行贿的犯罪决意的行为，就不能解释为或者不能完全解释为介绍行为了。

具体而言，如果行为人以劝说、引诱、提示等手段，唆使国家工作人员产生受贿罪的犯罪故意，并为其联系行贿人，从中积极撮合或者积极代为向行贿人收受财物的，其行为已超越一般的介绍范围，应成立受贿罪的教唆犯；如果介绍人以劝说、引诱、提示等手段，唆使行贿人产生行贿的犯罪故意，并为其联系受贿人，从中积极撮合或者积极代为向受贿人贿送财物的，其行为已超越一般的介绍，应成立行贿罪的教唆犯；如果行为人没有劝说、引诱、提示等手段，促使行贿人、受贿人产生犯罪的故意，只是在行贿人和受贿人之间起联系、沟通、撮合作用，促成行贿受贿犯罪的实现，就不能视为行贿罪或受贿罪的共犯，而应以介绍贿赂罪来定罪处罚。当然，从罪数理论看，在介绍贿赂中又教唆行贿、受贿的，符合吸收犯之特征，所以，对其定性结论亦可认为是由教唆行贿、受贿行为而成立的行贿罪或受贿罪的共犯吸收介绍贿赂罪。

本案中，尹某某事先明知并默许帅某向领导黄某打点关系，甚至说尹某某期望帅某可以在其与黄某之间进行居间沟通，将自己的所求告知黄某。帅某也确实是在为尹某某进行居间沟通，在其给予黄某11万元前明确告诉黄某其战友事后会对他表示感谢。整个事件中，帅某都是在为尹某某联系、沟通、撮合，促成尹某某对黄某的行贿，并非先实际占有后再向黄某行贿，其一开始就没有占有此款的犯意，因此，帅某的行为应认定为介绍贿赂罪。

32. 王某元受贿、巨额财产来源不明案[①]

——巨额财产来源不明罪认定的若干问题

【基本案情】

被告人王某元，原系中共浙江省委常委、省纪委书记，曾任中共广东省委常委、省纪委书记，省委副书记兼省纪委书记。2009年8月21日，因涉嫌受贿罪被逮捕。

被告人王某元受贿、巨额财产来源不明案，由最高人民检察院于2009年8月20日立案侦查，2010年1月8日侦查终结。同日，最高人民检察院将案件经山东省人民检察院移交山东省枣庄市人民检察院审查起诉。枣庄市人民检察院受理后，在法定期限内告知了王某元有权委托辩护人等诉讼权利，审查了全部案件材料，讯问王某元，复核了主要证据，听取了王某元委托的辩护人的意见。因案情重大复杂，二次延长审查起诉期限各15天，2010年3月23日、5月8日，二次将该案退回补充侦查，2010年5月31日，案件再次移送审查起诉。2010年6月8日，枣庄市人民检察院依法向枣庄市中级人民法院提起公诉。被告人王某元的犯罪事实如下：

1. 受贿罪。1998年春节至2009年3月，被告人王某元先后利用担任中共广东省纪委副书记，广东省委常委、省纪委书记，中共广东省委副书记兼省纪委书记，中共浙江省委常委、省纪委书记等职务上的便利，为他人在企业经营、职务调整、晋升、案件查处等事项上谋取利益，单独或伙同其妻李某霞（另案处理）收受香港海王国际集团原法人代表连某钊等5人给予的人民币486000元，港币4458000元，美元15000元，澳大利亚元5000元，住房装修费用人民币325000元，翡翠戒指、戒面各1枚，手表4块，房产1套，折合

[①] 参见《中华人民共和国最高人民检察院公报》2011年第3期。

人民币共计 7717000 元。

2. 巨额财产来源不明罪。案发后，查明被告人王某元家庭财产共计人民币 3123 万余元，各项家庭支出共计 477 万余元，两项共计 3601 万余元，扣除家庭合法收入 947 万余元、受贿犯罪所得 771 万余元、违纪所得及赌博、出售礼品等所得共计 987 万余元外，王某元对差额 894 万余元的财产不能说明来源。

【裁判理由】

2010 年 7 月 14 日，山东省枣庄市中级人民法院依法组成合议庭，公开审理了此案。法庭审理认为：被告人王某元身为国家工作人员，利用职务便利，为他人谋取利益，非法收受他人财物，其行为已构成受贿罪；王某元对其家庭财产、支出明显超过合法收入的部分不能说明来源，差额特别巨大，其行为已构成巨额财产来源不明罪。公诉机关指控王某元犯受贿罪、巨额财产来源不明罪的事实清楚，证据确实、充分，指控罪名成立。

【裁判结果】

2010 年 9 月 9 日，山东省枣庄市中级人民法院依照《刑法》第三百八十五条第一款、第三百八十六条、第三百八十三条第一款第一项及第二款、第三百九十五条第一款、第四十八条第一款、第五十七条第一款、第五十七条第一款、第五十九条、第六十九条、第六十四条之规定，作出如下判决：一、被告人王某元犯受贿罪，判处死刑，缓期二年执行，剥夺政治权利终身，并处没收个人全部财产；犯巨额财产来源不明罪，判处有期徒刑八年，决定执行死刑，缓期二年执行，剥夺政治权利终身，并处没收个人全部财产。二、在案扣押、冻结款物依法上缴国库。

一审宣判后，被告人王某元未提出上诉，检察机关也没有提出抗诉。

山东省枣庄市中级人民法院将该案件报送山东省高级人民法院核准。山东省高级人民法院依法组成合议庭对案件进行了复核。法庭认为：被告人王某元身为国家工作人员，利用职务便利，为他人谋取利益，非法收受他人财物，其行为已构成受贿罪；王某元对其家庭财产、支出明显超过合法收入的部分不能说明来源，差额特别巨大，其行为已构成巨额财产来源不明罪。王某元受贿数额特别巨大，情节特别严重，论罪应判处死刑，鉴于其归案后能够主动交代有关部门尚不掌握的部分受贿犯罪事实，认罪态度较好，赃款赃物已全部追缴，对其判处死刑，可不立即执行。王某元犯巨额财产来源不明罪，差额特别巨大，应依法惩处。王某元犯受贿罪、巨额财产来源不明罪，依法应予数罪并罚。原审判决认定王某元犯受贿罪、巨额财产来源不明罪的事实清楚，证据确实、充分，定罪准确，量刑适当，审判程序合法。

2010年10月12日，山东省高级人民法院依照《刑事诉讼法》第二百零一条之规定，裁定如下：核准枣庄市中级人民法院（2010）枣刑二初字第5号以受贿罪判处被告人王某元死刑，缓期二年执行，剥夺政治权利终身，并处没收个人全部财产，以巨额财产来源不明罪判处有期徒刑八年，决定执行死刑，缓期二年执行，剥夺政治权利终身，并处没收个人全部财产的刑事判决。

【法理评析】

根据《刑法》第三百九十五条第一款的规定，巨额财产来源不明罪，是指国家工作人员的财产、支出明显超过合法收入，差额巨大的，在被责令说明来源时不能说明的行为。对于巨额财产来源不明罪的认定，应当把握以下问题：

1. "司法机关无法查清巨额财产的真实来源"并非巨额财产来源不明罪的客观要件要素。

有人认为，只有当司法机关通过各种途径、各种努力都无法确认这些巨额财产来源合法或者不能证实这些巨额财产来源的合法来源后，才能认定行为人成立巨额财产来源不明罪。但笔者认为，"司法机关无法查清巨额财产的真实来源"不是巨额财产来源不明罪的客观要件要素。理由是按照刑法规定，本罪强调的是国家工作人员"不能说明来源"，即需要说明超出合法收入财产来源的是国家工作人员本身，司法机关只需要对国家工作人员所说的来源进行核查，如果核查属实，则认为国家工作人员说明了巨额财产的真实来源，如果核查后发现国家工作人员所说的来源并不属实，则认为国家工作人员没有说明财产来源。也就是说，是国家工作人员承担说明其巨额财产真实来源的责任，而不是司法机关存在着查清巨额财产真实来源的义务。

2. 巨额财产来源不明罪属于持有型犯罪。

虽然对财产来源的说明义务是由国家工作人员本身承担的，但说明财产来源只是一种证明责任，不是一种不作为犯中的作为义务。因为国家工作人员不能说明来源并不是导致行为人获得巨额财产的原因，也不是侵犯国家工作人员职务廉洁性的原因。

法院认定行为人成立巨额财产来源不明罪的内在根据并不在于行为人不能说明的行为，或者不履行所谓说明的作为义务，而在于巨额财产存在非法性质的可能性，或者说在行为人不能说明的情况下，刑法推定这些巨额财产的差额部分是非法所得，国家工作人员拥有来源不明的巨额财产损害了职务的廉洁性，也影响了公众对国家工作人员职务的信赖。也就是说，巨额财产来源罪的实行行为实际上是行为人拥有不能说明的，可以推定为非法所得的巨额财产。所以说，巨额财产来源不明罪属于持有型犯罪，在其犯罪构成中，不能说明应当理解为一个消极构成要件，即这样一个事实要素不是从积极方面符合犯罪构成，而是从消极方面符合犯罪构成。不论司法机关有没有责令行为，行为人只要说明了巨额财产的来源，且该来源合法性得到确认，便阻却巨额财产来源不明罪的构成。

最后需要指出的是，实务中，巨额财产来源不明罪往往与贪污罪、受贿罪等犯罪相伴共生。巨额财产来源不明罪中国家工作人员不能说明来源，这里的来源既包括合法来源，也包括非法来源、不正当来源。如果行为人在被责令说明巨额财产的来源后，供述全部或者部分财产来源于贪污、受贿，经查证属实的，此部分认定为贪污罪、受贿罪等罪，其余不能说明来源的，以非法所得论，达到定罪标准的，认定为巨额财产来源不明罪。本案中，王某元因涉嫌受贿被采取强制措施，在案件侦查过程中，司法机关查明被告人王某元家庭财产共计人民币3123万余元、各项家庭支出共计477万余元，两项共计3601万余元，其中包括受贿犯罪所得771万余元、违纪所得及赌博、出售礼品等所得共计987万余元，尚有差额894万余元部分，王某元不能说明来源的合法或非法，同时可以排除这些财产合法的可能性和合理性。故法院以受贿罪和巨额财产来源不明罪对王某元实行数罪并罚。

33. 张某民贪污、受贿、隐瞒境外存款、巨额财产来源不明案[①]

——境外存款来自贪污、受贿犯罪如何处理及如何理解境外

【基本案情】

被告人张某民，原系上海市嘉定区供销合作总社主任、上海烟草（集团）嘉定烟草糖酒有限公司副董事长。

张某民1995年被国家与集体联营企业上海烟草（集团）嘉定烟草糖酒有限公司（以下简称烟糖公司）董事会聘任为烟糖公司经理，同年4月被上海市烟草专卖局任命为上海市烟草专卖局嘉定分局（系与烟糖公司两块牌子一套班子，以下简称烟草分局）局长。1998年9月，受嘉定区委组织部委派担任集体性质的上海市嘉定区供销合作总社（以下简称供销社）副主任，2000年1月，受区委组织部委派担任供销社主任，同年4月不再担任烟糖公司经理及烟草分局局长职务。2000年6月，经烟糖公司董事会决定兼任烟糖公司副董事长。

张某民于2004年至2005年担任供销社主任期间，利用职务便利伙同他人侵吞公款共计人民币199万元，张某民从中分得99万余元。1995年至2005年，张某民担任烟草分局局长兼烟糖公司经理、供销社副主任、主任期间，其利用职务便利，先后多次收受贿赂合计价值3521686元。

张某民另于2005年担任供销社主任期间，以其妻潘某名义在香港汇丰银行设立账户并存有巨额外币存款，未按照国家规定向主管部门如实申报，隐瞒

[①] 参见上海市第二中级人民法院（2006）沪二中刑初字第118号刑事判决书。

了境外存款事实。2005年11月底，张某民委托他人赴港将上述账户内港币2534900元（折合人民币2640352元）转汇至美国。案发后，侦查机关从该账户内另查获美元存款99776元（折合人民币806841元）。

案发后，侦查机关依法查获被告人张某民银行存款、房产、股票等财产，折合人民币共计28809681元，查实张某民及其家庭成员的支出折合人民币8071659元，张某民及其妻潘某的合法收入及其他能说明来源的合法财产合计19083311元。

张某民在案发前，主动交代了其伙同他人侵吞公款和受贿的犯罪事实。张某民到案后提供了两件涉嫌行贿罪、受贿罪的犯罪线索，均被侦查机关查实。

公诉机关指控张某民的行为构成贪污罪、受贿罪、隐瞒境外存款罪、巨额财产来源不明罪，依法应予数罪并罚。

辩护人提出，张某民既非国家工作人员，也不应当以国家工作人员论，起诉指控的四项罪名因不符合犯罪主体构成要件而不能成立。

【裁判理由】

一审法院认为，被告人张某民符合国家工作人员的身份要件，其利用职务便利，结伙侵吞公款199万余元，实得99万余元；收受贿赂共计352万余元；财产明显超过合法收入的差额部分1328万余元，其中包括隐瞒的境外存款344万余元，本人不能说明来源合法，已分别构成贪污罪、受贿罪、巨额财产来源不明罪和隐瞒境外存款罪。鉴于张某民所犯贪污罪、受贿罪有自首情节，并有立功表现，其犯罪所得业已追缴等，对起诉指控的被告人张某民所犯数罪依法分别从轻处罚，

【裁判结果】

法院依照《刑法》第三百八十二条第一款，第三百八十三条第一款第一项，第三百八十五条第一款，第三百八十六条，第三百九十五条第一款、第二款，第九十三条，第六十七条，第六十八条第一款，第五十九条，第六十九条，第六十四条之规定，对被告人张某民以贪污罪判处有期徒刑十年，并处没收财产人民币10万元；以受贿罪判处有期徒刑十二年，并处没收财产人民币15万元；以隐瞒境外存款罪判处有期徒刑一年；以巨额财产来源不明罪判处有期徒刑三年，非法所得予以追缴，决定执行有期徒刑二十年，并处没收财产人民币25万元，非法所得予以追缴。

一审宣判后，被告人没有提出上诉，检察院也没有提出抗诉，判决已生效。

【法理评析】

本案值得研究的问题是：

1. 成立隐瞒境外存款最后查明存款来自被告人的贪污、受贿所得，应该如何处理？

《刑法》第三百九十五条第二款规定国家工作人员在境外的存款，应当依照国家规定申报。数额较大、隐瞒不报的，处二年以下有期徒刑或者拘役；情节较轻的，由其所在单位或者上级主管机关酌情给予行政处分。本案公诉机关在指控被告人犯隐瞒境外存款罪的同时指控被告人还犯有贪污罪、受贿罪，当被告人隐瞒不报的境外存款来自其实施的贪污、受贿等其他犯罪行为时，应如何处理？

有观点认为隐瞒境外存款罪是纯正的不作为犯，只要被告人没有申报境外存款，数额较大，就可以成立该罪。隐瞒境外存款的行为与贪污、受贿行为是各自独立的行为，对上述情形应该数罪并罚。笔者对此有不同看法。笔者认为，张某民将贪污、受贿所得转移、隐藏并存入境外金融机构的行为是贪污、贿赂等行为发展的当然结果，属于事后不可罚的行为，从期待可能性角度出发，应只认定为构成贪污、受贿等犯罪，对该部分存款隐瞒不报的行为不应该认定为隐瞒境外存款罪。

笔者认为，在维护国家工作人员职务行为的廉洁性方面，刑法设立隐瞒境外存款罪和巨额财产来源不明罪的目的是一样的。国家工作人员对境外存款隐瞒不报，可以推定其存款的来源非法，这损害了人民对于国家工作人员的信任，也损害了国家工作人员的廉洁形象。因为巨额财产来源不明罪和隐瞒境外存款罪在法益侵害方面本质上是相似的，故笔者认为对"成立隐瞒境外存款罪后发现存款来源于贪污、受贿"这一情形的处理方式可以比照"成立巨额财产来源不明罪后查明巨额财产来源于贪污、受贿"这一情形进行处理：

第一，如果查明的贪污、受贿行为达到贪污罪、受贿罪的定罪数额标准，而境外存款扣除查明的贪污、受贿数额后所剩数额仍达到隐瞒境外存款罪数额标准，应当对查明的贪污罪、受贿罪和隐瞒境外存款罪按照刑法规定实行数罪并罚。

第二，如果查明的贪污、受贿行为达到贪污罪、受贿罪的定罪数额标准，而境外存款扣除查明的贪污、受贿数额后所剩数额未达到隐瞒境外存款罪数额标准,应当对被告人以查明的贪污罪、受贿罪定罪处罚。被告人此时不成立隐瞒境外存款罪。

第三,如果查明的贪污、受贿行为未达到贪污罪、受贿罪的定罪数额标准,则不将贪污、受贿的数额从境外存款中扣除,不以贪污罪、受贿罪对被告人定罪处罚,被告人只成立隐瞒境外存款罪一罪。之所以作这样的处理,是因为查明的贪污、受贿数额达不到定罪数额标准,不能将以这部分数额认定被告人成立贪污罪、受贿罪的犯罪数额,但是被告人确实没有申报这部分存款,将贪污、受贿的所得作为隐瞒境外存款罪的境外存款论处,本来就是有利于行为人的,故被告人只成立隐瞒境外存款罪一罪。

2. 境外究竟是地域概念还是资本概念?

被告人存入中资银行在境外开设的分支机构或存入外资银行在我国境内开设的分支机构的存款是否属于境外存款?笔者认为,隐瞒境外存款罪中的境外,是一个完全的地域概念。即不论金融机构的资本来源、股东构成是中国还是外国,只要设立在我国以外的,都应视为境外;国家工作人员存储于设立在我国以外的其他国家或地区的存款,包括中国银行等中国金融机构在境外分支机构的存款,都应视为在境外的存款。相反,即使资本来源于国外、股东全部为境外机构或个人,但只要是设立在我国的金融机构,在这些金融机构的存款,就不应视为境外存款,国家工作人员存储于设立在我国的外资银行、外国银行分行,都属于在境内的存款。

这是因为,《刑法》之所以设立隐瞒境外存款罪,最终目的是维护国家工作人员的廉洁性。如果国家工作人员将存款存储于我国境外,隐瞒不报,由于各国和地区金融管理制度及相关法律存在差异,国家有关部门要想对行为人隐瞒存款的行为进行控制和查处十分困难。而将存款存储于我国境内包括外国银行等金融机构在我国境内设立的分支机构,由于在我国境内设立的金融机构均受我国有关主管部门监管,国家有关部门可以依据相关法律、行政法规行使职权,对被告人隐瞒存款的行为进行查处和控制。因此,笔者认为应该确认境外是地域概念,凡是存入在我国以外的其他国家和地区开设的金融机构外币、外币有价证券、支付凭证、贵重金属及其制品等,都属于境外存款。

34. 邱某私分国有资产案[①]

——私分国有资产罪的主体认定及如何认定直接负责人员

【基本案情】

上诉人（原审被告人）邱某，原系珠海市斗门区市政工程公司统计员。因本案于2014年4月23日被羁押，次日被刑事拘留，2014年5月6日被取保候审。

广东省珠海市斗门区人民法院审理广东省珠海市斗门区人民检察院指控原审被告人邱某犯私分国有资产罪一案，于2015年3月6日作出（2014）珠斗法刑初字第612号刑事判决。原审被告人邱某不服，提出上诉。法院依法组成合议庭，经过阅卷、审查上诉材料、讯问上诉人邱某，认为事实清楚，决定不开庭审理。现已审理终结。

原判决认定，珠海市斗门区市政工程公司的前身是斗门县县城建设办公室下属的市政工程队，其注册资金来源于斗门县县城建设办公室。该市政工程队于1992年更名为斗门县市政工程公司，后又更名为斗门区市政工程公司（以下简称市政公司），是由斗门区宏源资产经营有限公司（以下简称宏源公司）负责监管的国有企业。被告人邱某自1996年下半年开始担任市政公司的统计员，负责公司的资料统计工作。

2011年7月至11月，市政公司的经理陈某甲（另案处理）多次与副经理赵某（另案处理）及被告人邱某等员工召开会议，与会人员一致决定以"追款奖励"的名义向公司全体在岗职工发放奖金。后来，该决议经全体职工大会通过。此后，在未经上级主管部门宏源公司审批的情况下，市政公司擅自分

[①] 参见广东省珠海市中级人民法院（2015）珠中法刑二终字第53号刑事裁定书。

7次向公司全体员工发放款项共计人民币1370200元，被告人邱某分得人民币110300元。

2012年上半年，市政公司决定进行经济性裁员。全体员工与公司解除劳动合同并领取一次性补偿金后，陈某甲召集赵某、邱某等开会，与会人员一致决定以公司员工需要配合公司完成后续业务工作为由，向全体员工发放"后期配合费"。该决议经过全体职工大会通过后，在未经上级主管部门宏源公司审批的情况下，市政公司向全体员工发放款项共计人民币259668元，被告人邱某分得人民币32088元。

综上，被告人邱某参与私分国有资产共计人民币1629868元，其个人分得人民币142388元。2014年4月23日，被告人邱某到珠海市斗门区人民检察院投案，并于同年5月13日退回全部赃款。上述事实均有相应证据证实。

【裁判理由】

一审法院认为珠海市斗门区市政工程公司违反国家规定，以单位名义将国有资产集体私分给个人，数额巨大，被告人邱某作为直接责任人员，其行为已构成私分国有资产罪。原审法院鉴于被告人邱某具有如下量刑情节：在共同犯罪中，被告人邱某起次要作用，是从犯，应当从轻、减轻或者免除处罚；犯罪后自动到司法机关投案，并如实供述犯罪事实，是自首，可以从轻或者减轻处罚；归案后退回全部赃款，可以酌情从轻处罚；决定对其免予刑事处罚。

二审法院认为，关于上诉人邱某提出同案人赵某、周某甲等供述及证人黄某、林某、邝某明、李某、陈某乙等证言不属实，不能采信的上诉理由，经查，关于决定发放"追款奖励"的时间，赵某、周某甲、黄某、林某等人均称是由于2011年8月市政公司被起诉后，公司班子会议才决定并发放"追款奖励"，并且在全体员工大会上通过方案，同案人陈某甲在侦查阶段供述称公司以"追款奖励"的名义发放奖励的方案是在2007年决定的（有一次供述称在2007年6月发放过一次，后来又称2007年至2010年期间，公司没有发放过"追款奖励"），2011年8月市政公司牵扯到一桩官司中，员工担心公司资产被冻结，公司才召开了班子会议决定发放"追款奖励"，并且在2011年8月至2011年11月之间分7次进行了发放。上诉人邱某供称，2011年8月第一次发放"追款奖励"（是2007年的奖金），后在2011年8月至11月又发放了6次。赵某、周某甲、黄某、林某虽然未提及最初决定发放"追款奖励"的时间，但其供述或者证言中关于2011年8月至2011年11月之间频繁发放"追款奖励"的起因、经过与陈某甲、邱某的供述相一致,而邝某明、李某、陈某乙对于"市政公司是国有企业中的集体所有制企业"的阐述只是其个人的理解,不影响涉案资产属于国有资产的认定。因此,上述同案人的供述和证人的证言可以采信,对上诉人邱某所提的该上诉理由不予采纳。

关于上诉人邱某提出市政公司属于集体所有制企业,本案涉案资产不属于国有资产的上诉理由,经查,斗府字(1985)48号文件、工商企业变更登记表、斗府办复(1992)141号文件,均证实斗门县市政工程队于1985年由斗门县人民政府批准成立,是斗门县城建办下属单位,后更名为斗门区市政工程公司。在斗门县市政工程公司于2001年12月25日向斗门县工商行政管理局提交的营业执照变更登记申请书中,提出需变更注册资金,由原有人民币335万元变更为人民币650万元,而2011年12月31日的企业国有资产变动产权登记表显示,市政公司进行变动登记,其中实收资本一栏中显示国家资本为人民币650万元,变动后出资人情况中显示变动出资人为国家,股权比例为100%。1993年12月21日国家国有资产管理局发布的《国有资产产权界定和产权纠纷处理暂行办法》第二条规定:"国有资产。系指国家依法取得和认定的,或者国家以各种形式对企业投资和投资收益、国家向行政事业单位拨款等形成的资产。"第三条规定,"本办法适用于全部或者部分占用国有资产单位的产权界定,全民所有制单位与其他所有制单位之间以及全民所有制单位之间的国有资产产权的界定及产权纠纷的处理",依照该规定,既然斗门区市政工程公司在2001年12月31日的产权登记中出资人已经变更为国家,并且国家持有100%股权,就应该适用该办法中关于国有资产的界定,由此,足以认定市政公司属于国家投资,虽然市政公司在工商行政管理部门登记为集体所有制企业,并且未予以更改,但并不能由此而改变其投资和投资收益属于国家的事实,故对上诉人邱某所提的该上诉理由不予采纳。

关于上诉人邱某提出其不是市政公司直接负责人员,不符合私分国有资产罪主体特征的上诉理由,经查,上诉人邱某虽然不是市政公司直接负责的主管人员,但根据上诉人邱某、同案人陈某甲、赵某、周某甲在侦查阶段的供述及证人梁某、黄某、林某的证言,上诉人邱某是市政公司内部默认的班子成员之一,其多次积极参与"班子"成员会议并决定以发放"追款奖励"和"后续配合费"的名义私分单位资产,应当认定其为具体实施犯罪并起较大作用的人员,属于直接责任人员,符合私分国有资产罪的主体特征,故对上诉人邱某所提的该上诉理由不予采纳。

【裁判结果】

一审法院依照《刑法》第三百九十六条第一款，第二十五条第一款，第二十七条，第三十七条，第六十四条，第六十七条第一款的规定，作出如下判决：一、被告人邱某犯私分国有资产罪，免予刑事处罚；二、扣押在案的赃款人民币142388元发还珠海市斗门区市政工程公司。

一审宣判后，被告人邱某提出上诉。二审法院依照《刑事诉讼法》第二百二十五条第一项的规定，裁定如下：驳回上诉，维持原判。

【法理评析】

本案的争议之处在于被告人邱某的单位是否属于国有单位以及邱某本人是否属于单位的直接负责的主管人员。二审裁判对上述问题作了详细的回应，在此结合本案的上述两个争议点，讨论私分国有资产罪认定中的两个问题：

1. 私分国有资产罪是单位主体还是自然人主体。

《刑法》第三百九十六条第一款规定："国家机关、国有公司、企业、事业单位、人民团体，违反国家规定，以单位名义将国有资产集体私分给个人，数额较大的，对其直接负责的主管人员和其他直接责任人员，处三年以下有期徒刑或者拘役，并处或者单处罚金；数额巨大的，处三年以上七年以下有期徒刑，并处罚金。"

有人认为，本罪的主体是自然人，因为本罪没有为单位谋取利益而是为个人谋取利益，单位私分自己的财物不应该成立犯罪，且本罪只处罚自然人而不处罚单位。笔者不认同上述观点，认为本罪的主体应该是单位。

首先，从法条规定本身来看，《刑法》明确地将"国家机关、国有公司、企业、事业单位、人民团体"规定为本罪主体，这些主体都属于单位。其次，单位犯罪的成立，并不要求为单位谋取利益。犯罪的本质在于行为主体对法益的侵害，而不在于行为主体得到利益。再次，《刑法》第三百九十六条中的单位私分国有资产的行为损害的不是单位自身的利益，而是国家利益，这与自然人的自我损害行为并不相同。最后，我国《刑法》第三十一条规定了对单位犯罪的处罚应当以双罚制为基础，单罚制为例外。前者表现为"对单位判处罚金，并对其直接负责的主管人员和其他直接责任人员判处刑罚"，后者表现为"本法分则和其他法律另有规定的，依照规定"。本罪就属于分则另有规定的例外情形，故不能用本罪只处罚个人而不处罚单位为由否认本罪的主体为单位。

2. 本罪的直接负责的主管人员和其他直接责任人员如何认定。

参照最高人民法院 2001 年 1 月 21 日印发的《全国法院审理金融犯罪案件工作座谈会纪要》的精神，单位犯罪中直接负责的主管人员，是在单位实施的犯罪中起决定、批准、授意、纵容、指挥等作用的人员，一般是单位的主管负责人，包括法定代表人。其他直接责任人员，是指在单位犯罪中具体实施犯罪并起较大作用的人员，既可以是单位的经营管理人员，也可以是单位的职工，包括聘任、雇用的人员。应当注意的是，在单位犯罪中，对于受单位领导指派或者奉命参与实施了一定犯罪行为的人员，一般不宜作为直接责任人员追究刑事责任。具体到私分国有资产罪中，国有单位中对集体私分国有资产起组织、决定、批准、授意、纵容、指挥等作用的人员，就是直接负责的主管人员；具体将国有资产集体私分并起较大作用的人员，就是其他直接责任人员。

本案中，邱某所在的斗门区市政工程公司的出资人为国家，且国家占有 100%的股权，虽然该公司的工商登记显示为集体所有制企业，但该公司的投资和投资收益均属于国家，该公司实质上是国有企业，其资产也是国有资产。被告人邱某等人通过开会决议的方式，在未经上级主管部门宏源公司审批的情况下，以单位名义决定将单位财产以追款奖励和后续配合费的形式发放给全体工作人员，符合私分国有资产罪的犯罪构成要件。此外，相关证据表明邱某属于市政公司内部默认的班子成员之一，其多次积极参与班子成员会议并决定以发放追款奖励和后续配合费的名义私分单位资产，参与实际决策，应当认定其为具体实施犯罪并起较大作用的人员，属于其他直接责任人员，可以对其以私分国有资产罪定罪处罚。

35. 张某康等私分国有资产案[①]

——国有事业单位违反国家财政经费必须专项使用的规定,以虚假名义套取专项经费后以单位名义变相私分,对其直接负责的主管人员应如何论处

【基本案情】

被告人:张某康,原上海市医疗事务管理中心主任。2003年7月17日因本案被取保候审。

被告人:夏某,原上海市医疗事务管理中心办公室主任。2003年7月29日因本案被逮捕。

上海市静安区人民检察院指控称:2001年12月至2002年12月间,两被告人经事先共谋,张某康决定,夏某具体操办,分9次将总计32万余元人民币(以下均同)邮寄费从上海市医疗保险事务管理中心(以下简称医保管理中心)划出,转账至上海市邮政局静安电信服务处、上海宝山泗塘邮电支局,用于购买邮政电子消费卡或套取现金购买超市代币券,以快递费、邮费等名义开具的相应发票入账。随后,其中价值24.3万余元的邮政电子消费卡和超市代币券以单位名义分发给医保管理中心员工,其中张某康及夏某各分得面值1.4万余元及1万余元。另外,夏某用邮政电子消费卡为张某康支付移动电话通信费5000余元。

2002年2月,由张某康决定,夏某具体操办,以会务费名义从该市申康宾馆套现1.5万元,以"2001年度特别奖励"的名义发放给医保管理中心部分人员,其中张某康分得1000元,夏某分得5000元。

[①] 参见上海市静安区人民法院(2003)静刑初字第154号刑事判决书。

2003年7月，被告人张某康、夏某向上海市卫生局纪委如实交代了上述犯罪事实。

上海市静安区人民检察院认为被告人张某康、夏某的行为构成私分国有资产罪；两被告人均有自首情节，向上海市静安区人民法院提起公诉。

被告人张某康及其辩护人、被告人夏某对本案事实和定性均无异议。被告人夏某的辩护人提出，张某康的移动电话主要用于工作，故夏某为其支付移动电话通信费的行为不属于私分国有资产；张某康、夏某两人发放"2001年度特别奖励"的行为系违反财经纪律的行为，也不应定性为私分国有资产；夏某参与私分的出发点是为了提高员工福利，且私分金额仅20余万元，犯罪情节显著轻微，不应追究其刑事责任。

上海市静安区人民法院经公开审理查明：2001年12月至2003年4月，由医保管理中心领导班子讨论，张某康决定，夏某具体操办，将国家财政专项拨款的邮电通信费和资料速递费结余部分以快递费、邮费等名义从上海市邮政局静安电信服务处、上海宝山泗塘邮电支局套购邮政电子消费卡价值人民币（以下均同）213000元，套取97560元现金用于购买超市代币券，并以上述相应发票入账。随后，其中价值243800元的邮政电子消费卡和超市代币券以单位给员工福利的名义，定期分发给医保管理中心全体员工，其中张某康及夏某各分得面值14100元、10500元的消费卡和代币券。另外，张某康在已经享受单位每月给予180元通信费的前提下，让夏某用邮政电子消费卡为其支付移动电话通信费5800余元。

2002年2月，由张某康决定，夏某具体操办，将国家财政专项拨款的业务招待费以会务费名义从本市申康宾馆套现15000元，以"2001年度特别奖励"的名义发放给医保管理中心部分人员，其中张某康分得1000元，夏某分得5000元。

2003年7月，被告人张某康、夏某向上海市卫生局纪委如实交代了上述犯罪事实，并退缴全部赃款。上述事实均有相应证据证明。

【裁判理由】

上海市静安区人民法院根据上述事实和证据认为：医保管理中心作为国有事业单位，违反国家财政经费必须专项使用的规定，以虚假名义套取专项经费后以单位名义予以变相分发，分发数额达20余万元，被告人张某康、夏某作为该中心的主管人员和直接责任人员，应承担私分国有资产罪的刑事责任。张某康在已经领取单位通信费且没有向上级领导申请并获得批准的情况下，决定由夏某具体操作，用已套购的邮政电子消费卡报销移动电话通信费，该行为亦属私分国有资产。张某康、夏某以"2001年度特别奖励"的名义把从专项经费中套取的现金分发给部分员工，不论出于何种目的，同样属于私分国有资产的性质，而不仅仅是违反财经纪律，故被告人夏某的辩护人的辩护意见不予采纳。鉴于张某康、夏某均有自首情节，且退赔了全部赃款，犯罪情节较轻，均可依法从轻处罚。

【裁判结果】

上海市静安区人民法院依照《刑法》第三百九十六条第一款、第六十七条第一款、第六十四条之规定，作出如下判决：被告人张某康犯私分国有资产罪，判处罚金人民币20000元。被告人夏某犯私分国有资产罪，判处罚金人民币15000元。被告人张某康退缴的人民币20913.32元，被告人夏某退缴的人民币15500元，均发还上海市医疗保险事务管理中心。

【法理评析】

对于将套取的资金用来发放职工福利、奖金、津贴的，数额较大的行为，实务中有不同观点。第一种观点认为，发放职工福利、奖金、津贴而构成的私分国有资产罪，必须同时要求资金的来源和去向均违反国家规定，上述情况下尽管资金的来源、违反国家规定，但如果职工获得福利、奖金、津贴，本身有国家政策法律依据，因而只属于违反财经纪律的行为，不应以犯罪论处。另一种观点认为，只要资金来源不合法，同时又属于国有资金，以单位名义予以私分，数额达到法定标准，就应当以私分国有资产罪定罪处罚。

笔者认同第二种观点。我们不能因为给职工发放福利、奖金、津贴在形式上符合国家政策法律规定而认为国有单位骗取所用资金就正当。就像行为人利用自己的贪污所得进行社会捐款，我们不能因为社会捐款行为本身在形式上合法就否认行为人贪污行为的违法性。

本案中，张某康、夏某以快递费、邮费、会务费等名义将国家财政专项拨款的邮电通信费、资料速递费结余部分和业务招待费套现，套现方式有套购电子消费卡和直接套现成现金。之后，张某康、夏某以单位给员工福利、奖励的名义，分发给医保管理中心的员工。表面上看，张某康、夏某给员工发福利、奖励的行为是正当的，但实际上作为福利或奖励发放的国有资金，并不是应当用于发放福利或者奖励的基金，而是由张某康、夏某违反国家财政经费必须专项使用的规定，以虚假名义套取的专项经费。张某康、夏某套取专项经费私分给本单位员工的行为，不仅仅是违反财经纪律的行为，该行为已经损害了国有资产的产权，构成私分国有资产罪。

张某康作为上海市医疗事务管理中心主任，对整件事起决定作用，应当认定其为直接负责的主管人员，而夏某听从张某康的吩咐，积极参与，起到较大作用，应认定其为其他直接责任人员。二人均应该承担相应的刑事责任。

36. 杨某芳贪污、受贿案[①]

——如何区分私分国有资产罪和共同贪污罪

【基本案情】

被告人杨某芳，因涉嫌犯贪污罪、受贿罪，于2003年4月8日被逮捕。

陕西省宝鸡市人民检察院以被告人杨某芳犯贪污、受贿罪，向宝鸡市中级人民法院提起公诉。

被告人杨某芳辩称：关于贪污罪的罪名指控不当，应以私分国有资产罪定罪处罚；有自首、立功情节，认罪态度好且退还全部赃款，请求减轻处罚。其辩护人提出：关于贪污罪的指控事实基本准确，但定性错误，应认定为私分国有资产罪。

宝鸡市中级人民法院经审理查明：2000年6月6日，中共太白县委办公室和县政府办公室联合下发太办字〔2000〕19号《关于成立"太白县姜眉公路建设协调领导小组"的通知》，成立了"太白县姜眉公路建设协调领导小组"，组长由时任太白县委副书记、县长的杨某霞兼任，领导小组成员由太白县交通局、土地局、计经局、财政局、林业局、水利局等有关政府部门领导组成。领导小组下设办公室，时任太白县交通局局长的被告人杨某芳任协调办主任，太白县财政局干部乔某军和土地局干部谢某平任该办副主任（均另案处理）。同年8月，被告人杨某芳与乔某军、谢某平在得知太白县广电局有5套在建的职工集资住宅单元房向外出售时，3人商议以协调办的名义购买这5套房。后被告人杨某芳指使协调办出纳向某菊于同年9月25日、10月25日、11月20日，3次从协调办账户上向县广电局各转款10万元，共30万元作为购房首付款，广电局给协调办开具了"购房集资款"的收款收据。2001年6月，

[①] 参见陕西省宝鸡市中级人民法院（2003）宝市中法刑二初字第028号刑事判决书。

在广电局催要购房款的情况下，被告人杨某芳又与乔某军、谢某平2人商议，指使向某菊将协调办在姜眉公路征地拆迁补偿费中以虚构补偿人和补偿项目、签订虚假补偿协议方式套出的84015元中的5万元再次付给县广电局作为购房付款，广电局开具了5万元收据。同年11月，为了应付财务审计，被告人杨某芳与乔某军、谢某平商议，以与广电局签订虚假广电杆线迁改协议的形式，支付广电局广电杆线修复款的名义将30万元的集资购房款做账处理。后与广电局签订广电杆线再次迁改协议，并将该虚假协议的签订日期提前为2000年9月15日，由广电局给协调办出具了3张各10万元的"姜眉公路广电线路修复款收款收据"，换回原开具的30万元的集资购房款的收款收据。后该收据由杨某芳报太白县姜眉公路建设协调领导小组副组长、太白县人民政府副县长宫某宏签字核报后，杨某芳交协调办出纳向某菊做账处理。同年底，被告人杨某芳与乔某军、谢某平商议，将5套住房除每人1套外，其余2套分给太白县交通局纪检委书记苟某珂和向某菊各1套，并具体确定了房屋。2002年2月，广电局催交剩余房款，杨某芳经与乔某军、谢某平商议，明确了已付35万元购房款的各自份额，杨某芳、乔某军、谢正军、向某菊为7.75万元，苟某珂4万元。后在房屋交付前，5人分别自缴了余款。同年4月，5人与广电局补签了《出售集资房的协议》，并出具由广电局盖章的个人向广电局交纳全部集资购房款的收款收据，向房屋管理机关申请办理房屋产权登记，领取了个人房屋产权证。此外，被告人杨某芳还利用职务上的便利，为他人谋取利益，先后16次收受他人财物，共计61230元。案发后，被告人杨某芳全部退回了上述私分款和受贿款。

【裁判理由】

陕西省宝鸡市中级人民法院认为，被告人杨某芳身为太白县姜眉公路建设协调领导小组办公室直接负责的主管人员，违反国家规定，以单位名义将国有资产集体变相私分给个人，数额较大，其行为已构成私分国有资产罪。公诉机关指控杨某芳犯贪污罪罪名不当。被告人杨某芳身为国家工作人员，利用职务上的便利，非法收受他人财物，为他人谋取利益，其行为又构成受贿罪，应数罪并罚。鉴于被告人杨某芳有自首、立功情节，并且全部退赃，认罪态度好，应减轻处罚。

陕西省高级人民法院经开庭审理认为，被告人杨某芳身为国家工作人员，伙同他人利用其管理国家建设专项资金职务上的便利，采取虚构事实的方法，将国家公路建设专项资金用于为自己和少数人谋取私利，非法占有国家公路建设资金，其行为构成贪污罪。且贪污数额巨大，情节严重，依法应予严惩。对于抗诉机关提出的意见和被告人杨某芳及其辩护人提出的理由和意见，经查：(1) 协调办只是太白县委、县政府为姜眉公路建设而成立的协调领导小组的内设办事机构，其虽代表政府管理着国家用于征地、拆迁、安置的国有资产，但其只是在姜眉公路建设领导小组领导下开展工作，其一切活动应以姜眉公路建设领导小组的名义进行，其不能直接支配所管理的国有资金。协调办人员均抽调于县政府各职能部门，没有独立的财政拨款和经费预算，其人员工资待遇由原单位负责，不能因其受委托代表政府行使职能而将其扩大或上升为独立国家机关。协调办与私分国有资产罪主体要件不符。(2) 杨某芳等人在作案过程中采取虚构事实，虚列支出，以正常支出名义骗取主管领导同意，将购房款在协调办账目上以拆迁补偿费用核报，从而使该笔非法支出在单位账目上得以合法支出反映，符合贪污罪客观方面的特征。(3) 杨某芳等人主要是为给自己和少数人购买住房，且杨某芳等人在分房后隐瞒协调办支出大部分购房款的事实，捏造其个人全部出资的事实，向房屋管理部门办理了个人房屋所有权证，具有非法占有公共财物的主观故意。故抗诉机关的抗诉意见正确，应予采纳；杨某芳及其辩护人的理由和意见不能成立，不予采纳。另外，被告人杨某芳身为国家工作人员，利用职务上的便利，非法收受他人财物，为他人谋取利益，其行为又构成受贿罪，应数罪并罚。鉴于被告人杨某芳有自首、立功情节，且能全部退赃，认罪态度好，可从轻处罚。一审判决认定杨某芳犯受贿罪，定罪准确，量刑适当，审判程序合法。但认定杨某芳犯私分国有资产罪定罪、量刑不当，应予更正。

【裁判结果】

陕西省宝鸡市中级人民法院依照《刑法》第九十三条第一款、第三百八十五条、第三百八十六条、第三百九十六条第一款、第六十七条、第六十八条第一款、第六十九条之规定，判决如下：被告人杨某芳犯私分国有资产罪，判处有期徒刑一年，并处罚金1万元；犯受贿罪，判处有期徒刑四年，并处没收财产1万元，决定执行有期徒刑四年，并处罚金1万元，没收财产1万元。

一审宣判后，宝鸡市人民检察院以被告人杨某芳利用职务之便与他人共谋，采取伪造虚假补偿协议套取国家建设资金予以侵吞的行为构成贪污罪，有关私分国有资产罪判决部分定罪错误，适用法律不当为由，向陕西省高级人民法院提出抗诉。被告人杨某芳及其辩护人提出,原审判决认定杨某芳犯私分国有资产罪的定罪并无不妥,要求二审法院维持原判。

陕西省高级人民法院依照《刑事诉讼法》第一百八十九条第一项、第二项,《刑法》第三百八十二条第一款,第三百八十三条第一项、第二项,第三百八十五条第一款,第三百八十六条,第六十七条,第六十八条第一款,第六十九条之规定,判决如下:一、维持宝鸡市中级人民法院(2003)宝市中法刑二初字第 028 号刑事判决对被告人杨某芳犯受贿罪的刑事判决,即被告人杨某芳犯受贿罪,判处有期徒刑四年,并处没收财产 1 万元。二、撤销宝鸡市中级人民法院(2003)宝市中法刑二初字第 028 号刑事判决对被告人杨某芳犯私分国有资产罪的刑事判决,即被告人杨某芳犯私分国有资产罪,判处有期徒刑一年,并处罚金 1 万元。三、被告人杨某芳犯贪污罪,判处有期徒刑十一年,并处罚金 1 万元,与受贿罪判处有期徒刑四年、并处没收财产 1 万元合并,决定执行有期徒刑十二年,并处罚金 1 万元,没收财产 1 万元。

【法理评析】

如何区分私分国有资产罪和共同贪污罪,主要应从以下几点把握:

首先,私分国有资产罪与贪污罪存在不同特征:一是犯罪对象不完全相同。私分国有资产罪的对象是国有资产,不包括国有资产之外的公共财产,但是也不限于财产这一类资产,而是同时也包括财产性利益。二是私分国有资产罪是以单位名义实施,犯罪主体与犯罪所得利益相分离,而贪污罪是国家工作人员以及受国有单位委托经营管理国有财产的人员,利用职务上的便利将公共财物非法占为己有的个人犯罪,犯罪主体与犯罪所得利益具有一致性。

其次,笔者认为区分私分国有资产罪和共同贪污,不能形式地从"有无共同故意""是公开还是秘密进行"或者"是将资产分配给全体人员还是部分人员"等方面进行考虑,而应该从犯罪构成要件的实质要求入手。私分国有资产的行为体现的是单位犯罪的整体意志,贪污罪体现的则是有职有权者个人的意志,即使是共同犯罪,贪污犯罪的故意也体现的是主观上相互联络的个人贪污意志的合意,而非单一的单位犯罪意志。因此,厘清犯罪意志才是区分两罪的关键。区分两罪还应当注意如下几个问题:

第一,只有同时具备"单位集体研究或者主要负责人决定"和"分取国有财产者除了决策者和具体经手、管理财产的人员之外还有普通职工"两个条件,私分国有资产罪才能成立。前者反映私分国有资产罪的单位犯罪意志,后者反映私分国有资产罪区别于贪污罪之少数人个人非法占有公共财物的集体性。两个条件缺一不可，如果行为人擅自决定私分国有资产，没有经过单位集体研究或主要领导批准，即使其将国有资产分给所有员工，体现了非法占有公共财物的集体性，但是由于缺少单位意志，一样不构成私分公有资产罪。

第二，私分国有资产罪与贪污罪在犯罪对象范围上存在交叉，因而仅仅从对象上不能完全区分两者，但是，犯罪对象的性质可以从一个侧面反映行为的性质，从而为准确界定两者提供依据。具体而言：（1）私分国有资产罪的对象是资产，而贪污罪的对象是财物或财产。在外延上，前者广于后者。所以，凡是将财产之外的资产作为侵吞对象的，不可能成立贪污罪，如果侵吞行为反映单位意志并具有集体性，应以私分国有资产罪定罪处罚；如果缺少单位意志或集体性特征，则应按照其他相关罪名或作无罪处理。（2）私分国有资产罪主体仅限于国有单位，其对象不包括非国有公司、企业中国有资本形成的国有资产，而只能是国有公司、企业中的国有资产（这里没有涉及国家机关等国有单位，仅就公司、企业而言）。与私分国有资产罪不同，贪污罪的对象并不限于纯粹国有公司、企业中的国有财产。贪污罪的对象不仅包括国有财产，而且包括国有财产之外的其他公共财产（财物），当国有公司、企业或者其他国有单位委派到非在非国有公司、企业以及其他单位从事公务的人员利用职务上的便利侵占本单位财物时，贪污罪的对象实际上还包括部分私有财产。由此可见，凡是在非纯粹的国有单位中，凡是犯罪对象非属国有、纯粹的国有的情况下，均不存在成立私分国有资产罪的余地。对于侵占非国有单位财产的，即使其中包含有国有财产的成分，也不能以私分国有资产罪定罪处罚，当行为人是利用职务上的便利将这些财产非法占为己有，而未体现集体私分的特征时，应以贪污罪论处。

第三，对于侵吞国有财产人数较少的情况，仍要严格按照私分国有资产罪与贪污罪的构成予以区分，准确选择罪名，而不能单纯以非法所得的人数的多少来决定罪名的取舍。笔者认为，无论人数多少，只要符合私分国有资产罪单位意志和集体私分的特征，也应当以该罪论处。但是需要强调的是，私分国有资产罪中的私分的集体性，应当要求至少有3人参与。

本案中，杨某芳利用其管理国家建设专项资金职务上的便利，采取虚构事实的方法，将国家公路建设专项资金用于为自己和少数人谋取私利，非法占有国有公路建设资金，不符合私分国有资产罪单位意志和集体私分的特征。一审认定杨某芳成立私分国有资产罪，检察机关提出抗诉后，二审法院改判其成立贪污罪，改判正确。